北京大學圖書館特藏文獻叢刊

北京大學圖書館藏學術名家手稿（一）

陳建龍　主　編
鄒新明　執行主編

- 胡　適《逼上梁山》《説儒（下）》
- 鄧以蟄《山水畫的南北宗》
- 馮友蘭《論理氣陰陽》
- 朱光潛《新科學》譯稿
- 張岱年《唯物主義與道德理想》
- 侯仁之《海淀園林區的開發與北京大學校園》
- 王　瑶《坷坎略記》《守制雜記》

北京大學出版社
PEKING UNIVERSITY PRESS

圖書在版編目（CIP）數據

北京大學圖書館藏學術名家手稿：全四册 / 陳建龍主編；酈新明執行主編. — 北京：北京大學出版社，2023.10

ISBN 978-7-301-34134-6

Ⅰ. ①北… Ⅱ. ①陳… ②酈… Ⅲ. ①社會科學-文集 Ⅳ. ①C53

中國國家版本館CIP數據核字（2023）第124235號

書　　名　北京大學圖書館藏學術名家手稿
BEIJING DAXUE TUSHUGUAN CANG XUESHU MINGJIA SHOUGAO
著作責任者　陳建龍 主編　酈新明 執行主編
策劃統籌　馬辛民
責任編輯　武　芳
标準書號　ISBN 978-7-301-34134-6
出版發行　北京大學出版社
地　　址　北京市海淀區成府路 205 號　100871
網　　址　http://www.pup.cn　新浪微博:@ 北京大學出版社
電子郵箱　編輯部 dj@pup.cn　總編室 zpup@pup.cn
電　　話　郵購部 010-62752015　發行部 010-62750672
編輯部 010-62756449
印 刷 者　涿州市星河印刷有限公司
經 銷 者　新華書店
720 毫米 ×1020 毫米　16 開本　145.75 印張　503 千字
2023 年 10 月第 1 版　2023 年 10 月第 1 次印刷
定　　價　598.00 元（全四册）

北京大學圖書館特藏文獻叢刊

編輯委員會

北京大學圖書館藏學術名家手稿

編輯委員會

「北京大學圖書館特藏文獻叢刊」序

北京大學圖書館創建於1898年，初名京師大學堂藏書樓，是中國近現代第一座國立綜合性大學圖書館，專供學人「研究學問，增長智慧」，1912年改爲現名。

北京大學圖書館事業得到黨和國家領導人的親切關懷、學校的高度重視和社會各界的熱心支持，歷代圖書館員心繫國家、愛崗敬業、革故鼎新、追求卓越，爲學校整體發展、行業共同進步、國家文化繁榮做出了重要貢獻，在大學圖書館現代化進程中發揮了示範引領作用。

125年來，北京大學圖書館已經積累形成了包括古文獻、特藏文獻和普通文獻在内的近千萬册（件）紙質文獻，其中特藏文獻近百萬册（件），藴含着獨特的歷史底藴和文化魅力。北京大學圖書館特藏文獻不僅規模宏大，而且種類繁多、内容獨特，大致可歸爲以下四大類：

一是晚清民國文獻：晚清民國時期出版的中文圖書（不包括綫裝）、中文報刊、外文報紙（僅包括國内出版）。

二是北京大學有關特藏：北大人的著作、北大學位論文、北大名人贈書及手稿，北大校史和館史檔案資料等非書文獻，以及革命文獻。

三是西文特藏：西文善本、次善本，西文東方學，中德學會、中法大學舊藏，中法中心藏書，縮微大型特藏，歐盟文獻等。

四是其他特藏：非北大名人的贈書、藏書、手稿，零散珍貴特藏等。

不難發現，北京大學圖書館特藏文獻不僅是北京大學乃至中國近現代學術文化史的濃縮再現，也是北京大學在馬克思主義的中國早期傳播和中國共産黨建立過程中的傑出貢獻的歷史見證；既是本館百餘年特藏文獻容納百川的厚重積澱，也是近代以來中西文化交流的歷史記録。

北京大學圖書館向來十分重視特藏的採集和受贈、揭示和組織、整理和研究、保護和利用等工作，2005 年設立特藏部，現已改名爲特藏資源服務中心（以下簡稱特藏中心），組建了由十幾名專業館員構成的隊伍。特藏中心在做好基礎工作的同時，積極開展特藏文獻的發掘與整理，已有不少成果問世，如《北京大學圖書館藏西文漢學珍本提要》《烟雨樓臺：北京大學圖書館藏西籍中的清代建築圖像》《胡適藏書目録》等。這些圖書對於揭示北京大學圖書館特藏資源，推動相關研究，起到了積極作用。

北京大學圖書館特藏文獻的整理研究和出版工作還大有可爲。有鑒於此，北京大學圖書館與北京大學出版社於 2017 年底簽署了「北京大學圖書館特藏文獻叢刊合作出版協議」，旨在推動北京大學圖書館特藏文獻的整理研究和出版工作，彰顯北京大學薪火相傳的學術傳統，揭示北京大學圖書館博大精深的人文底蘊。「北京大學圖書館特藏文獻叢刊」第一輯出版四種：

《北京大學圖書館藏學術名家手稿》

《北京大學圖書館藏革命文獻圖録》

《北京大學圖書館藏老北大燕大畢業年刊》

《北京大學圖書館藏胡適未刊來往書信》

「北京大學圖書館特藏文獻叢刊」的出版，離不開北京大學出版社的積極合作和鼎力支持，離不開典籍與文化事業部馬辛民主任和武芳、吴遠琴、王應、吴冰妮、沈瑩瑩等編輯的辛勤勞動，在此表示衷心感謝。

「北京大學圖書館特藏文獻叢刊」的出版任重道遠，我們將進一步加强與北京大學衆多院系和有關方面的交流合作，加大文獻整理研究和出版力度，努力將「特藏文獻叢刊」打造成在大學圖書館界和出版界都具有一定知名度的品牌，爲繁榮學術和發展文化做出積極貢獻。

今年 10 月 28 日，北京大學圖書館將迎來 125 周年館慶，「特藏文獻叢刊」的出版無疑也是一種很好的紀念！

北京大學圖書館館長　陳建龍

2023 年 9 月 26 日

前言

北京大學至今已有近125年的歷史，其間名家輩出，引領風騷，在中國近現代學術史上留下了輝煌的篇章。

在電腦書寫普及之前，北大學術名家留下了大量的手稿。北大圖書館也有一定的收藏，主要包括學術著作、論文、譯稿、畢業論文等類型。爲弘揚北京大學的優良學術傳統，彰顯北大學術名家的學術風采和精神魅力，我們選擇影印了11種北大名家手稿，具體包括：

胡適：《逼上梁山——文學革命的開始》（《四十自述》的一章）、《説儒》

鄧以蟄：《山水畫的南北宗》

馮友蘭：《論理氣陰陽》

朱光潛：維柯《新科學》譯稿

王力：《漢語語音史》

鄧廣銘：《陳龍川傳》

張岱年：《唯物主義與道德理想》

侯仁之：《海淀園林區的開發與北京大學校園》

王瑶：《坷坎略記》《守制雜記》

這些手稿藏於北京大學圖書館特藏中心多年，借此次出版之機，中心組織鄒新明、饒益波、吴冕、徐清白幾位老師對這批文獻做了一些學術和文獻方面的調查，撰寫相關解題。在此過程中，我們對這批手稿的學術價值有了更深的認識，也糾正了個别以往學術界的誤解。如胡適的兩部手稿，本館藏均爲下半部，其上半部都收藏於中國歷史研究院圖書檔案館，此次影印的本館所藏部分均爲首次出版。再如鄧以蟄的《山水畫的南北宗》手稿，在《鄧以蟄全集》中整理者擬題《南北宗論綱》，推測撰寫年代爲「四十年代初」。我們結合手稿上的作者眉批和 1936 年 12 月出版的《哲學評論》第 7 卷第 2 期發表的《中國哲學會第二届年會論文摘要》中鄧以蟄《山水畫的南北宗》摘要，推定此手稿實際上就是鄧以蟄 1936 年在中國哲學會第二届年會上發表的演講提綱，故篇名應即《山水畫的南北宗》，寫作年代應該在 1936 年初。又如，我們根據馮友蘭《論理氣陰陽》開篇前的作者説明及主要内容，認定此篇是馮先生後來的「貞元六書」中的《新理學》的思想發端之一。《論理氣陰陽》手稿迄今未見正式發表，因此具有很高的學術價值。此外，侯仁之的《海淀園林區的開發與北京大學校園》一文手稿，雖然有些内容見於其他論文，但整篇也未見公開發表。而鄧廣銘的《陳龍川傳》，張岱年的《唯物主義與道德理想》雖都已發表，但手稿本與正式刊印本在内容或文字上都有或多或少的出入，因此仍具有一定的學術研究價值。

本批收録的名家手稿，包括學術論文、學術著作、演講提綱、自傳、譯稿、畢業論文等多種形式，涉及幾代北大學人，大致也可以看作北京大學源遠流長、豐富多彩的學術史的一個縮影。這些手稿有的本身就是學術經典，加之名家們具有個性特點的書寫，具有很高的學術欣賞價值。而手稿中的圈畫增删，則體現了學術大師們字斟句酌、縝密思考的優良學風，在手稿稀缺的今日，堪爲後來者之典範。

本書的出版得到鄧廣銘先生之女鄧小南教授，王力先生之子王緝志、王緝思教授，張岱年先生之子張尊超，侯仁之先生之女侯馥興，朱光潛先生外孫姚昕等的授權和支持，在此表示衷心的感謝。我們雖經多方詢問和努力，仍有部分學者後人未能聯繫到。如有相關問題，請與圖書館或出版社聯繫。

北京大學圖書館特藏資源服務中心

2023年3月12日

北京大學圖書館藏學術名家手稿　總目

北京大學圖書館藏學術名家手稿　册一

目　録

逼上梁山

胡适

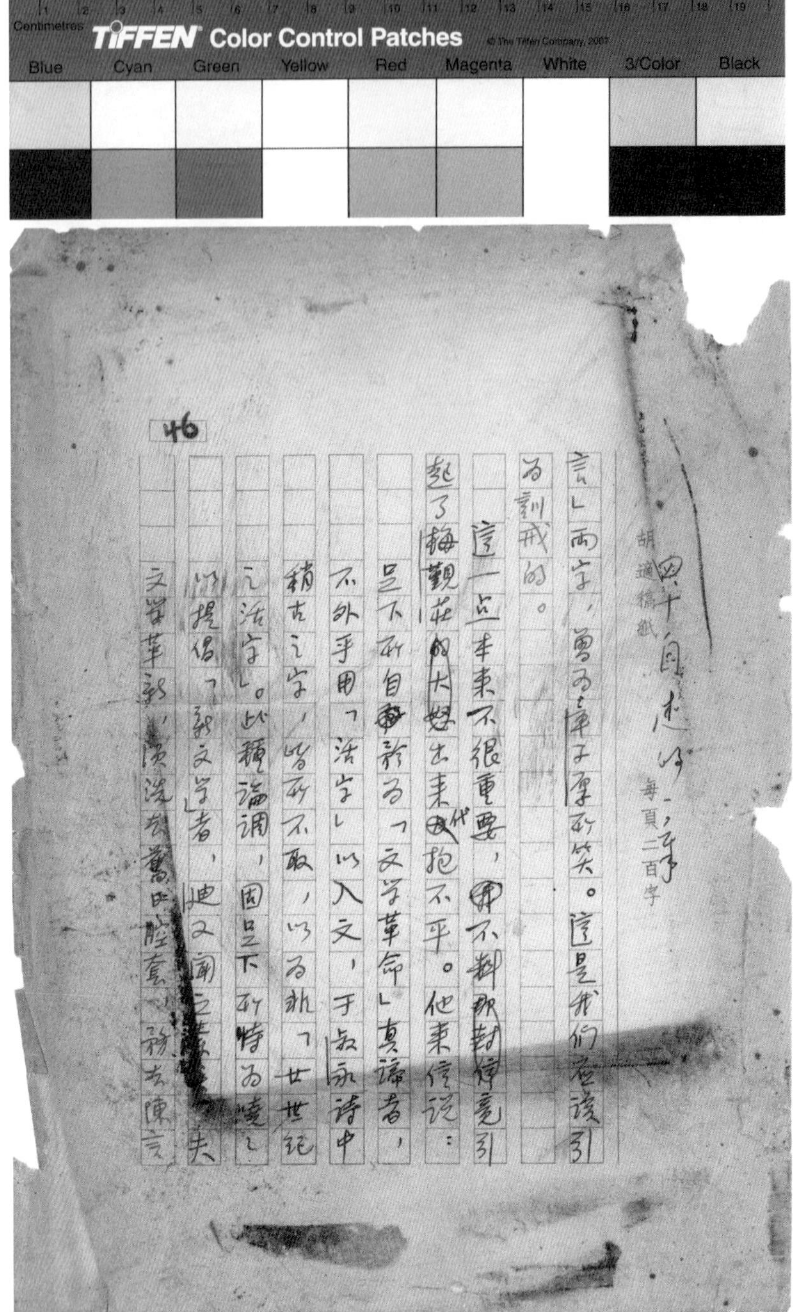
46

四十自述

胡適稿紙　每頁二百字

言」兩字，曾為章子厚所笑。這是我們應該引為訓戒的。

這一點本來不很重要，不料那封信竟引起了梅覲莊的大煩惱出來代抱不平。他來信說：

足下所自矜為「文學革命」真諦者，不外乎用「活字」以入文，于叙詠詩中稍古之字，皆所不取，以為「廿世紀之活字」。此種論調，因足下所恃為嘵嘵以提倡「新文學」者，迪又聞之素矣。夫文學革新，須洗去舊日腔套，務去陳言

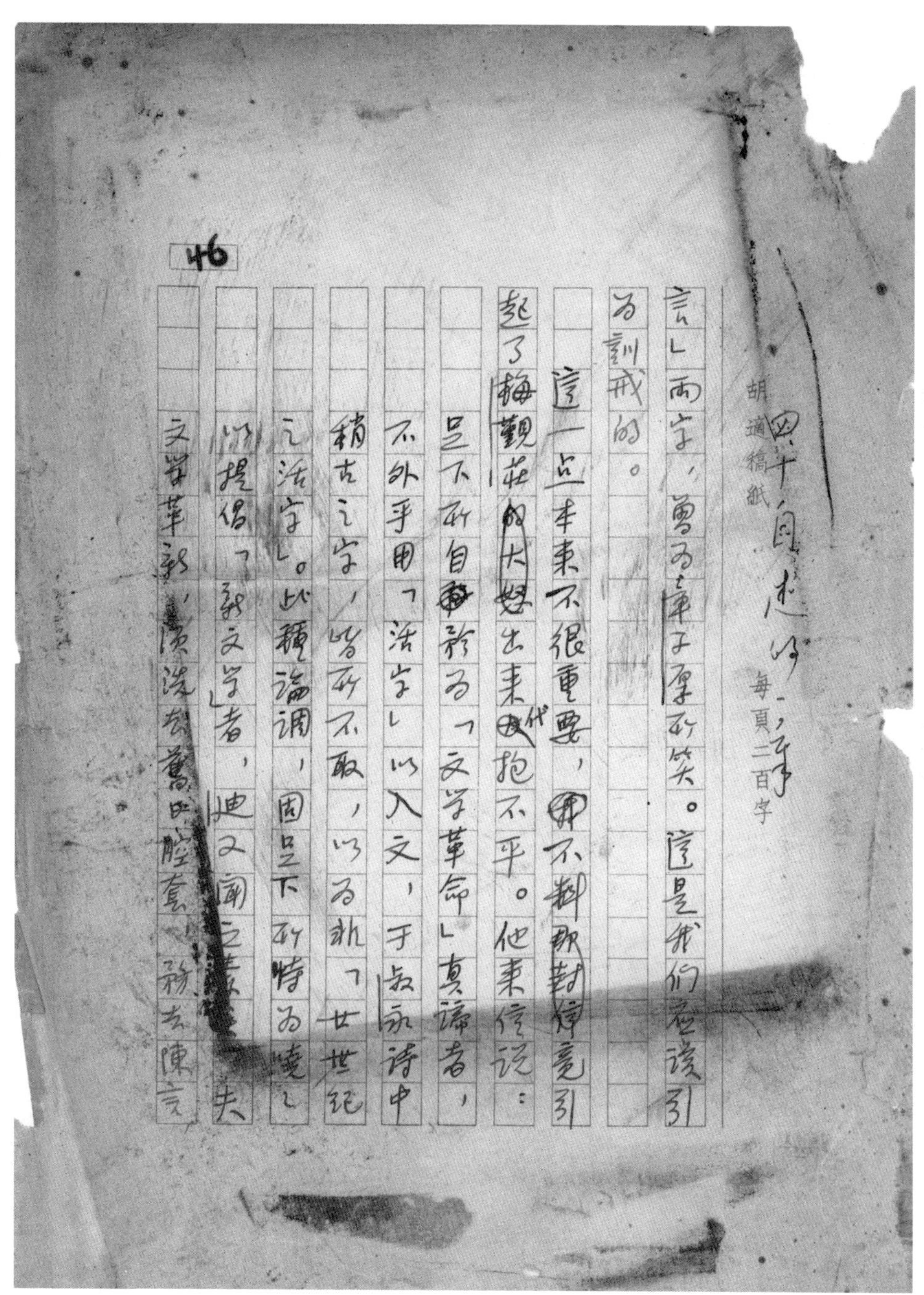
46

胡適稿紙　每頁二百字

四十自述

言」兩字，曾為陳子展所笑。這是我們應該引為訓戒的。

這一点本來不很重要，不料那封信竟引起了梅覲莊的大怒出來代抱不平。他來信說：

足下所自矜為「文學革命」真諦者，不外乎用「活字」以入文，于叙詩中稍古之字，皆所不取，以為非「廿世紀之活字」。此種論調，固足下所恃為號召之以提倡「新文學」者，迪又聞之素矣。文學革新，須洗去舊日腔套，務去陳言

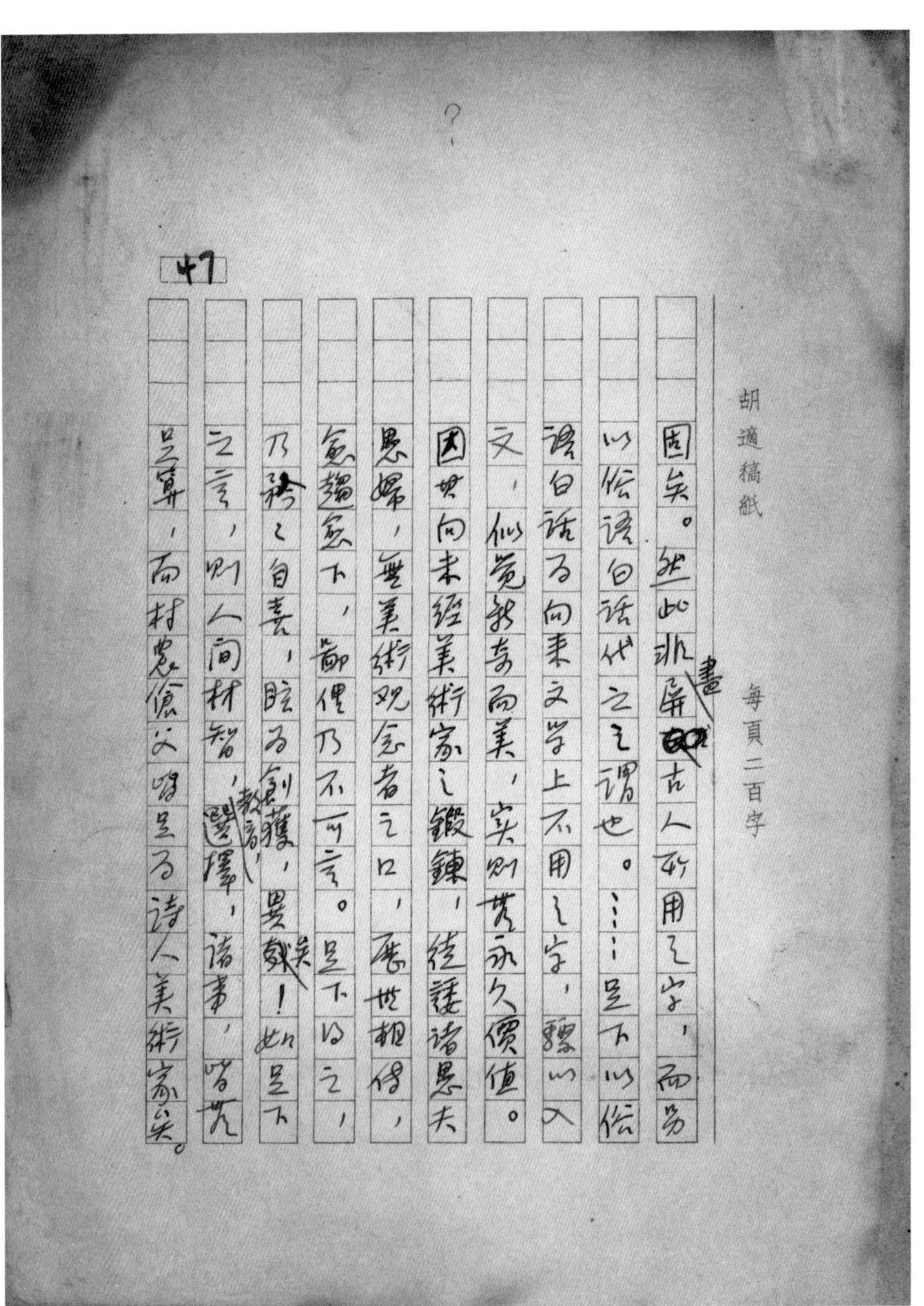

?

47

胡適稿紙　　每頁二百字

固矣。然此非盡屏古人所用之字，而易以俗語白話代之之謂也。……足下以俗語白話為向來文學上不用之字，驟以入文，似覺新奇而美，實則無永久價值。因其向未經美術家之鍛鍊，徒諉諸愚夫愚婦，無美術觀念者之口，歷世相傳，愈趨愈下，鄙俚乃不可言。足下以之，乃矜矜自喜，眩為創獲，異矣！如足下之言，則人間材智，選擇，教育，諸事，皆無足算，而村農傖父皆足為詩人美術家矣。

48

胡適稿紙

每頁二百字

甚至非洲之黑蠻，南洋之土人，其言文藝分者，最有詩人美術家之資格矣。何足下之醉心於俗語白話如是耶？至於無所謂「活文學」，亦與足下前此言之。……文字者，世界上最守舊之物也。……一字意義之變遷，必經數十或數百年而後成，又須經文學大家之承認之，而恒人始沿用之焉。足下乃視改革文字如是之易易乎？……

總之，吾輩言文學革命，須謹慎以出之。

尤須先精究吾國文字，始敢言改革。欲加用新字，須先用美術以鍛鍊之。非僅以俗語白話代之，即可了事者也。（俗語白話亦有可用者，惟必須經美術家之鍛鍊耳。）如足下言，乃以暴易暴耳，豈得謂之改良乎？……（七月十七日）

覲莊有点動了氣，我要和他開玩笑，所以做了一首一千多字的白話游戲詩回答他。開篇就是描摹老梅生氣的神氣：

「人閑天又涼，」老梅上戰場。

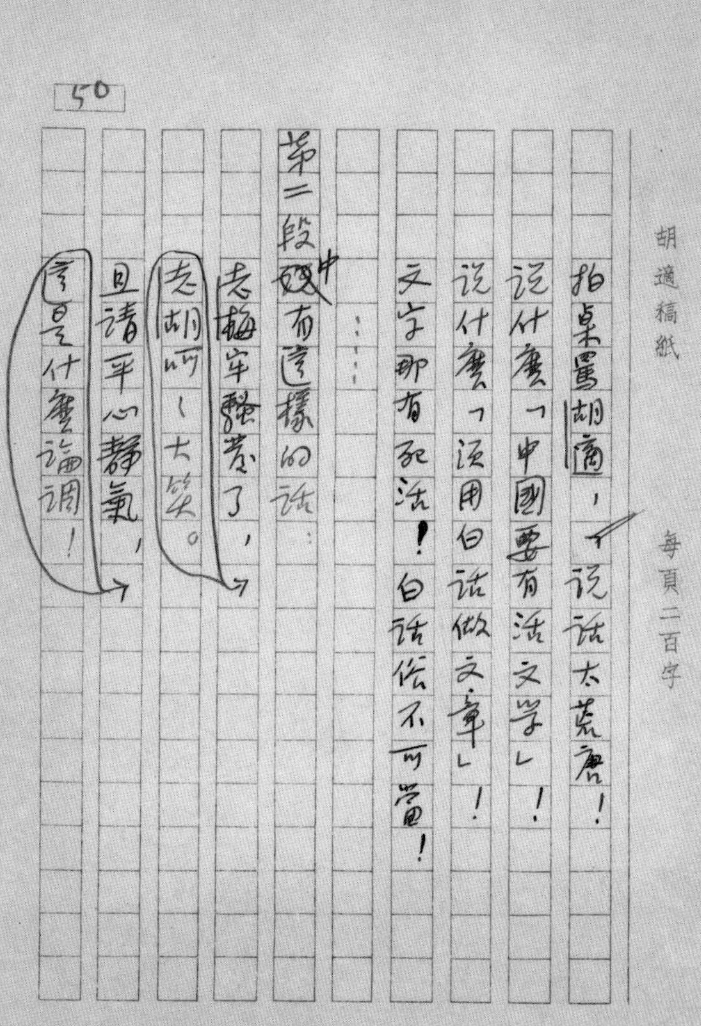
50
胡適稿紙
每頁二百字
拍桌罵胡適，說話太荒唐！
說什麼「中國要有活文學」！
說什麼「須用白話做文章」！
文字那有死活！白話俗不可當！
……
第二段中有這樣的話：
老梅牢騷發了，
老胡呵呵大笑。
且請平心靜氣，
這是什麼論調！

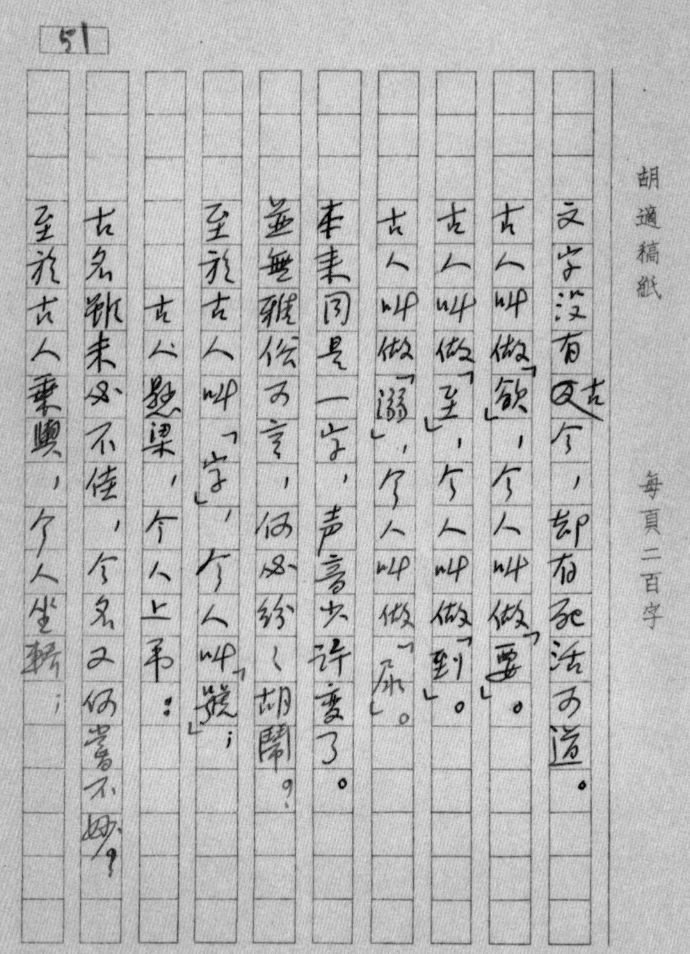
胡適稿紙

每頁二百字

51

文字沒有古今，卻有死活可道。
古人叫做「欲」，今人叫做「要」。
古人叫做「至」，今人叫做「到」。
古人叫做「溺」，今人叫做「尿」。
本來同是一字，声音少許变了。
並無雅俗可言，何必紛紛胡鬧？
至於古人叫「字」，今人叫「號」；
古人懸梁，今人上吊：
古名雖未必不佳，今名又何嘗不妙？
至於古人乘輿，今人坐轎；

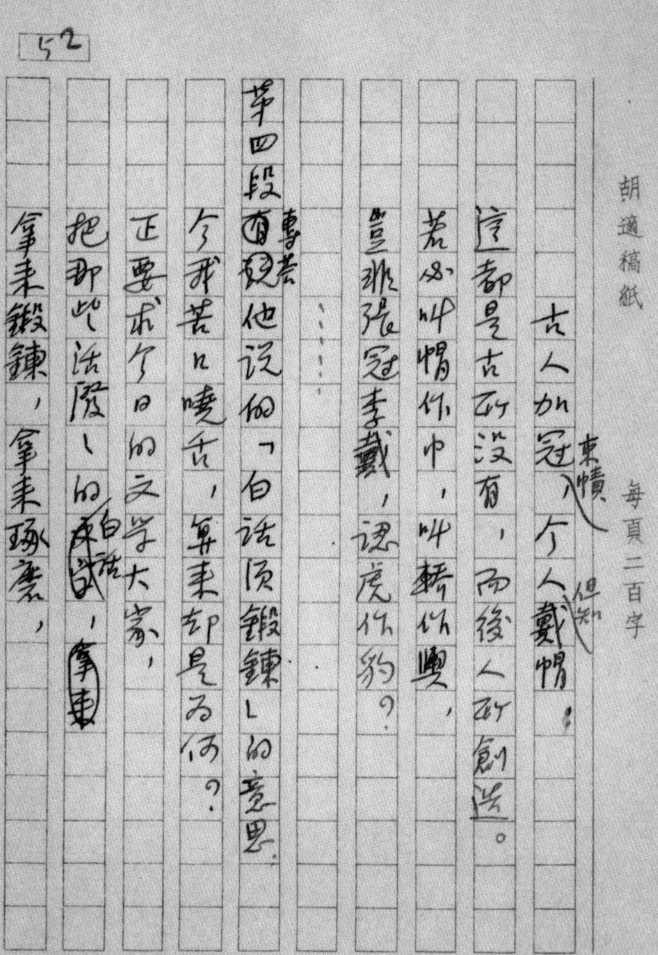
胡適稿紙　每頁二百字

52

古人加冠束幘，今人但知戴帽；
這都是古所沒有，而後人所創造。
若必叫帽作巾，叫轎作輿，
豈非張冠李戴，認虎作豹？
……
第四段專說他說的「白話須鍛鍊」的意思。
今我苦口嘵舌，算來卻是為何？
正要求今日的文學大家，
把那些活潑潑的白話，拿來
鍛鍊，拿來琢磨，

胡適　逼上梁山　9

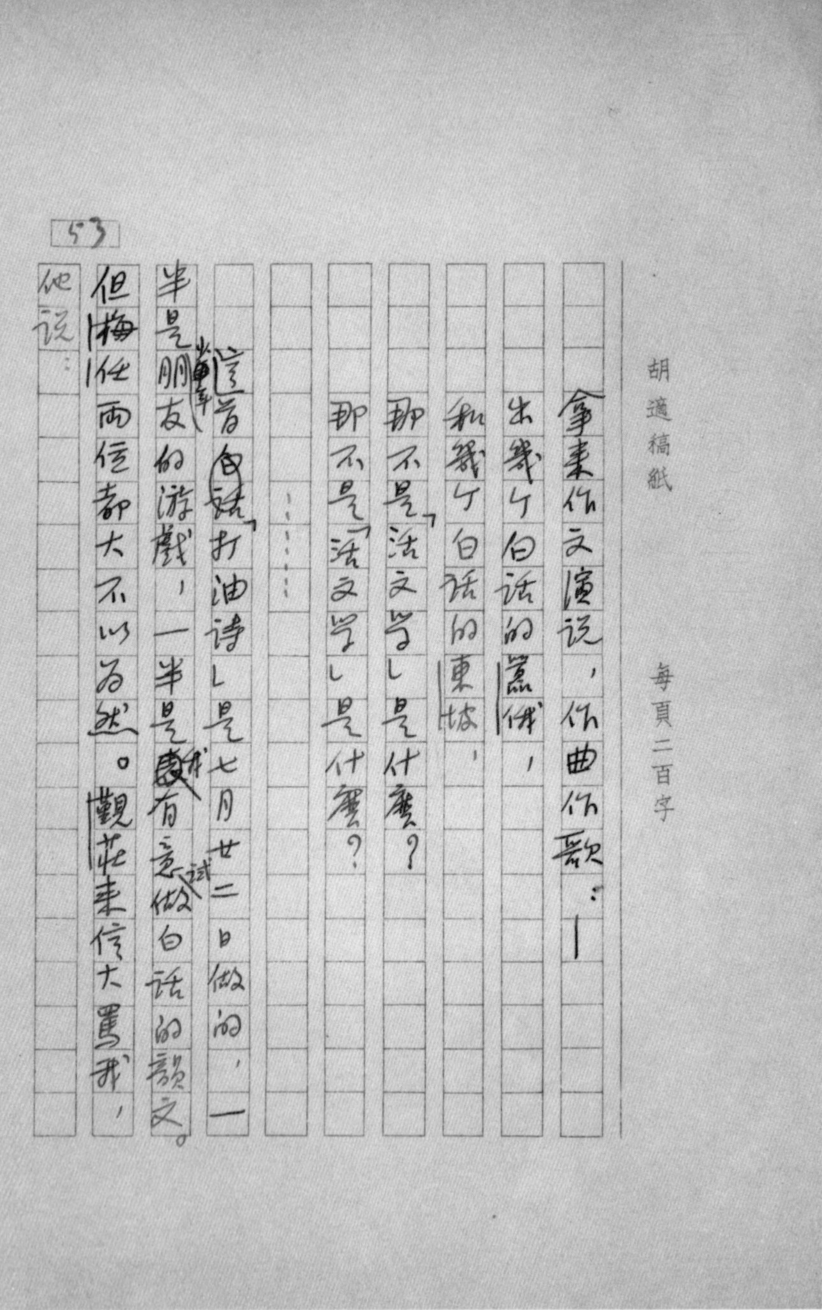
胡適稿紙　　每頁二百字

53

拿來作文演說，作曲作歌：——
出幾个白話的嵇康，
和幾个白話的東坡，
那不是"活文學"是什麼？
那不是"活文學"是什麼？
……
這首"白話打油詩"是七月廿二日做的，一半是朋友的游戲，一半是有意試做白話的韻文。
但梅任兩位都大不以為然。覲莊來信大罵我，
他說：

54

胡適稿紙　每頁二百字

讀大作如兒時聽「蓮花落」，真所謂革盡古今中外詩人之命者！足下誠豪健哉！……

（七月廿四日）

叔永來信也說：

足下此次試驗之結果，乃完全失敗。蓋足下所作，白話則誠白話矣，韻則有韻矣，然卻不可謂之詩。蓋詩詞之爲物，除有韻之外，必須有和諧之音調，審美之辭句，非如寶玉所云「押韻就好」也。……（七月二十四夜）

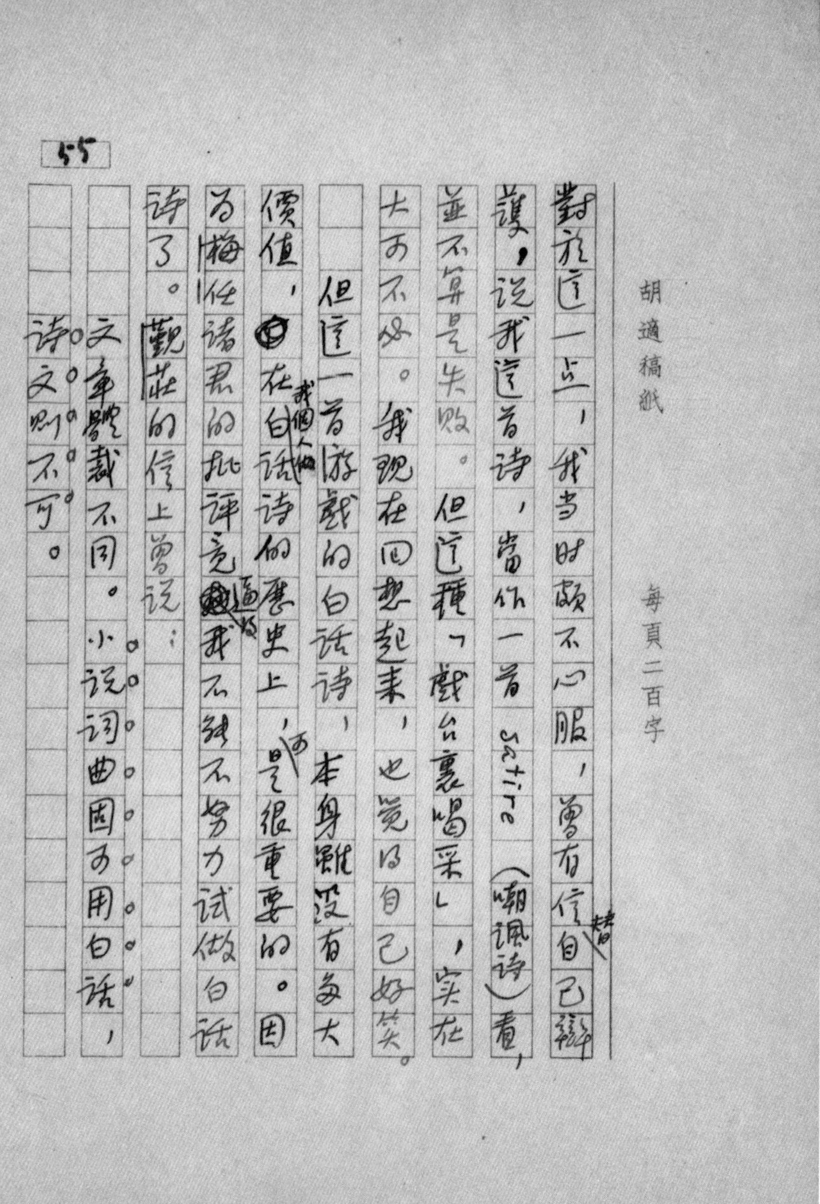
55

胡適稿紙　　每頁二百字

對於這一点，我当时頗不心服，曾有信自己辯護，說我這首詩，當作一首 satire（嘲諷詩）看，並不算是失敗。但這種「戲台裏喝采」，实在大可不必。我現在回想起来，也覺得自己好笑。

但這一首游戲的白話詩，本身雖沒有多大價值，在我個人的白話詩的歷史上，可是很重要的。因為梅任諸君的批評竟逼得我不能不努力試做白話詩了。覲莊的信上曾說：

文章體裁不同。小說。詞。曲。固可用白話，詩。文。則不可。

胡適稿紙　每頁二百字

56

叔永的信上也说：

要之，白话自有白话用处（如作小说演说等），然不能用之于诗。

这样看来，白话文学在小说词曲演说的几方面，已得梅任两君的承认了。觐庄不承认白话可作诗与文，叔永不承认白话可用来作诗。觐庄所谓「文」，自然是指古文辞类纂一类的书所谓「文」（近来有人叫做「美文」）。在这一点上，我毫不怀疑，因为我在几年前曾做过许多白话的议论文，我深信白话文是不难成立的。现在我们的争点，只

胡適稿紙　　每頁二百字

57

在「白話是否可以作詩」的問題了。

白話文學的作戰，十仗之中，已勝了七八仗。現在只賸一座詩的壁壘，還須用全力去擄奪。待到白話征服這个詩國時，白話文學的勝利就可說是十足的了！所以我當时打定主意，要作先鋒去打這座未投降的壁壘：就是要用全力去試做白話詩。

叔永的長信上還有幾句話使我更感覺這種試驗的必要。他說：

如凡白話皆可為詩，則吾國之京調高腔，

胡適稿紙　每頁二百字

58

何一非詩?……烏乎,適之!吾人今日言文学革命,乃誠見今日文学有不可不改革之處,非特文言白話之爭而已。……以足下高才有為,何為舍大道不由,而必旁逸斜出,植美卉於荊棘之中哉?……今且假定足下之文学革命成功,將令吾國作詩者京調高腔,而陶謝李杜之流永不復見於神州,則足下之功又何如哉!心所謂危,不敢不告。……足下若見聽,則請從他方面講文学革命,勿

54

胡適稿紙　每頁二百字

徒以白話詩為事矣。……（七月廿四夜）

這段話使我感覺他們都有一個根本上的誤解。梅任諸君都贊成「文學革命」，但他們都「識見今日文學有不可不改革之處」。但他們贊成的文學革命，只是一種空蕩蕩的目的，沒有具體的計畫，也沒有下手的途徑。等到我提出了一個具體的方案（用白話做一切文學的工具），他們又都不贊成了。他們都說，文學革命決不是「文言白話之爭而已」。他們都說，文學革命應該有「他方面」，應該走「大道」。究竟

胡適稿紙

每頁二百字

60

那「他方面」是什麼方面呢？究竟那「大道」是什麼道呢？他們又都說不出來了；他們只知道決不是白話！

我也知道光有白話不算是新文學，我們也知道新文學必須有新思想和新精神。但是我認定了：無論如何，死文字決不能產生活文學。若要造一種活的文學，必須有活的工具。那已產生的白話小說詞曲，都可證明白話是最配做中國活文學的工具的。我們必須先把這個工具抬高起來，使他成為公認的中國文學工具，使他

胡適稿紙

61

完全替代那半死的或全死的老工具。有了新工具，我们才谈得到新思想和新精神等等其他方面。這是我的方案。现在反對的几位朋友已承認白話可以作小說戲曲了，他们還不承認白話可以作詩。這種懷疑，其實不僅是对于白話詩的局部懷疑，實在不是对於白話文学的根本懷疑。在他们的心裏，詩与文是正宗，小說戲曲還是小道旁门。他们不承認白話詩文，其实他们是不承認白話可作中國文学的唯一工具。所以我决心要用白話来征服詩的壁壘，這不但

每頁二百字

62

是試驗白話詩是否可能，這就是要證明白話可以做中國文學的一切門類的唯一工具。

白話可以作詩，本來是毫無可疑的。杜甫白居易寒山拾得邵雍王安石陸游的白話詩都可以舉來作證。詞曲裏的白話更多了。但何以我的朋友們還不能承認白話詩的可能呢？這有兩個原因：第一是因為白話詩的確是不很多；在那無數的古文詩裏，這兒那兒的幾首白話詩在數量上確是很少的。第二是因為舊日的詩人詞人只有偶然用白話做詩詞的，沒有

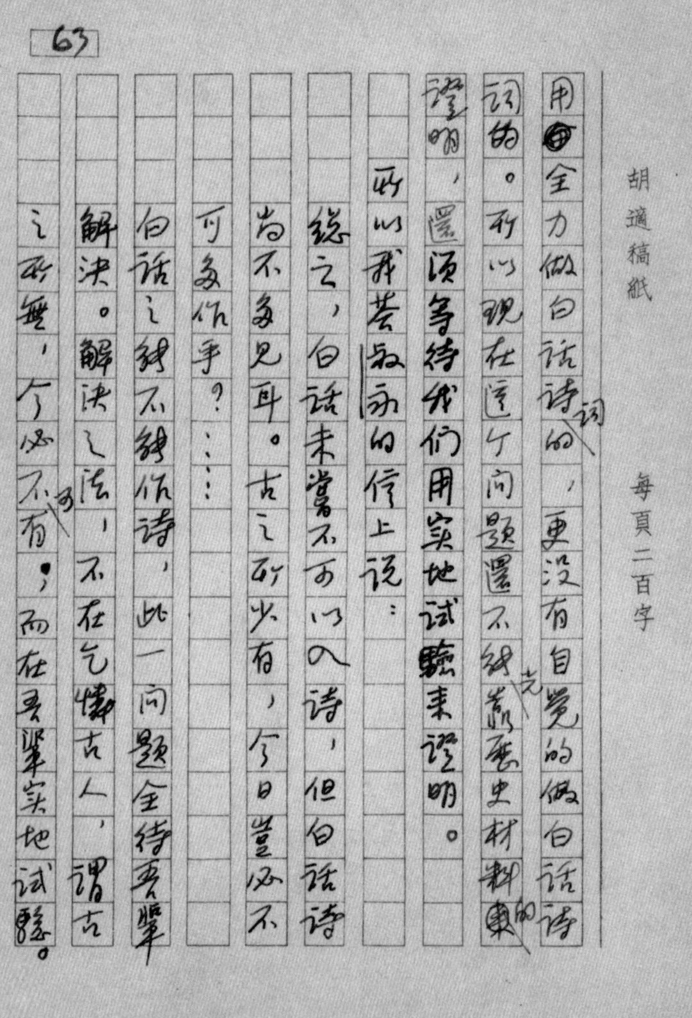

63

胡適稿紙　　每頁二百字

用全力做白話詩詞的，更沒有自覺的做白話詩詞的。所以現在這个問題還不能完藉歷史材料的證明，還須等待我們用實地試驗來證明。

所以我答叔永的信上說：

總之，白話未嘗不可以入詩，但白話詩尚不多見耳。古之所少有，今日豈必不可多作乎？……

白話之能不能作詩，此一問題全待吾輩解決。解決之法，不在乞憐古人，謂古之所無，今必不可有；而在吾輩實地試驗。

一次「完全失敗」，何妨再來？若一次失敗，便「期」以為「不可」，此豈「科學的精神」所許乎？……

高腔京調未嘗不可成為第一流文學。……適以為但有第一流文人肯用高腔京調著作，便可使京調高腔成第一流文學。病在文人膽小不敢用之耳。元人作曲可以取仕宦，下之亦可謀生，故名士如高則誠、關漢卿之流皆肯作曲作雜劇。今之高腔京調皆不文不學之戲子為之，宜其不能佳

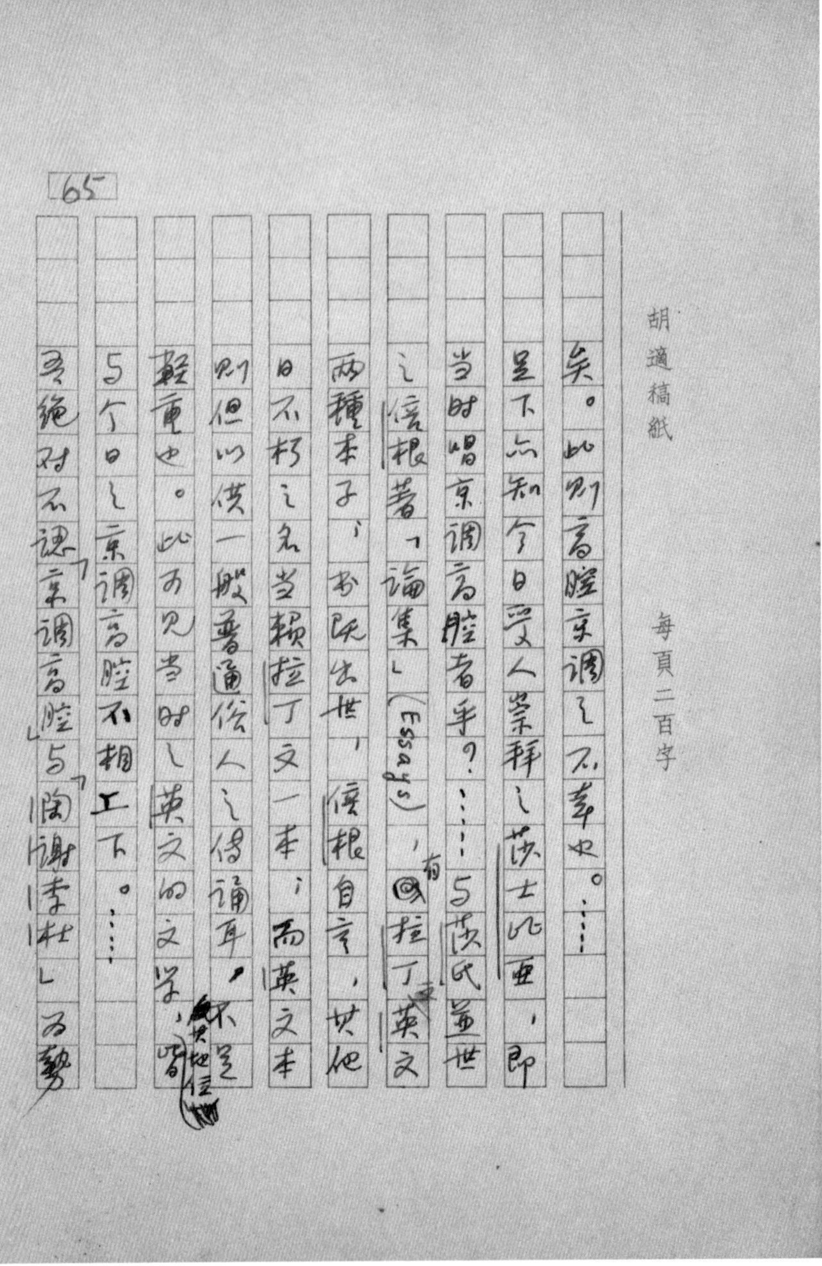
65

胡適稿紙　　每頁二百字

矣。此則高腔京調之不幸也。……

足下亦知今日受人崇拜之莎士比亞，即當時唱京調高腔者乎？……與莎氏並世之倍根著「論集」（Essays），有拉丁英文兩種本子；書既出世，倍根自言，其他日不朽之名當賴拉丁文一本；而英文本則但以供一般普通俗人之傳誦耳，不足輕重也。此可見當時之英文的文學，其地位略與今日之京調高腔不相上下。……

吾絕對不認「京調高腔」與「陶謝李杜」爲勢

66

胡適稿紙　　每頁二百字

不兩立之物。今且用足下之文字以述吾夢想中之文學革命之目的，曰：

(1)文學革命的手段，要令國中之陶謝李杜敢用白話京調高腔作詩；要令國中之陶謝李杜皆能用白話京調高腔作詩。

(2)文學革命的目的，要令中國有許多白話京調高腔的陶謝李杜，要令白話高腔京調之中產出幾許陶謝李杜。

(3)今日決用不著陶謝李杜的陶謝李杜。何也？時代不同也。

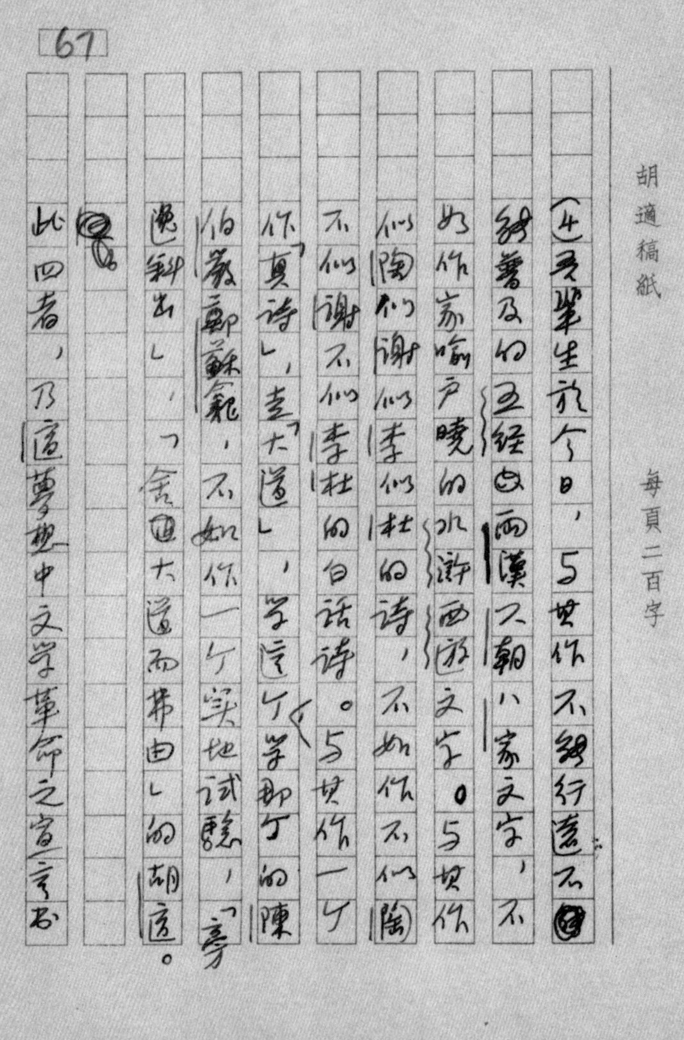
?

67

胡適稿紙　每頁二百字

(4)吾辈生于今日，与其作不能行远不能普及的五经两汉六朝八家文字，不如作家喻户晓的水浒西游文字。与其作似陶似谢似李似杜的诗，不如作不似陶不似谢不似李杜的白话诗。与其作一个作"真诗"，走"大道"，学这个学那个的陈伯严郑苏龛，不如作一个实地试验，"旁逸斜出"，"舍正大道而弗由"的胡适。

此四者，乃适梦想中文学革命之宣言书

北京大學圖書館藏學術名家手稿（一）

也。

嗟夫叔永，吾豈好立異以為高哉？徒以「心所謂是，不敢不為」。吾志決矣。吾自此以後，不更作文言詩詞。吾之去國集乃是吾絕筆的文言韻文也。……（七月廿六日）

這是我第一次宣言不做文言的詩詞。過了幾天，我再答叔永道：

古人說，「工欲善其事，必先利其器」。文字者，文學之器也。我私心以為文言

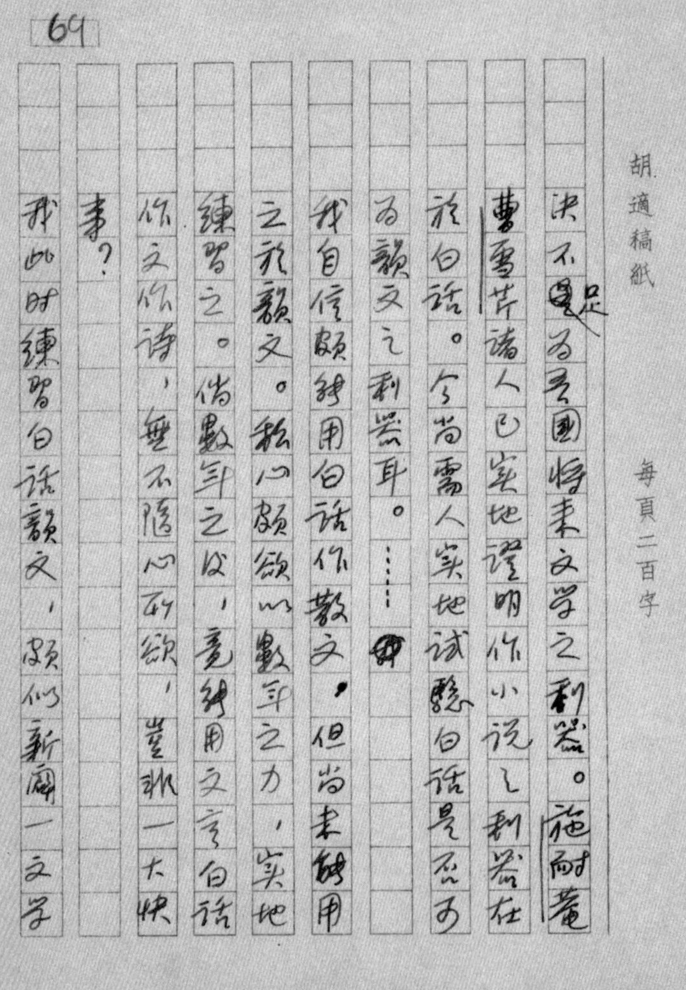
69

胡適稿紙

決不足為吾國將來文學之利器。施耐菴曹雪芹諸人已實地證明作小說之利器在於白話。今尚需人實地試驗白話是否可為韻文之利器耳。……

我自信頗能用白話作散文，但尚未能用之於韻文。私心頗欲以數年之力，實地練習之。倘數年之後，竟能用文言白話作文作詩，無不隨心所欲，豈非一大快事？

我此時練習白話韻文，頗似新闢一文學

每頁二百字

胡適稿紙　每頁二百字

殖民地。可惜須單身匹馬而往，不能多得同志，結伴同行。然吾去志已決。公等假我數年之期。倘此新國盡是沙磧不毛之地，則我或終歸老於「文言詩國」，亦未可知。倘幸而有成，則闢除荊棘之役，當開放門戶，迎公等同來蒞止耳。「狂言人道臣當烹。我自不吐定不快，人言未足為重輕。」足下定笑我狂耳。

……（八月四日）

這封信是我對於一班討論文學的朋友的告別書。

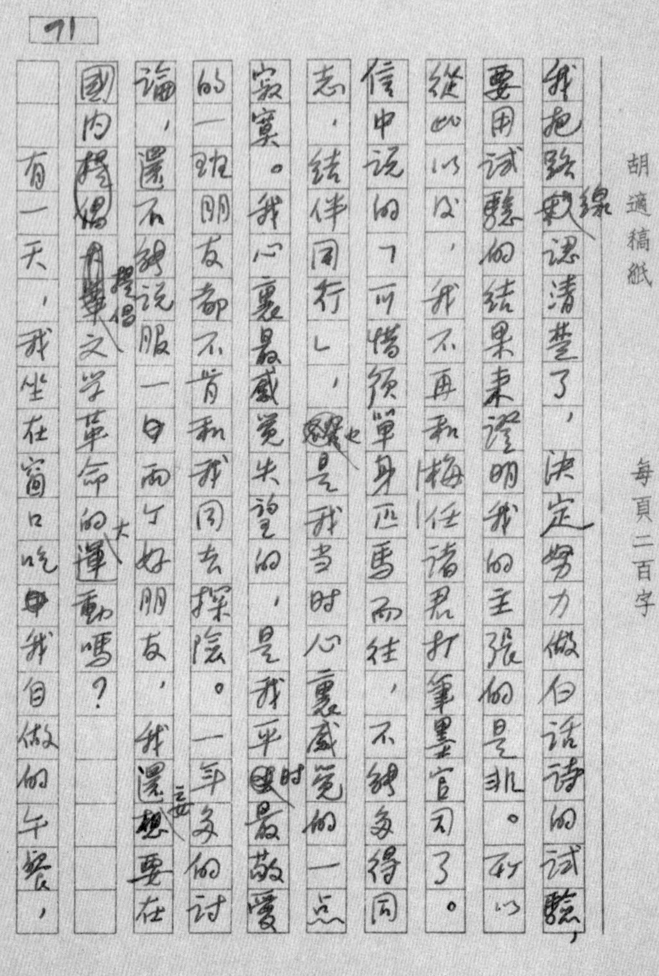

71

胡適稿紙　　每頁二百字

我把路線認清楚了，決定努力做白話詩的試驗，要用試驗的結果來證明我的主張的是非。所以從此以後，我不再和梅任諸君打筆墨官司了。信中說的「可惜須單身匹馬而往，不能多得同志，結伴同行」，也是我当时心裏感覺的一点寂寞。我心裏最感覺失望的，是我平时最敬愛的一班朋友都不肯和我同去探險。一年多的討論，還不能說服一兩个好朋友，我還妄想要在國內提倡文学革命的大運動嗎？

有一天，我坐在窗口吃我自做的午餐，

胡適稿紙　每頁二百字

窗下就是一大片長林亂草，遠望着赫貞江。我忽然看見一對黃蝴蝶從樹梢飛上來；一會兒，一隻蝴蝶飛下去了；還有一隻蝴蝶獨自飛了一會，也慢慢的飛下去，去尋他的同伴去了。我心裏頗有點感觸，感觸到一種寂寞的難受，所以我寫了一首白話小詩，題目就叫做「朋友」——

（後來才改作「蝴蝶」）：

兩個黃蝴蝶，双双飛上天。

不知為什麼，一个忽飛還。

剩下那一个，孤單怪可憐；

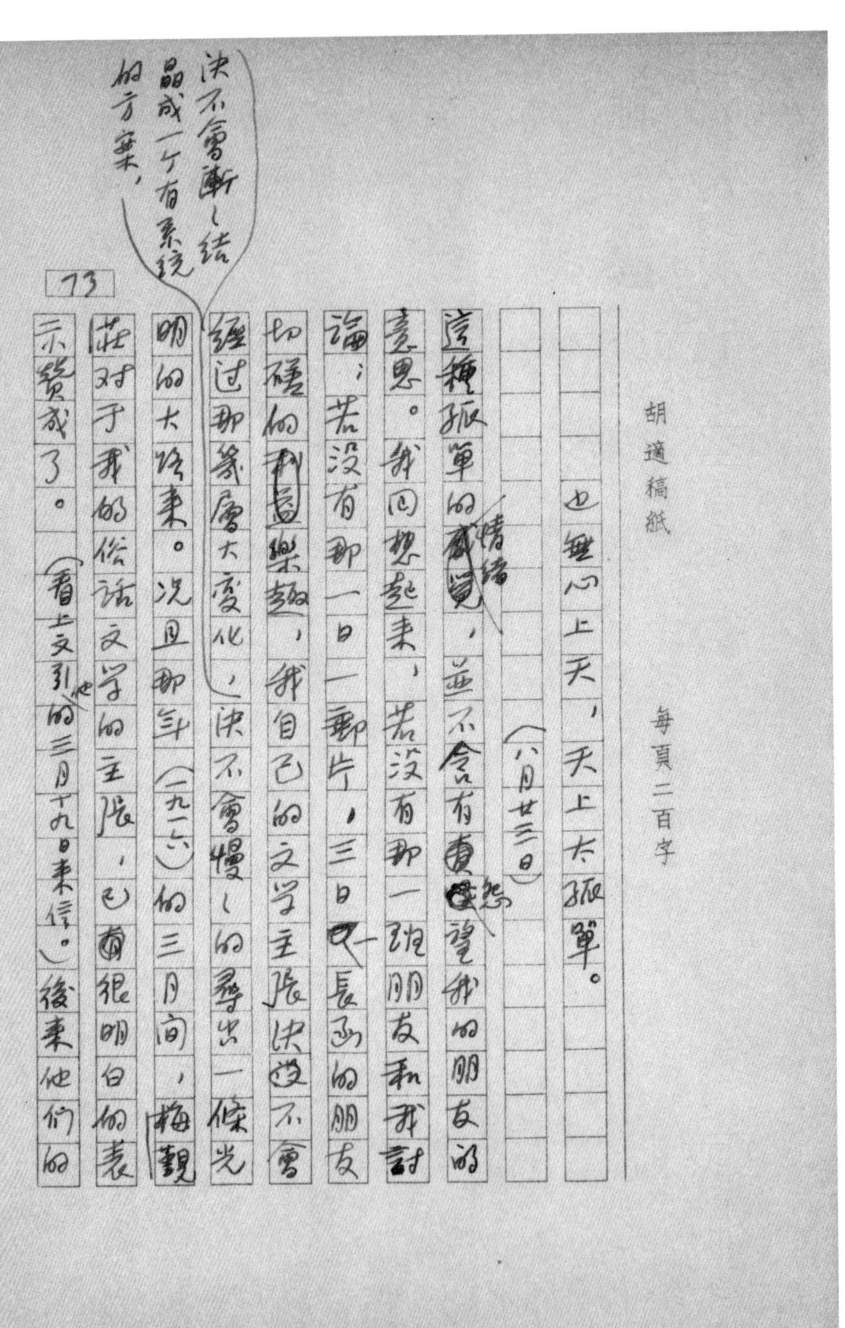

堅決反對，也許是我當時少年的意氣太盛，叫朋友難堪，反引起他們的反感來了，就使他們不能平心靜氣的考慮我的歷史見解，就使他們走上了反對的路上去。但是因為他們的反激，我才有決定實地試驗白話詩的決心。莊子說得好：「彼出於是，是亦因彼。」一班朋友做了我多年的「他山之錯」，我對他們，只有感激，決沒有絲毫的怨望。

我的決心試驗白話詩，一半是朋友們一年多討論的結果，一半也是我受的哲學上的實驗主義的哲學的影響。實驗主義教訓我們：一切學理都只是一種假設；必須要證實了（verified），然後可算是真理。證實的步驟，只是先把一個假設的理論的種種結果都推想出來，然後想法子來試驗這些結果是否適用，或是否能解決原來的問題。我的白話文學論不過是一個假設，這個假設的一部分（小說詞曲等）已有歷史的證實了；其餘一部分（詩）還須等待實地試驗的結果。我的白話詩的實地試驗，不過是我的實驗主義的一種應用。所以我的白話詩

胡適稿紙　　每頁二百字

16

還沒有寫幾首，我的詩集已有了名字了，就叫做「嘗試集」。我讀陸游的詩，有一首詩云：

能仁院前有石像丈餘，蓋作大像時樣也。

江閣欲開千尺像，雲龕先定此規模。
斜陽徙倚空長歎，嘗試成功自古無。

陸放翁這首詩大概是別有所指；他的本意大概是說：小試而不能大用，是不會成功的。我借他這句詩，做我的白話詩集的名字，並且做了一首詩，說明我的嘗試主義：

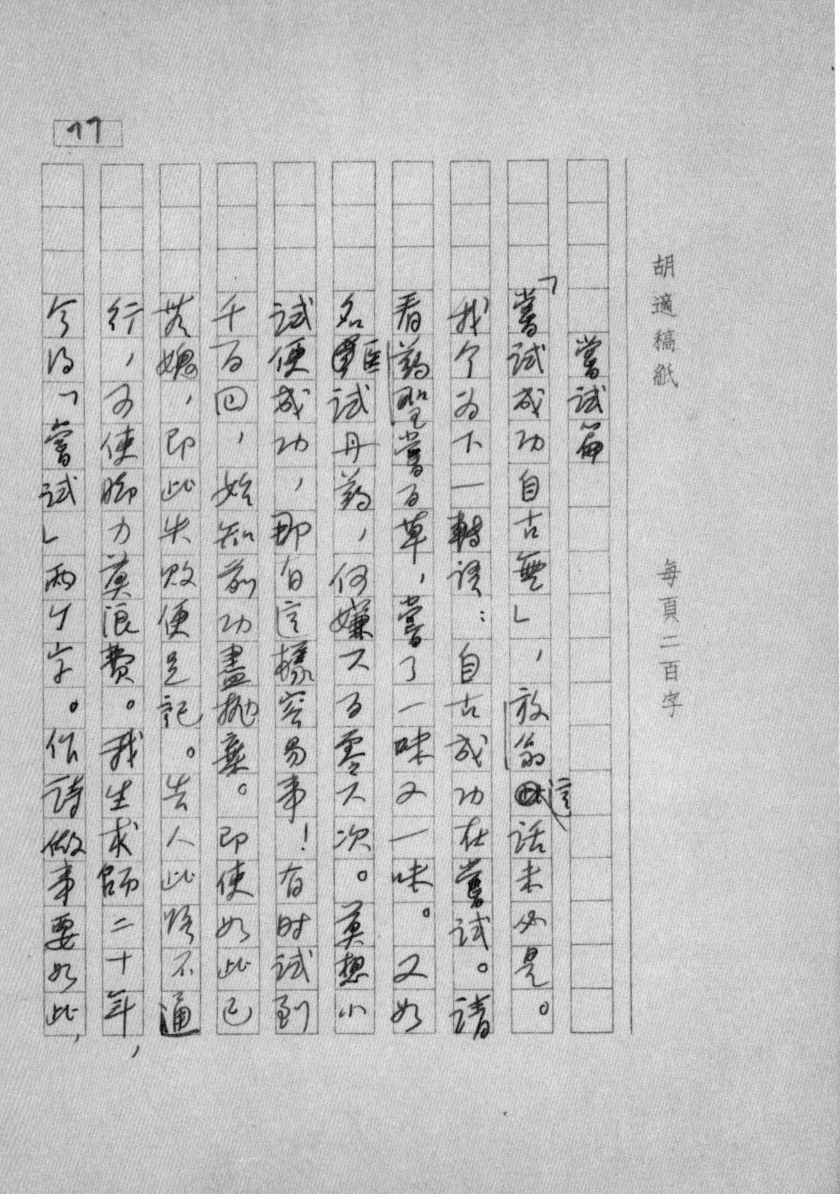
17

胡適稿紙　每頁二百字

嘗試篇

「嘗試成功自古無」，放翁這話未必是。我今為下一轉語：自古成功在嘗試。請看藥聖嘗百草，嘗了一味又一味。又如名醫試丹藥，何嫌六百零六次。莫想小試便成功，那有這樣容易事！有時試到千百回，始知前功盡拋棄。即使如此已無愧，即此失敗便足記。告人此路不通行，可使腳力莫浪費。我生求師二十年，今得「嘗試」兩個字。作詩做事要如此，

胡適稿紙　每頁二百字

雖未能到頗有志。作「嘗試歌」頌吾師，願大家都來嘗試！（九月三日）

這是我們的實驗主義的文學觀。

這个長期討論的結果，使我自己把許多散漫的思想匯集起來，成為一个系統。一九一六年的八月十九日，我寫信給朱經農，中有一段說：

新文學之要點，約有八事：

（一）不用典。

（二）不用陳套語。

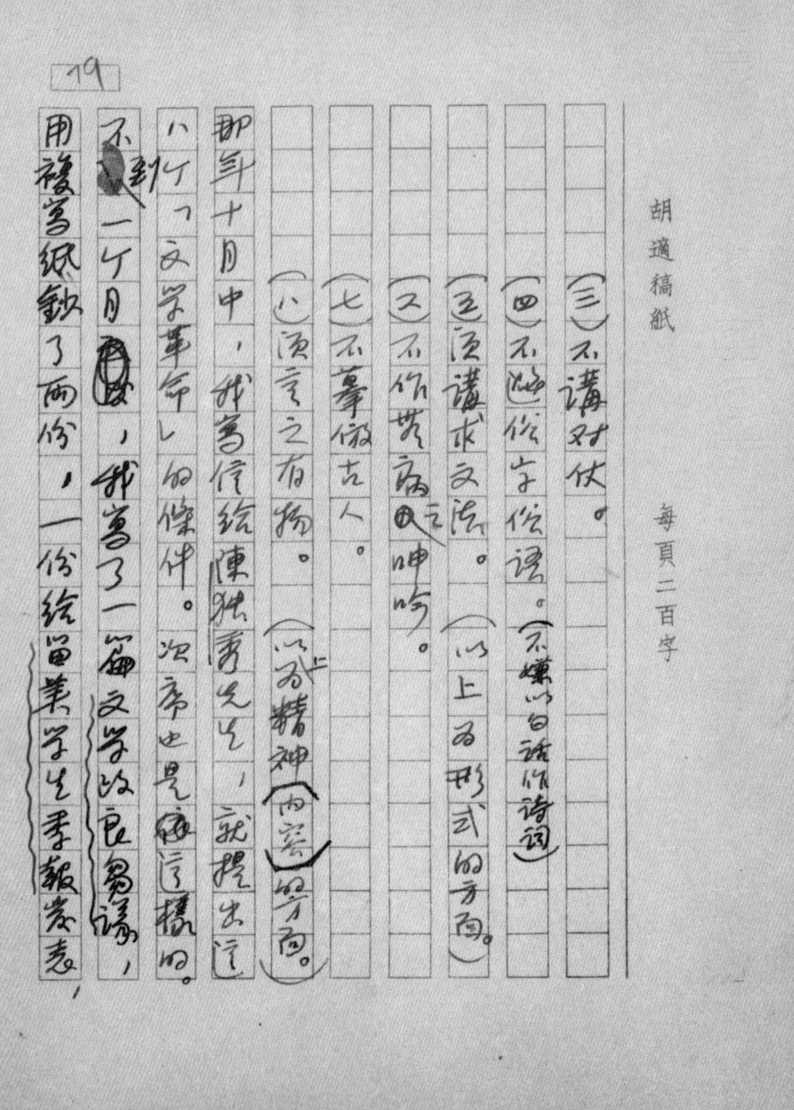
胡適稿紙　每頁二百字

19

(三)不講对仗。
(四)不避俗字俗語。(不嫌以白話作詩詞)
(五)須講求文法。(以上為形式的方面)
(六)不作無病之呻吟。
(七)不摹倣古人。
(八)須言之有物。(以上為精神(内容)的方面。)
那年十月中，我寫信給陳獨秀先生，就提出這八个"文學革命"的條件。次序也是依這樣的。不到一个月，我就寫了一篇文學改良芻議，用複寫紙鈔了兩份，一份給留美學生季報發表，

胡適稿紙　　每頁二百字

80

一份寄給陳獨秀在新青年上發表。（胡適文存卷一，頁七—二三。）在這篇文字裡，八件事的次序大改變了：

（一）須言之有物。

（二）不摹倣古人。

（三）須講求文法。

（四）不作無病之呻吟。

（五）務去爛調套語。

（六）不用典。

（七）不講對仗。

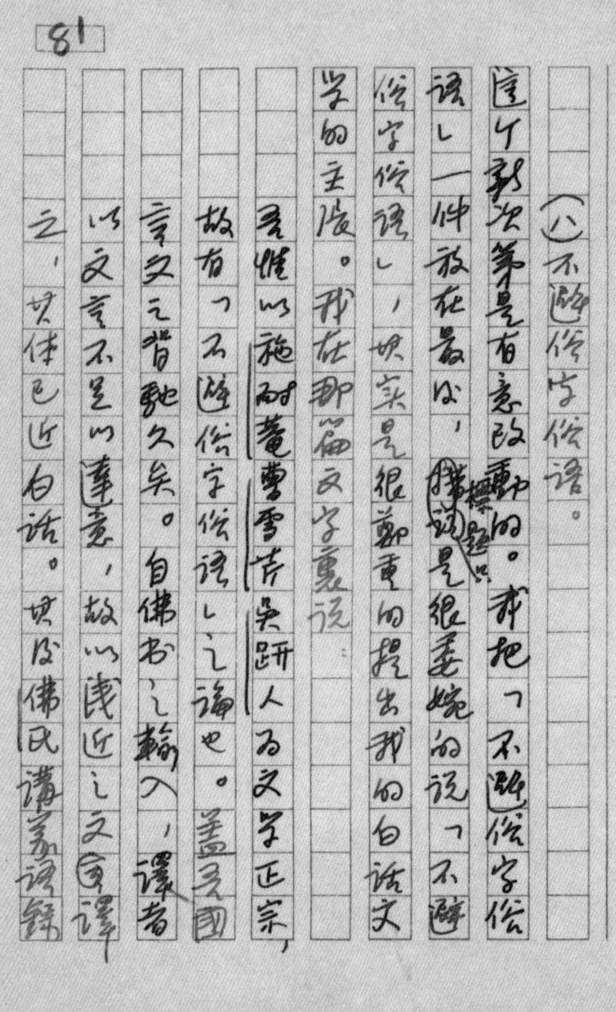

81

胡適稿紙　　每頁二百字

（八）不避俗字俗語。

這个次第是有意改動的。我把「不避俗字俗語」一件放在最後，標題是很委婉的說「不避俗字俗語」，其實是很鄭重的提出我的白話文學的主張。我在那篇文字裏說：

吾惟以施耐庵曹雪芹吳趼人為文學正宗，故有「不避俗字俗語」之論也。蓋吾國言文之背馳久矣。自佛書之輸入，譯者以文言不足以達意，故以淺近之文譯之，其體已近白話。其後佛氏講義語錄

82

胡適稿紙　　每頁二百字

尤多用白話為之者，是為語錄體之原始。及宋人講學，以白話為語錄，此體遂成講學正體。（明人因之。）當是時，白話已久入韻文，觀宋人之詩詞可見。及至元時，中國北部在異族之下，三百餘年矣。此三百年中，中國乃發生一種通俗行遠之文學，文則有水滸、西遊、三國，曲則尤不可勝計。以今世眼光觀之，則中國文學當以元代為最盛；傳世不朽之作，當以元代為最多。此無可疑也。當

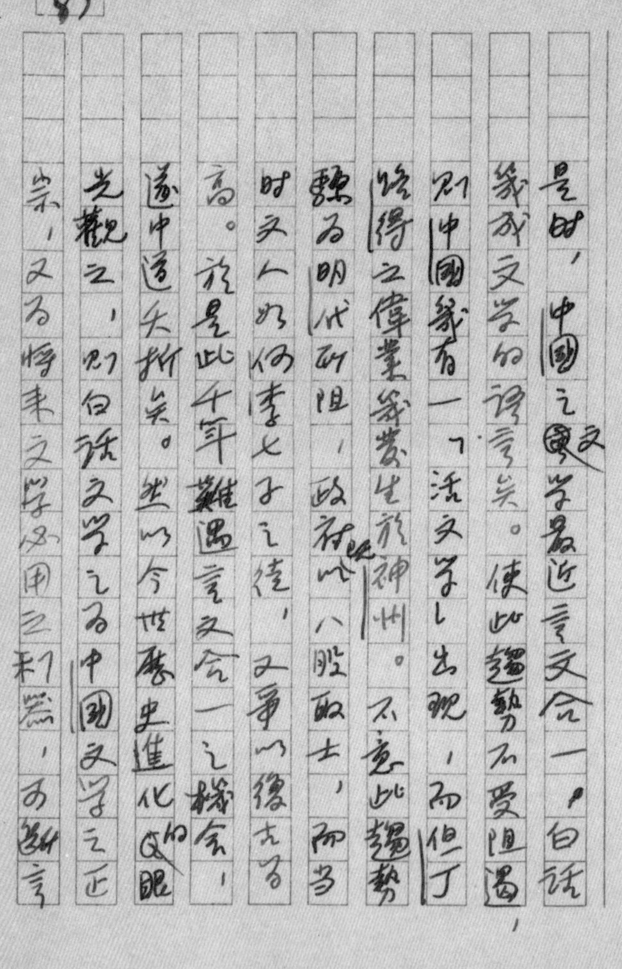
83

胡適稿紙　每頁二百字

是时，中國之文學最近言文合一，白話幾成文學的語言矣。使此趨勢不受阻遏，則中國幾有一"活文學"出現，而但丁路得之偉業幾發生於神州。不意此趨勢驟為明代所阻，政府以八股取士，而當时文人如何李七子之徒，又爭以復古為高。於是此千年難遇言文合一之機會，遂中道夭折矣。然以今世歷史進化的眼光觀之，則白話文學之為中國文學之正宗，又為將來文學必用之利器，可斷言

84

胡適稿紙　每頁二百字

也。以此之故，吾主張今日作文作詩，宜採用俗語俗字。與其用三千年前之死字，不如用二十世紀之活字。與其作不能行遠不能普及之秦漢六朝文字，不如作家喻戶曉之水滸西遊文字也。

這完全是用我三四月中寫出的中國文學史觀（見上文引的四月五日記），稍稍加上一點後來的修正。可是我受了在美國的朋友的反對，膽子變小了，態度變謙虛了，所以此文標題但稱「文學改良芻議」，而全篇不敢提起「文學革命」的旗子。

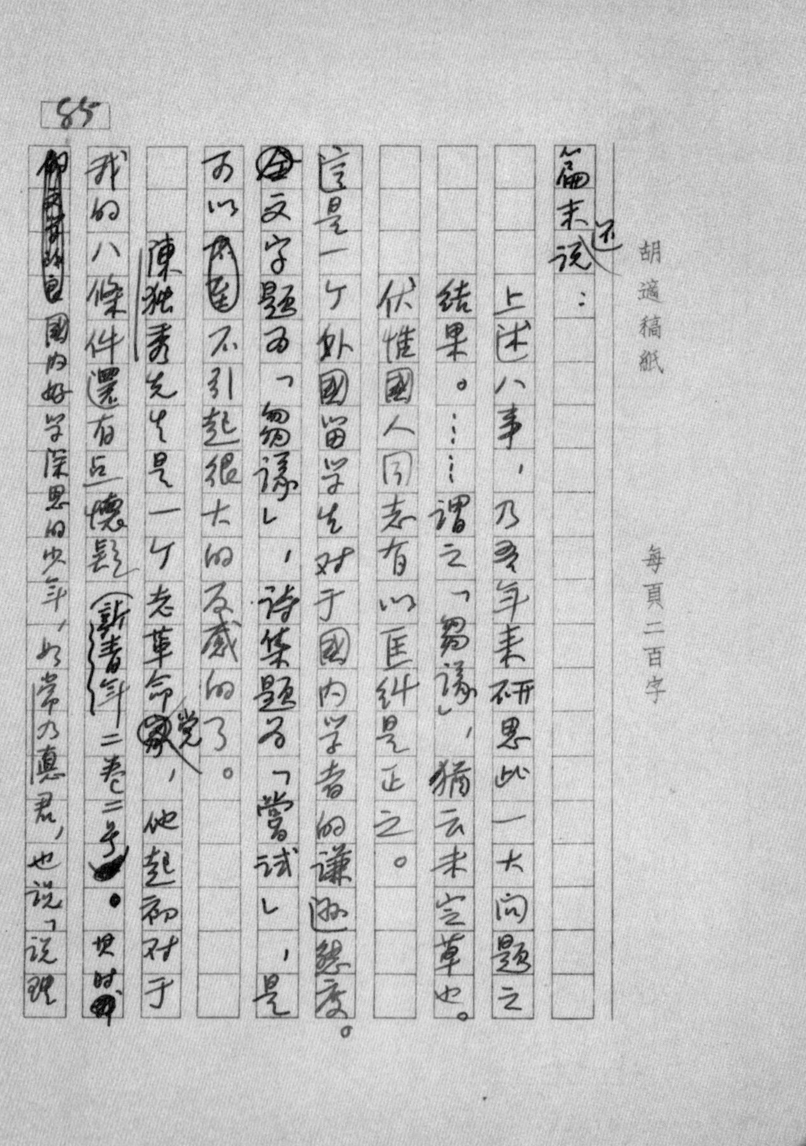

紀事之文，必當以白話行之，但不可施於美術之文」。見《新青年》二卷四號）」，但他見了我的《文學改良芻議》之後，就完全贊成我的主張；他接着寫了一篇《文學革命論》（《新青年》二卷五號），正式在國內提出「文學革命」的旗幟。他說：

> 文學革命之氣運，醞釀已非一日。其首舉義旗之急先鋒，則為吾友胡適。余甘冒全國學究之敵，高張「文學革命軍」之大旗，以為吾友之聲援。旗上大書特書吾革命軍三大主義：

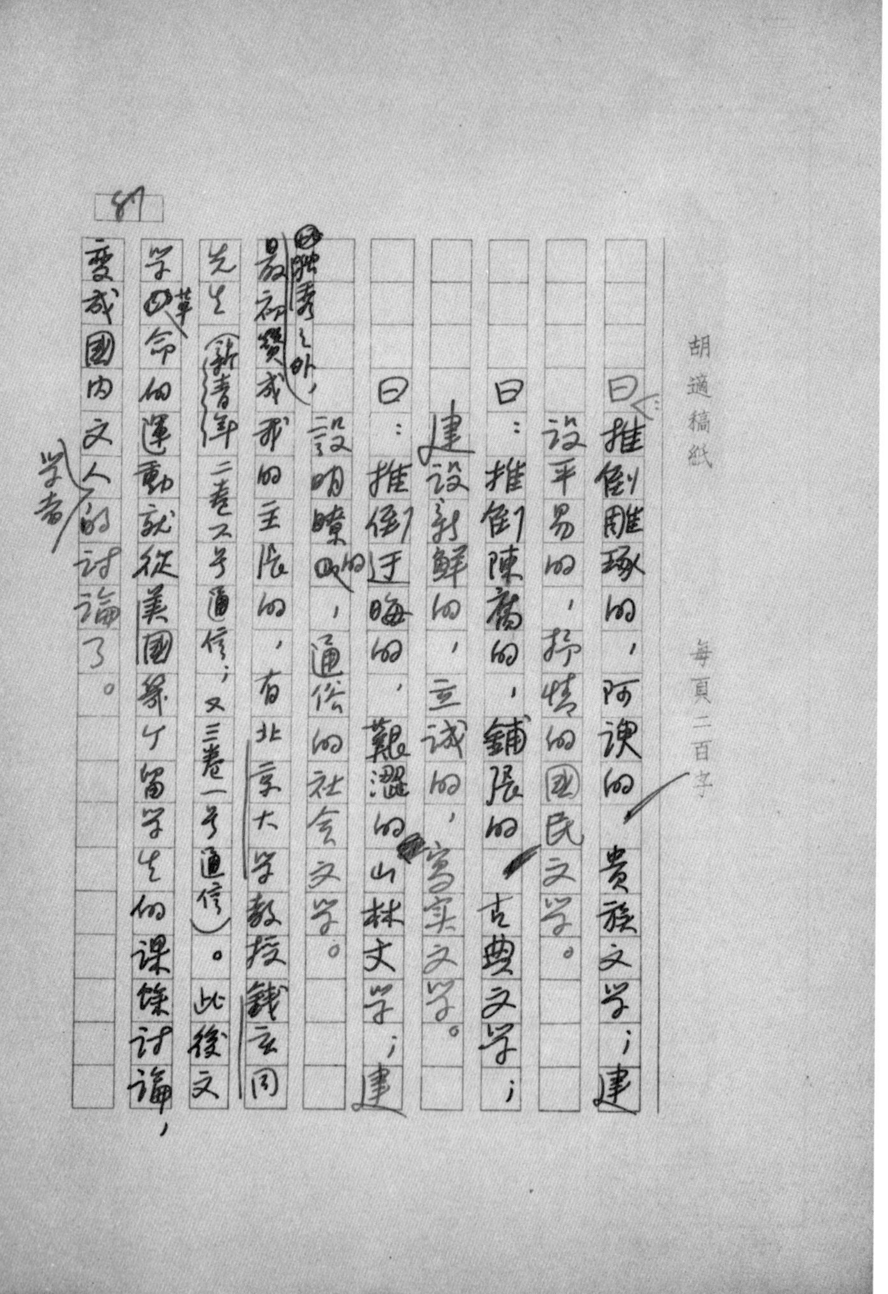

曰：推倒雕琢的，阿諛的貴族文學；建設平易的，抒情的國民文學。
曰：推倒陳腐的，鋪張的古典文學；建設新鮮的，立誠的，寫實文學。
曰：推倒迂晦的，艱澀的山林文學；建設明瞭的，通俗的社會文學。

除獨秀之外，最初贊成我的主張的，有北京大學教授錢玄同先生（新青年二卷六號通信；又三卷一號通信）。此後文學革命的運動就從美國幾個留學生的課餘討論，變成國內文人學者的討論了。

胡適稿紙　每頁二百字

88

《文學改良芻議》是一九一七年一月出版的。

我在一九一七年四月九日還寫了一封長信給陳獨秀先生，信內說：

此事之是非，非一朝一夕所能定，亦非一二人所能定。甚願國中人士能平心靜氣與吾輩同力研究此問題。討論既熟，是非自明。吾輩已張革命之旗，雖不容退縮，然亦決不敢以吾輩所主張為必是，而不容他人之匡正也。……

獨秀在《新青年》（第三卷三號）上答我道：

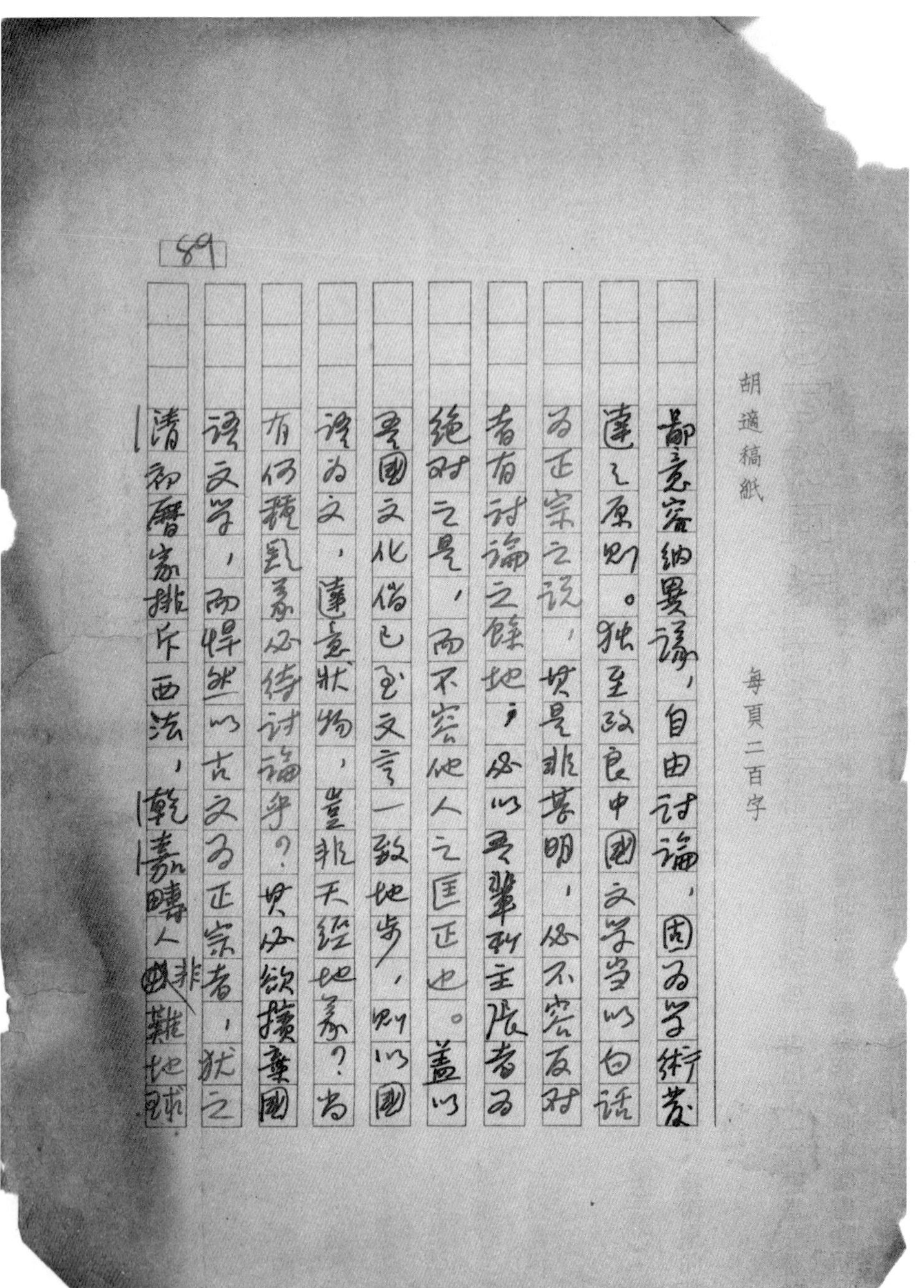

89

胡適稿紙　　每頁二百字

鄙意容纳异议，自由讨论，固为学术发达之原则。独至改良中国文学当以白话为正宗之说，其是非甚明，必不容反对者有讨论之余地；必以吾辈所主张者为绝对之是，而不容他人之匡正也。盖以吾国文化倘已至文言一致地步，则以国语为文，达意状物，岂非天经地义？尚有何种疑义必待讨论乎？其必欲摈弃国语文学，而悍然以古文为正宗者，犹之清初历家排斥西法，乾嘉畴人非难地球

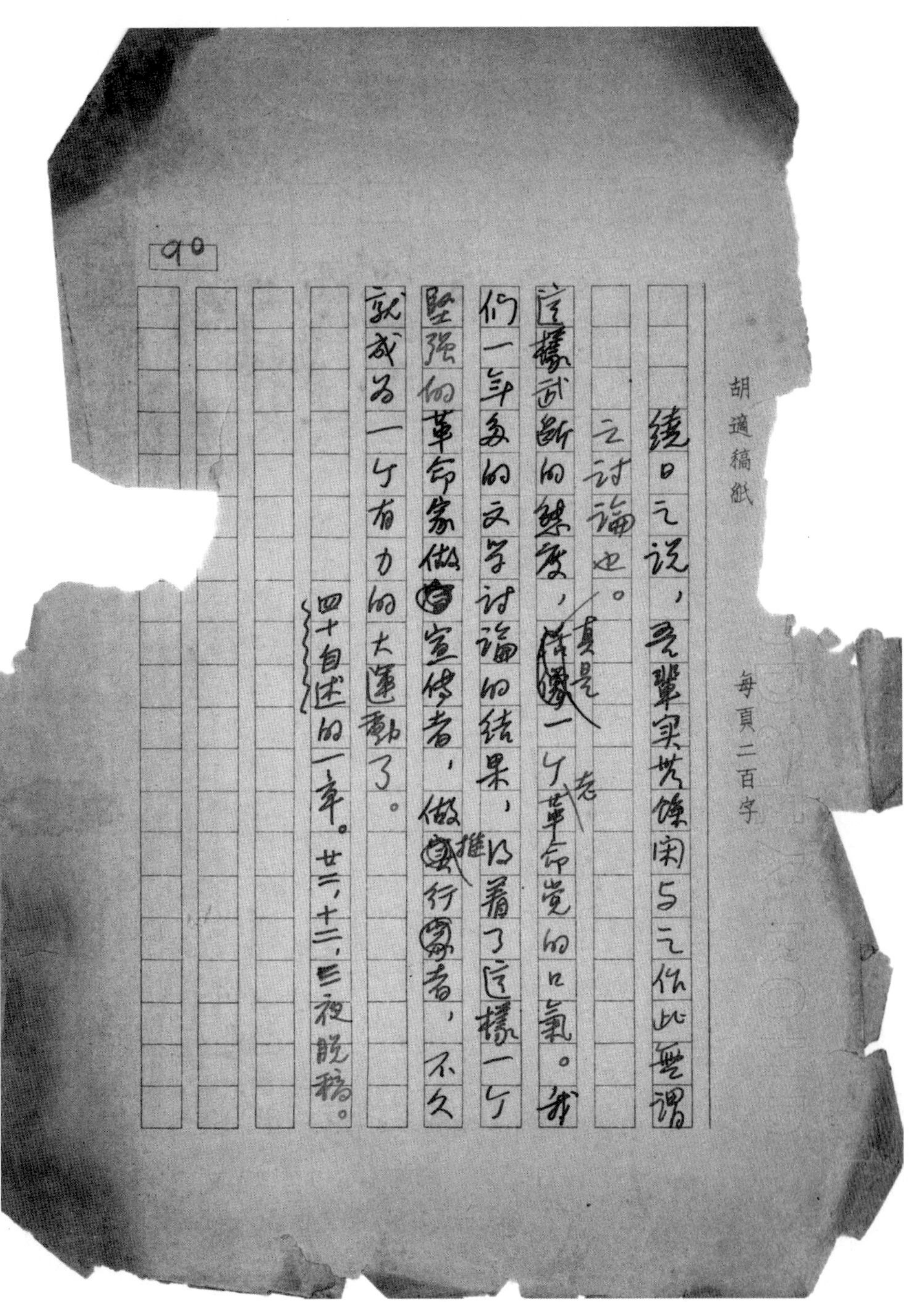
90

胡適稿紙　每頁二百字

繞日之說，吾輩實無餘閑與之作此無謂之討論也。

這樣武斷的態度，真是一个老革命党的口氣。我們一年多的文學討論的结果，得着了這樣一个堅強的革命家做宣傳者，做推行者，不久就成為一个有力的大運動了。

四十自述的一章。廿二，十二，三夜脫稿。

説儒（下）

胡適

說儒

下

胡適

胡適稿紙

每頁二百字

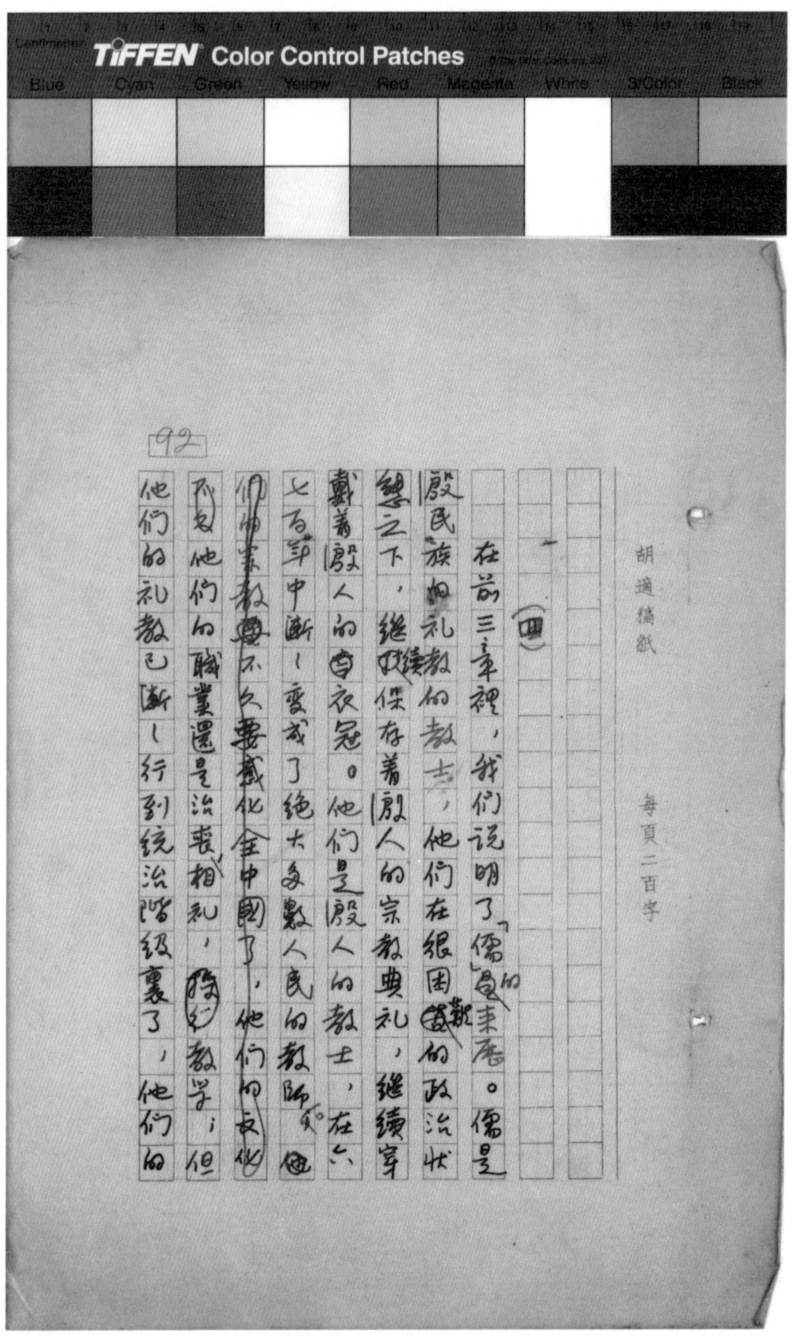

92

（四）

在前三章裡，我們說明了「儒」的來歷。儒是殷民族的禮教的教士，他們在很困難的政治狀態之下，繼續保存着殷人的宗教典禮，繼續穿戴着殷人的衣冠。他們是殷人的教士，在六七百年中漸漸變成了絕大多數人民的教師。他們的職業還是治喪，相禮，教學；但他們的禮教已漸漸行到統治階級裏了，他們的

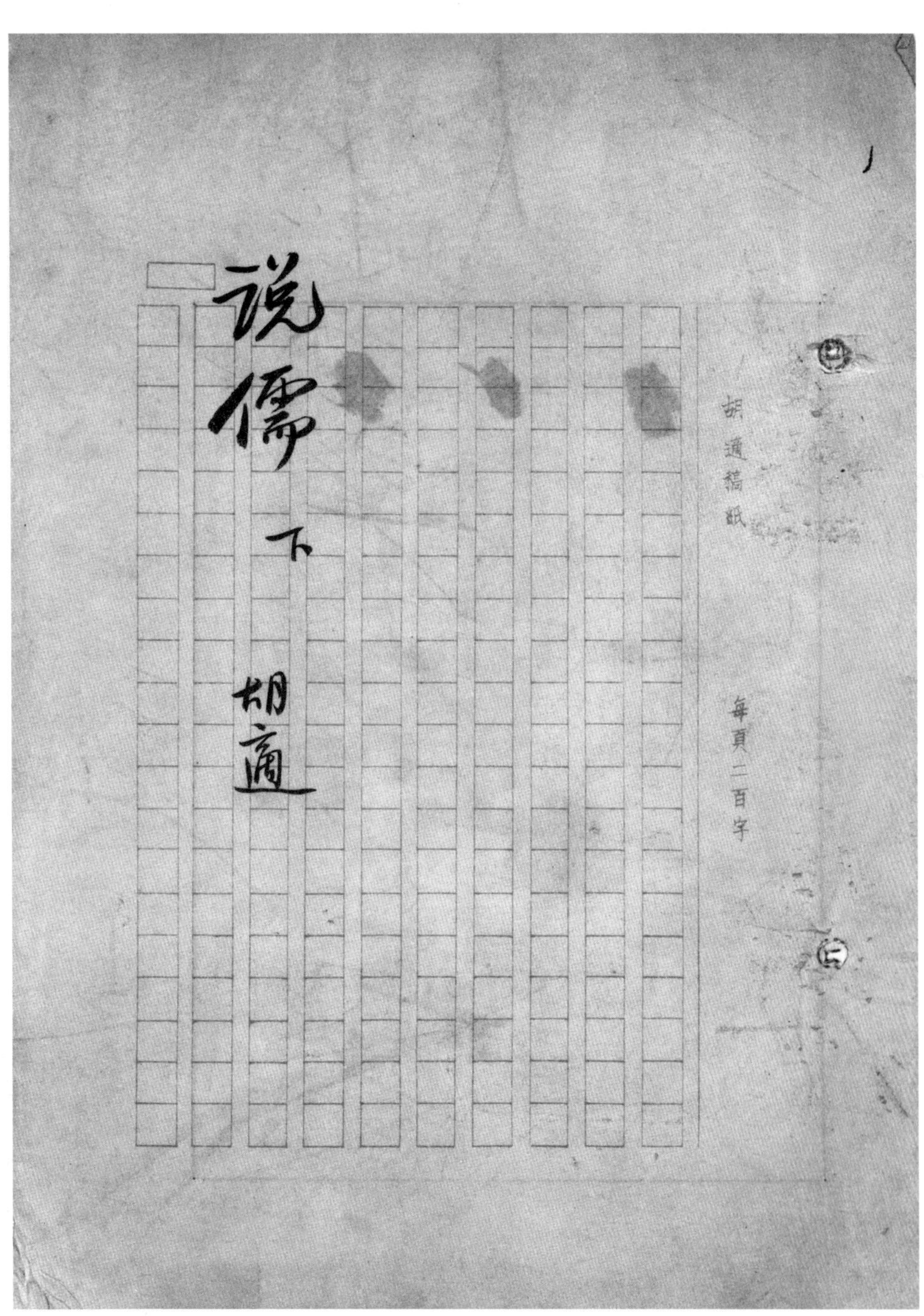
說儒
下
胡適
胡適稿紙
每頁二百字

（四）

在前三章裡，我們說明了「儒」的來歷。儒是殷民族的禮教的教士，他們在很困難的政治狀態之下，繼續保存着殷人的宗教典禮，繼續穿戴着殷人的古衣冠。他們是殷人的教士，在六七百年中漸漸變成了絕大多數人民的教師。他們的職業還是治喪，相禮，教學；但他們的禮教已漸漸行到統治階級裏了，他們的來學弟子，已有周魯公族的子弟了（如孟孫何忌，南宮适）；向他們問禮的，不但有各國的權臣，還有合齊魯衛的諸侯國君了。

這才是那個廣義的「儒」。儒是統治階級的智識分子

儒是一個古宗教的教師，治喪相禮之外，他們還要做其他的宗教職務。論語記孔子的生活，有一條說：

鄉人儺，孔子朝服而立於阼階。

儺是趕鬼的儀式。檀弓說：

歲旱，穆公召縣子而問焉，曰，「天久

不雨，吾欲暴尪而奚若？」曰，「天久不雨而暴人之疾子，毋乃不可與？」「然則吾欲暴巫而奚若？」曰，「天則不雨而望之愚婦人，於以求之，毋乃已疏乎？」「徙市則奚若？」曰，「天子崩，巷市七日。諸侯薨，巷市三日。為之徙市，不亦可乎？」

縣子見於檀弓凡五次，有一次他批評子游道：「汰哉叔氏，專以禮許人！」這可見縣子大概也是孔子的一個大弟子。（史記仲尼弟子傳有縣成，字子祺。

檀弓種種事項。）天久不雨，國君也得請教於儒者。這可見當時的儒者是各種方面的教師与顧問。喪礼是他們的專门，樂舞是他們的長技，教学是他們的職業，而鄉人打鬼，國君求雨，他們也都有事，——他們真是要無所不知無所不能的了。論語記達巷党人稱孔子「博学而無所成名」，孔子對他的弟子說：

吾何執？執御乎？執射乎？吾執御矣。

論語又記

大宰問於子貢曰，「夫子聖者歟？何其

胡適稿紙　　每頁二百字

多能也？」子貢曰，「固天縱之將聖，又多能也。」子聞之曰，「大宰知我乎？吾少也賤，故多能鄙事。君子多乎哉？不多也。」

儒的職業需要博學多能，故廣義的「儒」為術士的通稱。

但這個廣義的，來源甚古的「儒」，怎樣變成了孔門學者的私名呢？這固然是孔子個人的偉大成績，其中也有很重要的歷史的原因。孔子是儒的中興領袖，而不是儒教的創

77

始者。儒教的伸展是殷亡以後五六百年的一个偉大的歷史趨勢；孔子只是這个歷史趨勢的最偉大的代表者，他的成績也只是這个五百年的歷史運動的一个莊嚴燦爛的成功。

這个歷史運動是殷遺民的民族運動。殷商亡國之後，在那幾百年中，人數是眾多的，潛勢力是很廣大的，文化是繼續存在的。但政治的勢力都全在戰勝的民族的手裏，殷民族的政治中心只有一个包圍在「諸姬」的重圍裏的宋國。宋國的處境是很困難的；我們看那前八世紀宋國一位三朝佐命的正考父的鼎銘：「一命而僂，再命而傴，三命而俯，循牆而走」，這是何等的柔遜謙卑！宋國所以能久存，也許是靠這種祖傳的柔道。周室東遷以後，東方多事，宋國漸漸抬頭。到了前七世紀的中葉，齊桓公死後，齊國大亂，宋襄公邀諸侯的兵伐齊，納齊孝公。這一件事成功（前六四二）之後，宋襄公就有了政治的大欲望，他想繼承齊桓公之後做中國的盟主。他把滕子嬰齊捉了；又叫邾人把鄫子捉了，用鄫子來祭次睢之社，「欲以屬東夷」。用人祭社，似是殷商舊俗。左傳昭公十年「季平子伐莒，取郠，獻俘，始用人於亳社」。這樣恢復一個野蠻的舊俗，都有取悅於民眾的意思。宋襄公眼光注射在東方的殷商舊土，所以要恢復一個殷商宗教的陋俗，來巴結東方民眾。那時東方無霸國，無人與宋爭長；他所慮者只有南方的楚國。果然，在盂之會，楚人捉了宋襄公去，後來又放了他。他還不覺悟，還想立武功，定霸業。泓之戰（前六三八），楚人大敗宋兵，宋襄公傷股，幾乎做了

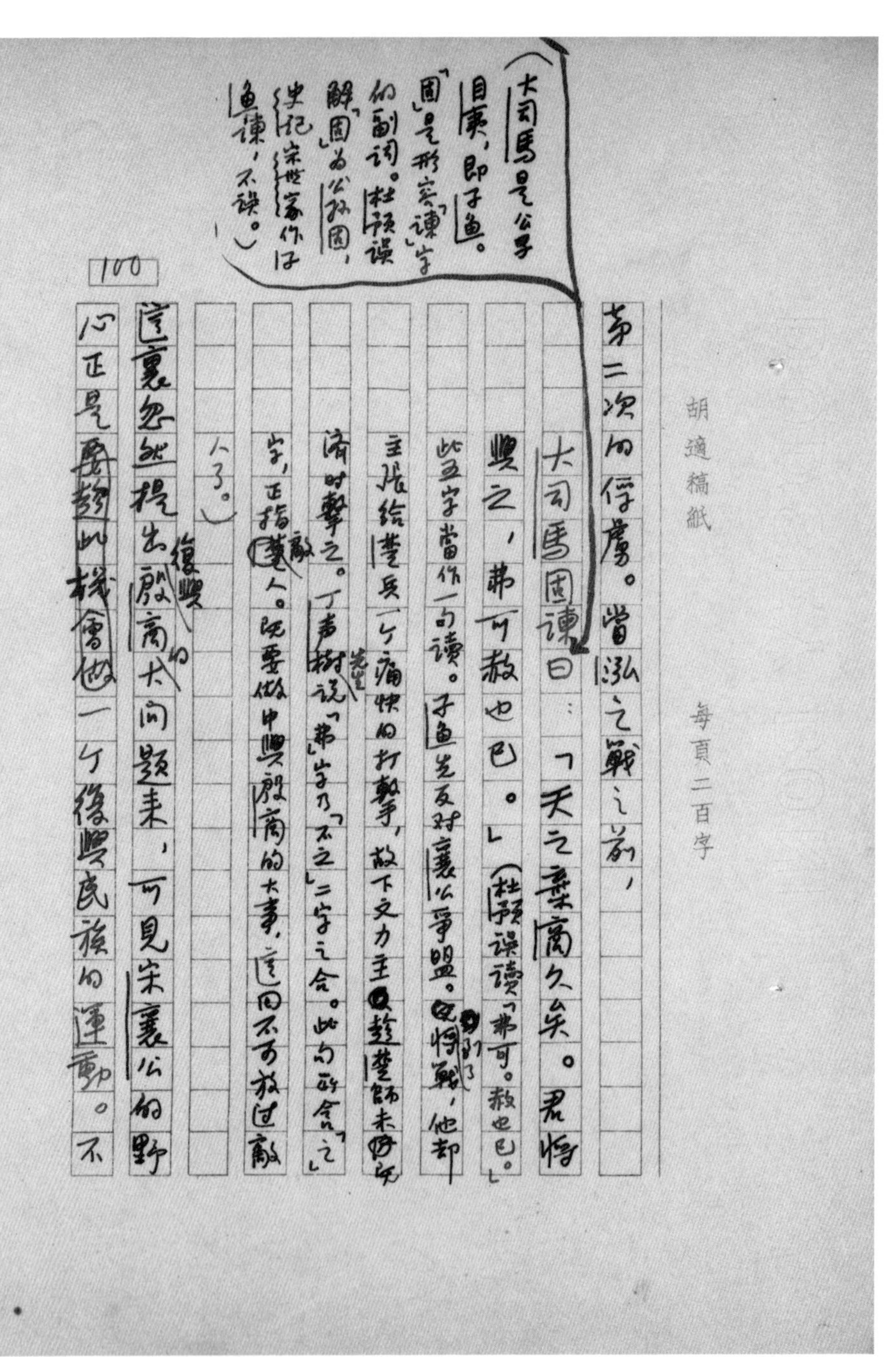

100

第二次的伐虜。當泓之戰之前，大司馬固諫曰：「天之棄商久矣。君將興之，弗可赦也已。」（杜預誤讀「弗可。赦也已。」此五字當作一句讀。子魚先反對襄公爭盟。此時到了戰，他却主張給楚兵一个痛快的打擊，故下文力主趁楚師未濟而濟時擊之。丁聲樹先生說「弗」字乃「不之」二字之合。此句所含「之」字，正指敵人。既要做中興殷商的大事，這固不可赦過敵人了。）

（大司馬是公子目夷，即子魚。「固」是形容「諫」字的副詞。杜預誤解「固」為公孫固，史記宋世家作「子魚諫」，不誤。）

這裏忽然提出復興殷商的大問題來，可見宋襄公的野心正是要趁此機會做一个復興民族的運動。不

胡適稿紙　每頁二百字

幸他的「婦人之仁」使他錯過機會，大敗之後，他還要替自己辯護，說

君子不重傷，不禽二毛。寡人雖亡國之餘，不鼓不成列。

司馬子魚氣極了，說：

君未知戰。……今之勍者，皆吾敵也。雖

「亡國之餘」，這也可見宋殷商後人不忘亡國的慘痛。三百年後，宋君偃自立為宋王，東敗齊，南敗楚，西敗魏，也是這亡國遺憾的死灰復燃，也是一個民族復興的運動。但不久也

失敗了。殷商民族的政治的復興，終于無望了。

但在那殷商民族亡國後的幾百年中，他們好像始終保存着民族復興的夢想，漸漸養成了一个「救世聖人」的預言。這預言是亡國民族裏常有的，最有名的一个例子就是希伯來（猶太）民族的「彌賽亞」（Messiah）降生救世的懸記，後來引起了耶穌領導的大運動。這種懸記（佛書中所謂「懸記」，即預言）本來只是夢想一个未來的民族英雄起來領導那久受亡國苦痛的民眾，做到那復興民族的大

103

胡適稿紙　每頁二百字

事業。但年代久了，政治復興的夢想終沒有實現的影子，於是這種政治的預言漸漸變換內容，政治復興的色彩漸漸變淡了，宗教或文化復興的意味漸漸加濃了。猶太民族的"彌賽亞"原來是一個復興英雄，後來卻變成了一個救世的教主，這是一變；一個狹義民族的中興領袖，後來卻變成了一個救度全人類的大聖人，這一變更遠大了。我們現在觀察殷商民族亡國後的歷史，似乎他們也曾經過這一個民族英雄復興殷商的懸記，也曾有

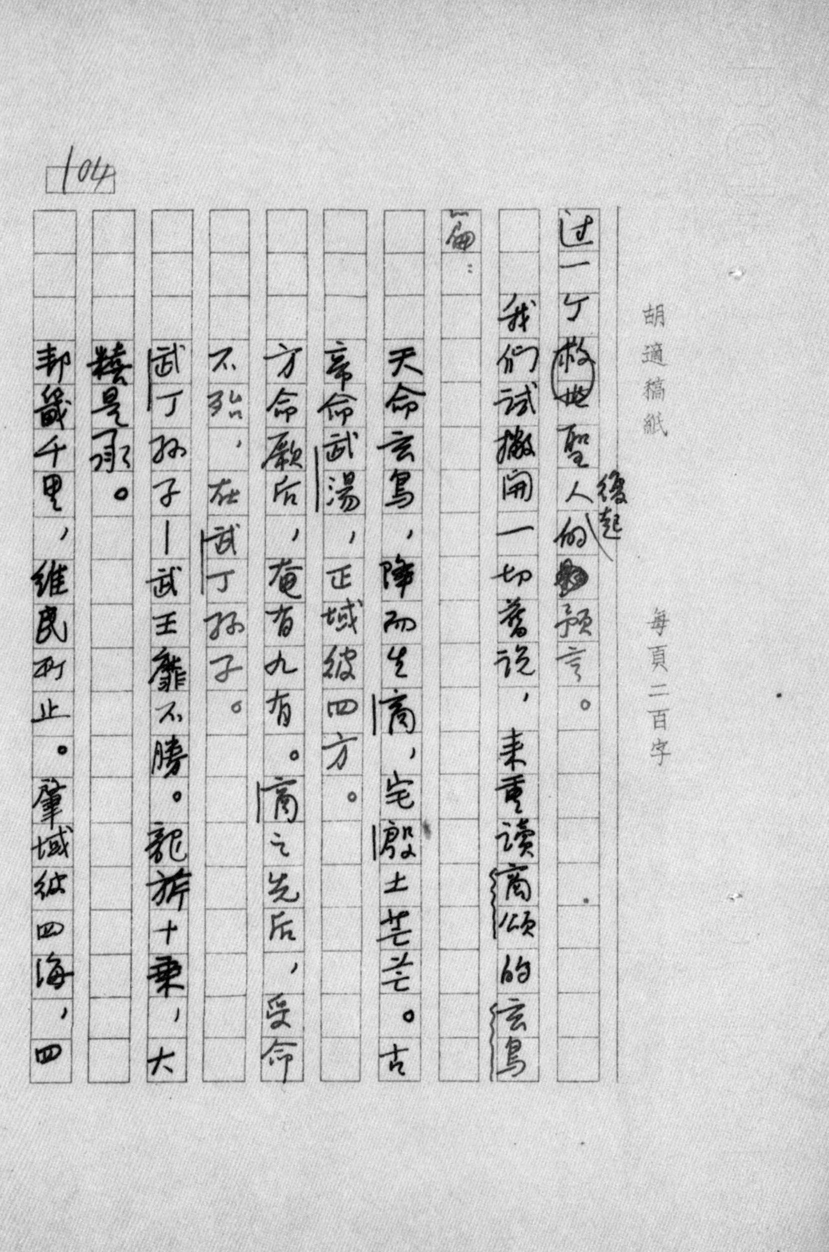
104

胡適稿紙　每頁二百字

过一个救世聖人的預言。（後起）

我們試撇開一切舊說，來重讀商頌的玄鳥篇：

天命玄鳥，降而生商，宅殷土芒芒。古帝命武湯，正域彼四方。方命厥后，奄有九有。商之先后，受命不殆，在武丁孫子。武丁孫子——武王靡不勝。龍旂十乘，大糦是承。邦畿千里，維民所止。肇域彼四海，四

105

胡適稿紙　　每頁二百字

海來假。

來假祁祁，景員維河。殷受命咸宜，百

祿是何。

此詩舊說以為是祀高宗的詩。但舊說總無法解釋詩中的「武丁孫子」，也不能解釋那「武丁孫子」的「武王」。鄭玄解作「高宗之孫子有武功有王德於天下者，無所不勝服」。朱熹解說「武王，湯號，而其後世亦以自稱也。言武丁孫子，今襲湯號者，其武無所不勝。」這是誰呢？殷自武丁以後，國力漸衰；史書所記，已無有一個無

胡適稿紙　每頁二百字

所不勝服的「武王」了。我們看此詩乃是一種預言，先述那「正域彼四方」的武湯，而次預言一个「肇域彼四海」的「武丁孫子——武王」。

「大糦」舊說有二：韓詩說糦為「大祭」，鄭玄訓糦為「黍稷」，都是臆說。（朱駿声說文通訓定声誤記商頌烈祖有「大糦是承」，訓黍稷；又玄鳥有「大糦是承」，韓詩訓為大祭。其實烈祖無此句。）我以為「糦」字乃是「囏」字，即是「艱」字。（周書大誥，「有大艱於西土，西土人亦不靜。」「大艱」即是大難。）艱字籀文作囏，字損為糦。這个

106

未來的「武王」將無所不勝，將用「十乘」的薄弱武力，而承擔「大艱」；將從千里的邦畿而

胡適稿紙　每頁二百字

肇國於四海。這就是殷民族的懸想的中興英雄。
（鄭玄釋「十乘」為「二王後，八州之大國」，每國一乘，故為十乘！）

但世代久了，這個「武王靡不勝」的武王始終沒有出現，宋襄公中興殷商的夢是吹破的了。於是這個民族英雄的預言漸漸變成了一種救世聖人的預言。左傳（昭公七年）記孟僖子將死時，召其大夫曰：

吾聞將有達者，曰孔丘，聖人之後也，而滅於宋。其祖弗父何以有宋而授厲公。及正考父佐戴武宣，三命茲益共，故其

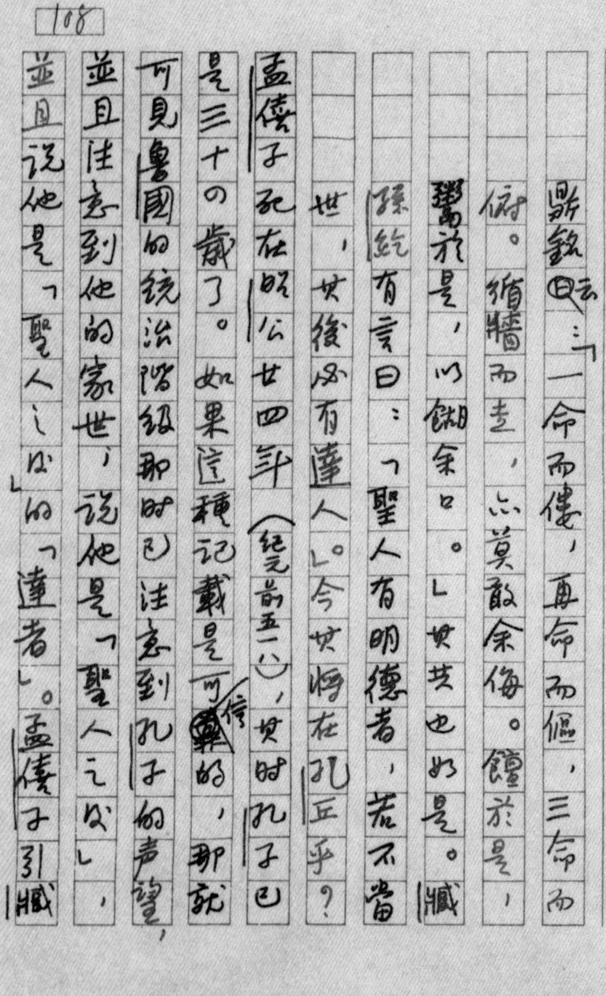
108

胡適稿紙　　每頁二百字

鼎銘云：「一命而僂，再命而傴，三命而俯。循牆而走，亦莫敢余侮。饘於是，鬻於是，以餬余口。」其共也如是。臧孫紇有言曰：「聖人有明德者，若不當世，其後必有達人。」今其將在孔丘乎？

孟僖子死在昭公廿四年（紀元前五一八），其時孔子已是三十四歲了。如果這種記載是可信的，那就可見魯國的統治階級那時已注意到孔子的声望，並且注意到他的家世，說他是「聖人之後」，並且說他是「聖人之後」的「達者」。孟僖子引臧孫紇的話，說這話應在孔丘身上。臧孫紇自己也是當時人稱為「聖人」的，左傳（襄公廿三年）說：

臧武仲雨過御叔，御叔在其邑將飲酒，曰，「焉用聖人！我將飲酒而已。雨行，何以聖為！」

臧孫紇出奔齊時，孔子只有兩歲。他說的「聖人有明德者！若不當世，其後必有達人」，當然不是為孔丘說的，不過是一種泛論。但他這話也許是受了當時魯國的殷民族中一種期待聖人出世的預言的暗示。這自然只是我的一個猜

110

想；但孟僖子說，「吾聞將有達者曰孔丘」，這句話的涵義是說：「我聽外間傳說，將要有一位達人起來，叫做孔丘」。這可見他聽見了外間民眾有紛紛說到這個殷商後裔孔丘，是一位將興的達者或聖人；這種傳說當然與臧孫紇的預言無關，但看孟僖子的口氣，好像民間傳說已有把那個三十多歲的孔丘認做符合某種懸記的話，所以他想到那位不容於魯國的聖人臧孫紇的懸記，說「今其將在孔丘乎？」大概這就是說：這個預言要在孔丘身上了。

這就是說：民間已傳說這個孔丘是一位將興的達者了，臧孫紇也有過這樣的話，現在要應驗了。

所以我們可以假定，在那多數的東方殷民族之中，早已有一個「將有達者」的大預言。在這個預言的流行空氣裏，「魯國聖人」臧孫紇也就有一種「聖人」必有「達者」的預言。我們可以猜想那個民間預言的形式大概是說「殷商亡國後五百年，有個大聖人出來。」我們試讀孟子，就可以知道「五百年」不是我的瞎說。

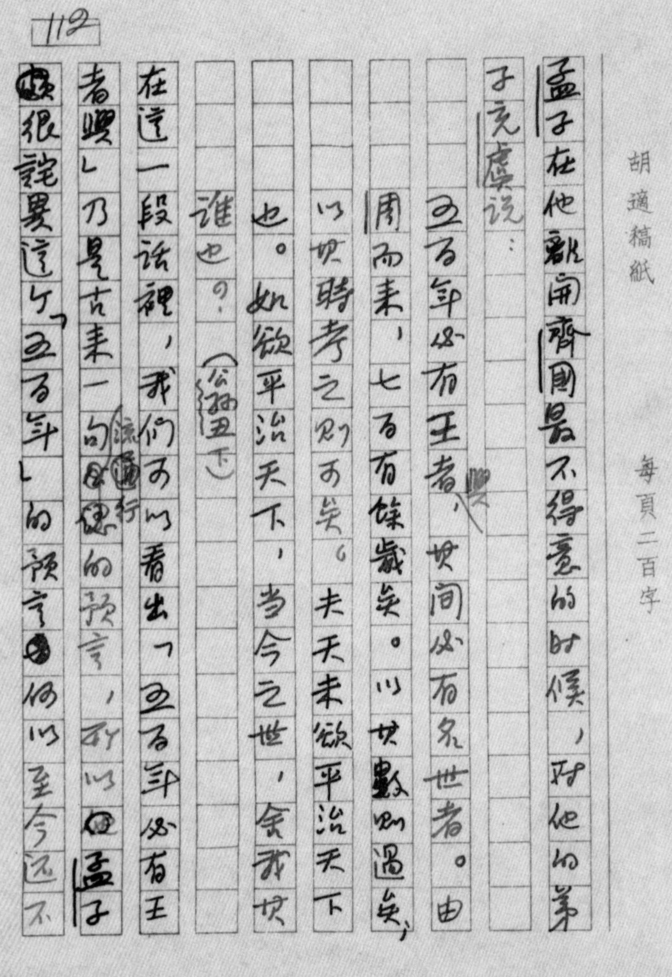

胡適稿紙　每頁二百字

112

孟子在他離開齊國最不得意的時候，對他的弟子充虞說：

五百年必有王者興，其間必有名世者。由周而來，七百有餘歲矣。以其數則過矣，以其時考之則可矣。夫天未欲平治天下也。如欲平治天下，當今之世，舍我其誰也？（公孫丑下）

在這一段話裏，我們可以看出「五百年必有王者興」乃是古來一句流行的預言，所以孟子很詫異這「五百年」的預言何以至今還不

113

靈驗。但他始終深信這句五百年的懸記。最遲早總會有驗的。所以孟子最後一章又說：

由堯舜至於湯，五百有餘歲。……由湯至於文王，五百有餘歲。……由文王至於孔子，五百有餘歲。……由孔子而來，至於今，百有餘歲。去聖人之世若此其未遠也，近聖人之居若此其甚也，然而無有乎爾，則亦無有乎爾！（盡心下）

這樣的低徊追憶不是偶然的事，乃是一個偉大的民族傳說幾百年流行的結果。

胡適稿紙

每頁二百字

孔子生於魯襄公二十二年（前五五一），上距殷武庚的滅亡，約有五百年。大概這个「五百年必有王者興」的預言由來已久，所以宋襄公（泓之戰在前六三八）正當殷亡以後的第五世紀，他那復興殷商的野心也正是那个預言之下的產兒。到了孔子出世時代，那个預言的五百年之期已過了幾十年，殷民族的渴望正在最高度。這時期，忽然殷宋公孫的嫡系裡出來了一个聰明睿知的少年，起於貧賤的環境裡，而貧賤壓不住他；生於「野合」的父母，而甚

胡適稿紙

每頁二百字

胡適稿紙　　每頁二百字

115

至於他少年時還不知道其父的墳墓，然而他的多才多藝，使他居然從戰勝了一個當然很不好受的少年處境，使人們居然忘了他的出身，使他的鄉人異口同聲的贊歎他

大哉孔子！博學而無所成名！

~~使魯國的貴族領袖承認他是郰~~

這樣一個人，正因為他的出身特別微賤，所以人們特別驚異他的天才與學力之高，特別追想到他的先世遺澤的長久而偉大。所以當他少年時代，他已是民間人望所歸了；民間已隱隱的，

紛紛的傳說：「五百年必有聖者興，今其將在孔丘乎！」甚至於魯國的貴族領袖權臣也在背後議論道：「聖人之後，必有達者，今其將在孔丘乎！」

我們可以說，孔子壯年時，已被一般人認作那個應運而生的聖人了。這個假設可以解決論語裏許多費解的談話。如云：

子曰：天生德於予，桓魋其如予何？

如云：

子畏於匡，曰：文王既沒，文不在茲乎？天之將喪斯文也，後死者不得與於斯文

胡適稿紙

每頁二百字

117

也。天之未喪斯文也，匡人其如予何？

如云：

子曰：鳳鳥不至，河不出圖，吾已矣夫！

這三段說話，我們平時都感覺難懂。但若如上文所說，孔子壯年以後在一般民衆心目中已成了一個五百年應運而興的聖人，這些話就都不難懂了。因為古來久有那個五百年必有聖者興的懸記，因為孔子生當殷亡之後五百年，因為他出於一個殷宋正考父的一系，又因為他那出類拔萃的天才與學力早年就得民衆的敬，

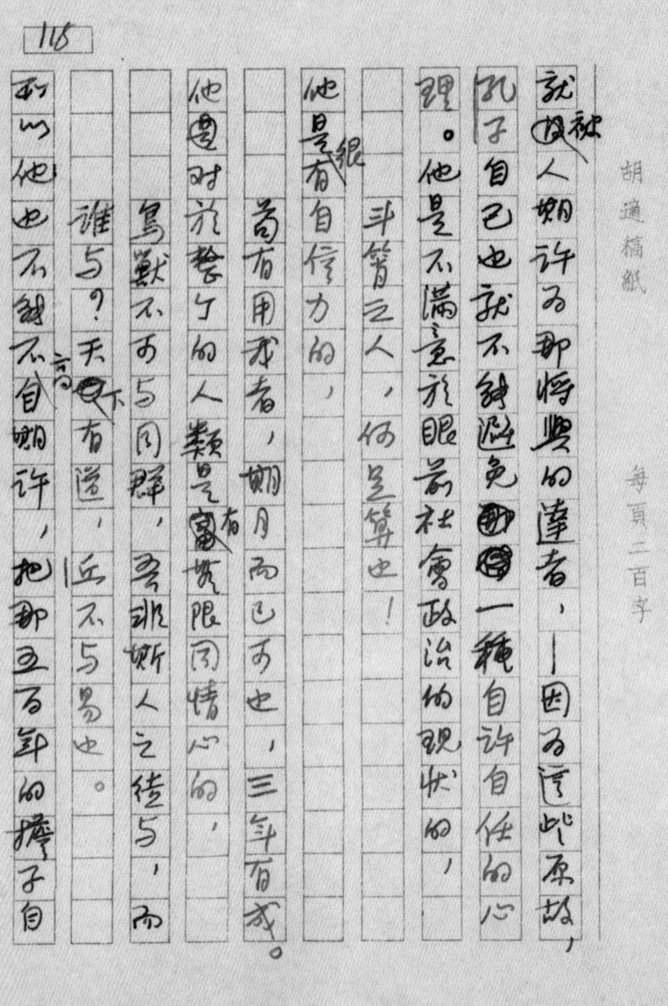
118

胡適稿紙　　每頁二百字

就被人期許為那將興的達者，——因為這些原故，孔子自己也就不能避免一種自許自任的心理。他是不滿意於眼前社會政治的現狀的，

斗筲之人，何足算也！

他是很有自信力的，

苟有用我者，期月而已可也，三年有成。

他對於整個的人類是有無限同情心的，

鳥獸不可與同群，吾非斯人之徒與，而誰與？天下有道，丘不與易也。

所以他也不能不自期許，把那五百年的擔子自已挑起來。他有了這樣大的自信心，他覺得一切阻力都是不足畏懼的了：「桓魋其如予何！」「匡人其如予何！」「公伯寮其如命何！」他就不能上承殷商民族的歌頌裏的那個「肇域彼四海」的「武王」，難道不能做一個中興文化的「文王」嗎？

鳳鳥與河圖的失望，更可以證明那個古來懸記的存在。那個「五百年必有王者興」的傳說當然不會是那樣乾淨簡單的，當然還帶着許多幼稚的傳說民族神話。「天命玄鳥，降而生商」，正是他的祖宗的「感生帝」的傳說。

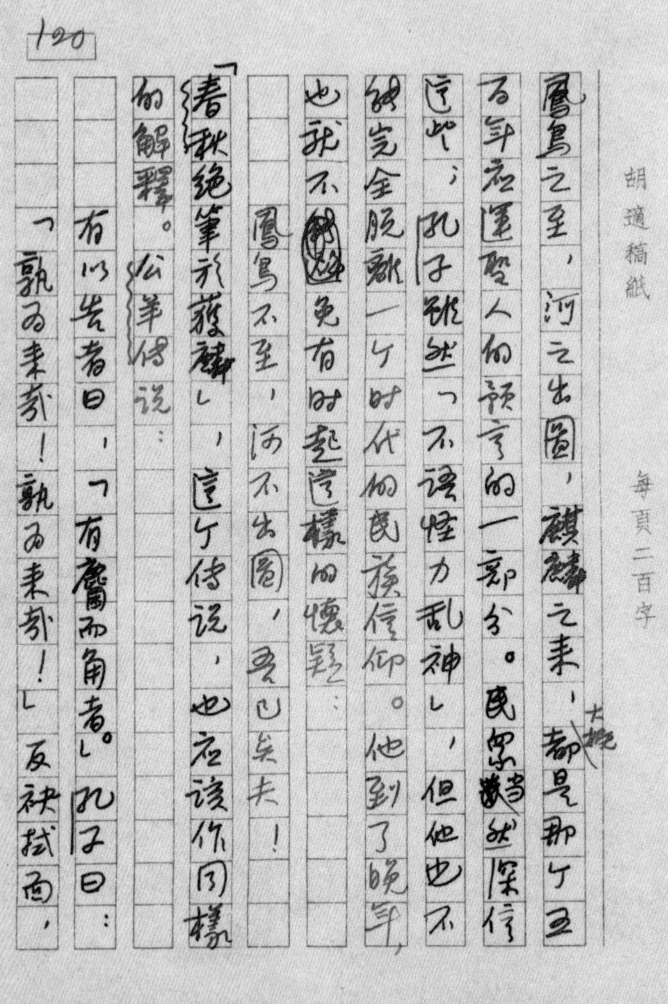

120

胡適稿紙

每頁二百字

鳳鳥之至，河之出圖，麒麟之來，大概都是那個五百年應運聖人的預言的一部分。民眾當然深信這些；孔子雖然「不語怪力亂神」，但他也不能完全脫離一個時代的民族信仰。他到了晚年，也就不免有時起這樣的懷疑：

鳳鳥不至，河不出圖，吾已矣夫！

「春秋絕筆於獲麟」，這個傳說，也應該作同樣的解釋。公羊傳說：

有以告者曰：「有麕而角者。」孔子曰：

「孰為來哉！孰為來哉！」反袂拭面，

涕沾袍。顏淵死，子曰，「噫，天喪予！」子路死，子曰，「噫，天祝予！」西狩獲麟，孔子曰，「吾道窮矣！」

史記節取左傳與公羊傳，作這樣的記載：

魯哀公十四年，春狩大野，叔孫氏車子鉏商獲獸，以為不祥。仲尼視之，曰，「麟也。」取之。曰，「河不出圖，雒不出書，吾已矣夫！」顏淵死，孔子曰，「天喪予！」及西狩見麟，曰，「吾道窮矣！」

孔子的談話裏時時顯出他確有些相信他是受命

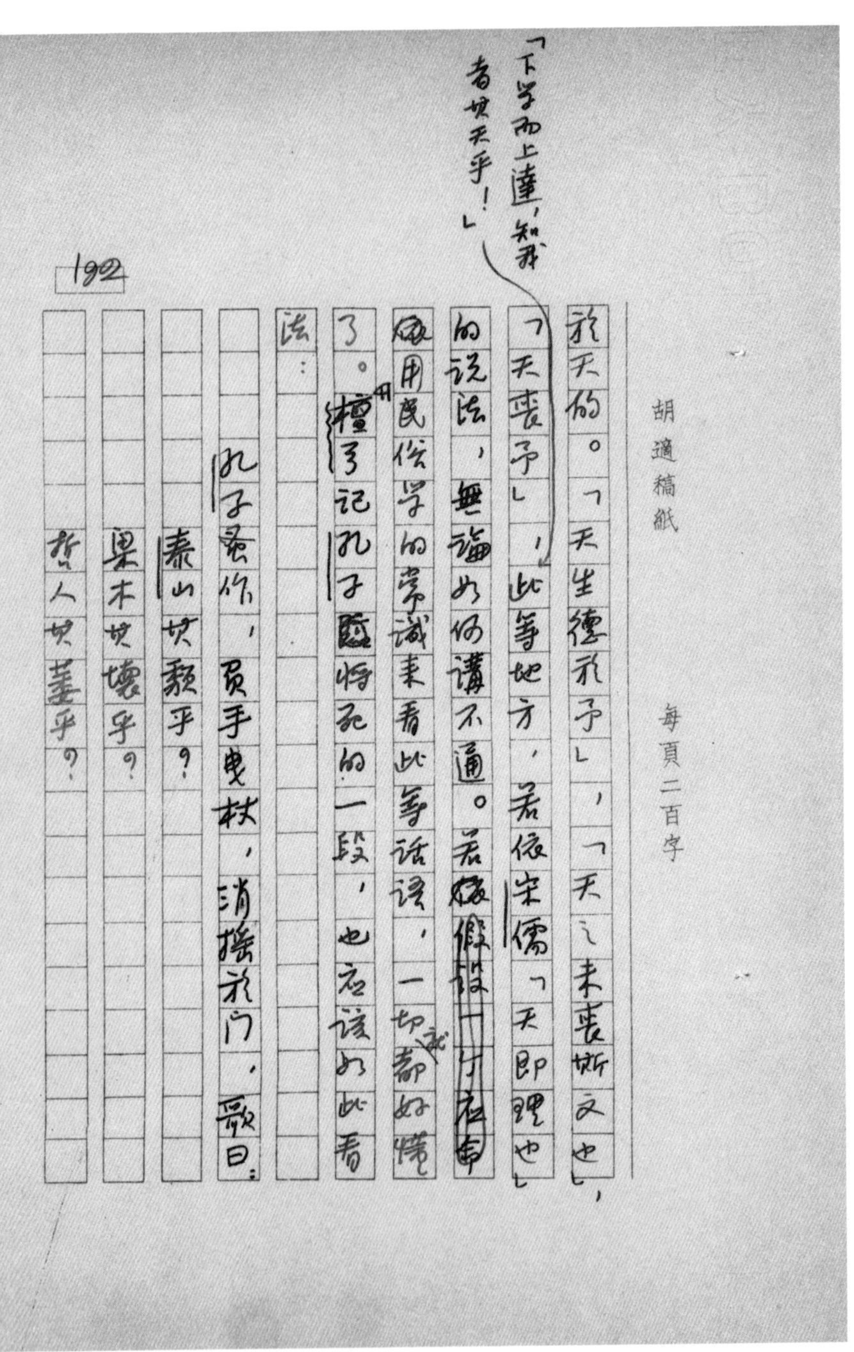
胡適稿紙　每頁二百字

192

於天的。「天生德於予」，「天之未喪斯文也」，「天喪予」，「下學而上達，知我者其天乎！」此等地方，若依宋儒「天即理也」的說法，無論如何講不通。若依用民俗學的常識來看此等話語，一切或都好懂了。檀弓記孔子臨將死的一段，也應該如此看法：

孔子蚤作，負手曳杖，消搖於門，歌曰：

泰山其頹乎？

梁木其壞乎？

哲人其萎乎？

既歌而入，當戶而坐。子貢聞之曰：「泰山其頹，則吾將安仰？梁木其壞，哲人其萎，則吾將安放？夫子殆將病也。」

遂趨而入。夫子曰：「賜，爾來何遲也？夏后氏殯於東階之上，則猶在阼也。殷人殯於兩楹之間，則與賓主夾之也。周人殯於西階之上，則猶賓之也。而丘也，殷人也。予疇昔之夜，夢坐奠於兩楹之間。夫明王不興，而天下其孰能宗予，予殆將死也。」蓋寢疾七日而沒。

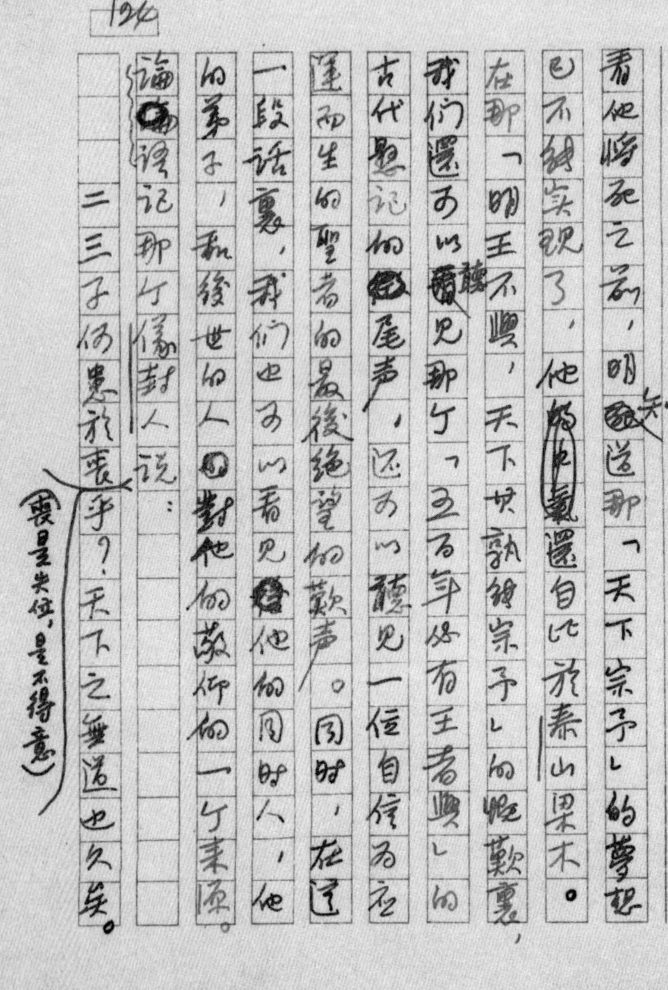
124

胡適稿紙　每頁二百字

看他將死之前，明知道那「天下宗予」的夢想已不能實現了，他還自比於泰山梁木。在那「明王不興，天下其孰能宗予」的慨歎裏，我們還可以聽見那「五百年必有王者興」的古代懸記的尾声，還可以聽見一位自信為應運而生的聖者的最後絕望的歎声。同時，在這一段話裏，我們也可以看見他的同時人，他的弟子，和後世的人對他的敬仰的一个來源。

論語記那个儀封人說：

二三子何患於喪乎？天下之無道也久矣。

（喪是失位，是不得意）

胡適稿紙　　每頁二百字

125

天將以夫子為木鐸。

論語又記一件很可玩味的故事：

南宮适問於孔子曰：「羿善射，奡盪舟，俱不得其死然。禹稷躬稼，而有天下。」孔子不答。南宮适出，子曰：「君子哉若人！尚德哉若人！」

南宮适是孟僖子的兒子，是孔子的姪女壻。他說這話，隱隱的表示他對於孔子的一種期望。孔子就不答他，卻很讚許他的推崇有德過于有武力的古英雄。再看論語記子貢替孔子辯護的

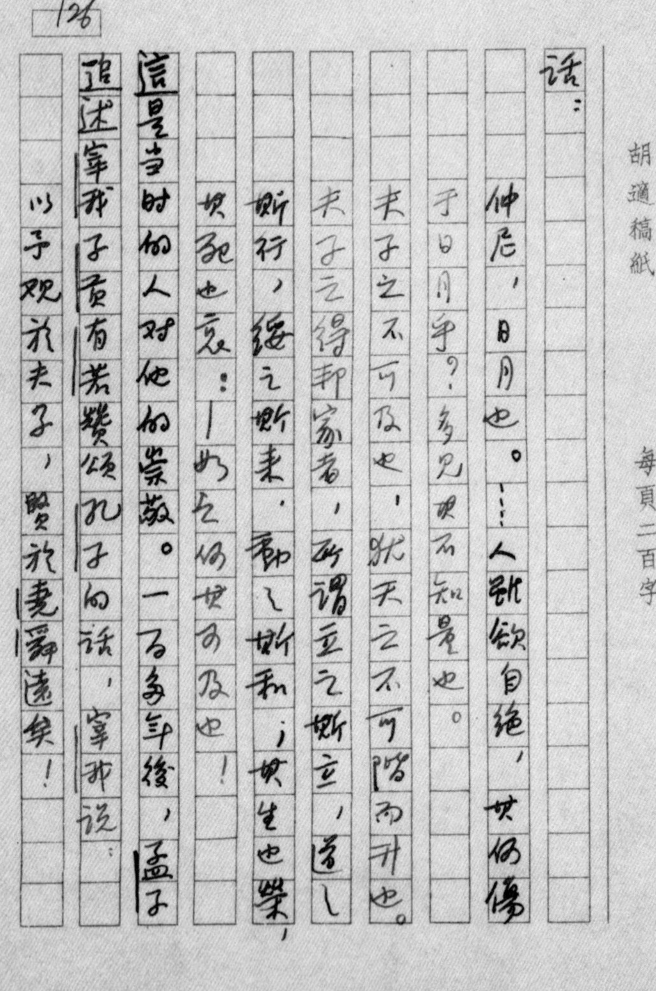
126

胡適稿紙　每頁二百字

話：

仲尼，日月也。……人雖欲自絕，其何傷於日月乎？多見其不知量也。

夫子之不可及也，猶天之不可階而升也。

夫子之得邦家者，所謂立之斯立，道之斯行，綏之斯來，動之斯和；其生也榮，其死也哀：如之何其可及也！

這是当时的人对他的崇敬。一百多年後，孟子追述宰我子貢有若讚頌孔子的話，宰我說：

以予观於夫子，賢於堯舜遠矣！

127

子貢說：

見其禮而知其政，聞其樂而知其德，由百世之後，等百世之王，莫之能違也。自生民以來，未有夫子也。

有若說：

豈惟民哉？麒麟之於走獸，鳳皇之於飛鳥，太山之於丘垤，河海之於行潦，類也。聖人之於民，亦類也。出於其類，拔乎其萃，自生民以來，未有盛於夫子也。

孟子自己也說：

胡適稿紙　　每頁二百字

自生民以來，未有孔子也。

後來所謂「素王」之說，在這些話裏都可以尋出一些淵源線索。孔子自己也曾說過，

文王既沒，文不在茲乎？

這就是一个無冕帝王的氣象。他自己擔負起文王以來五百年的中興重擔子來了，他的弟子也期望他像「禹稷耕稼而有天下」，說他「賢于堯舜遠矣」，說他為生民以來所未有，這當然是一个「素王」了。

孔子是一个熱心想做一番功業的人，本來不

129

甘心做一个「素王」的。我们看他議論管仲的話：

管仲相桓公，霸諸侯，一匡天下，民到于今受其賜。微管仲，吾其被髮左衽矣。豈若匹夫匹婦之為諒也，自經於溝瀆而莫之知也？

這一段話最可以表示孔子的救世熱腸，也最可以解釋他一生棲棲皇皇奔走四方的行為。檀弓記他的弟子有若的觀察：

昔者夫子失魯司寇，將之荊，蓋先之以子夏，又先之以冉有。以斯知不欲速貧

130

胡適稿紙

也。

論語裏有許多同樣的記載：

子欲居九夷。或曰，「陋，如之何？」

子曰，「君子居之，何陋之有？」

子曰，「道不行，乘桴浮於海，從我者其由歟？」

論語裏記着兩件事，曾引起許多的誤解。一件是公山弗擾召孔子的事：

公山弗擾以費叛，召，子欲往。子路不說，曰，「末之也已，何必公山氏之之

每頁二百字

131

也？」子曰：「夫召我者，而豈徒哉？如有用我者，吾其為東周乎？」

一件是佛肸召孔子的事。（佛肸是晉國趙簡子的中牟邑宰，據中牟以叛）

佛肸召，子欲往。子路曰：「昔者由也聞諸夫子曰：『親於其身為不善者，君子不入也。』佛肸以中牟畔（佛肸是晉國趙簡子的中牟邑宰，據中牟以叛），子之往也，如之何？」子曰：「然，有是言也。不曰堅乎，磨而不磷？不曰白乎，涅而不

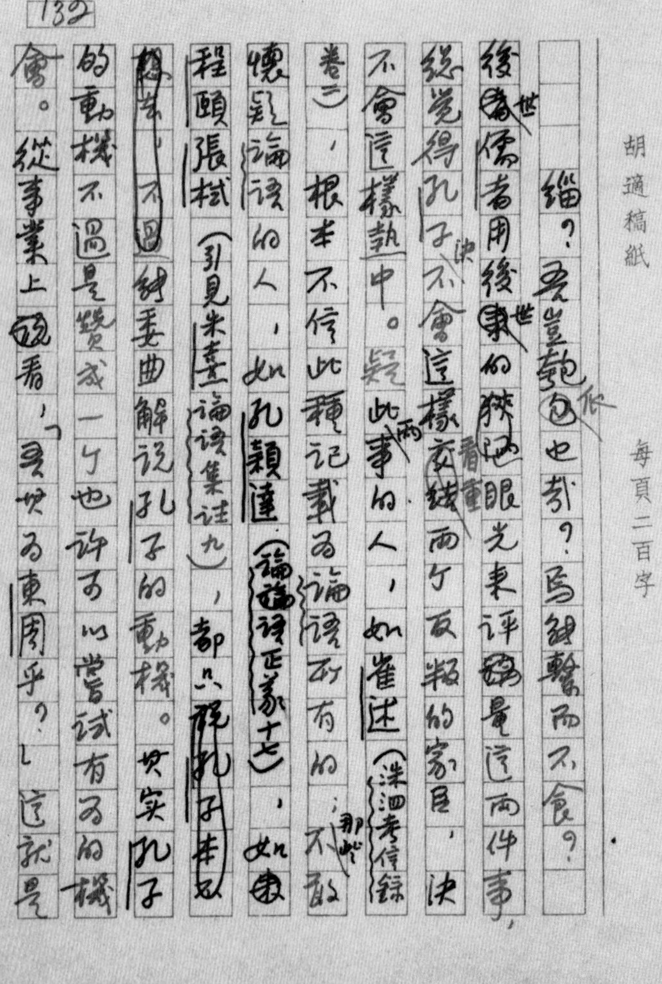

胡適稿紙

每頁二百字

132

縕？吾豈匏瓜也哉？焉能繫而不食？後世儒者用後世的眼光來評量這兩件事，總覺得孔子決不會這樣看重兩個反叛的家臣，決不會這樣熱中。疑此兩事的人，如崔述（洙泗考信錄卷二），根本不信此種記載為論語所有的；那些不敢懷疑論語的人，如孔穎達（論語正義十七），如朱熹程頤張栻（引見朱熹論語集注九），都只說孔子未去，不過終要曲解說孔子的動機。其實孔子的動機不過是贊成一個也許可以嘗試有為的機會。從事業上看，「吾其為東周乎？」這就是說，也許我可以造成一个「東方的周帝國」哩。從個人的感覺上說，「吾豈匏瓜也哉？焉能繫而不食？」這就是說，我是想做事的，我不像那串葫蘆，掛在那兒擺樣子，可是喫不中喫的。這都是很近情理的感想，用不着什麼解釋的。（王安石有仲尼詩：「鄹城百雉擅高秋。驅馬臨風想聖丘。此道門人多未悟，爾來千載判悠悠。」）

但他到了晚年，也有時感覺他的壯志的消磨。最動人的是他的自述：

甚矣吾衰也！久矣吾不復夢見周公！

133

這寥寥兩句話裏，我們可以聽見一个「烈士暮年，壯心未已」的長歎。周公是創西周帝國的一個最偉大的創始者，東方的征服可說全是周公的大功。孔子想造成的「東周」，不是那平王以後的「東周」（這個「東周」乃是史家所用名稱，當時並用此名稱的），乃是周公平定四國以造成的東方周帝國。但這個偉大的夢終沒有實現的機會，孔子臨死時還說：

夫明王不興，而天下其孰能宗予？予殆將死也？

不做周公而僅僅做一個「素王」，是孔子自己不總認為滿意的。但「五百年必有王者興」的懸記終于這樣不滿意的應在他的身上了。

猶太民族亡國以後的民間預言，也曾期望一个民族英雄出來，「做萬民的君王和司令」（以賽亞書五五章，四節），「使雅各眾復興，使以色列之中得保全的人民歸回，——這還是小事，——還要你外邦人的光，推行我（耶和華）的救恩，直到地的盡頭」（同書，四九章，六節）。但到了後來，大衛的子孫裏出了一个耶穌，他的聰明仁愛得了民眾的推戴，

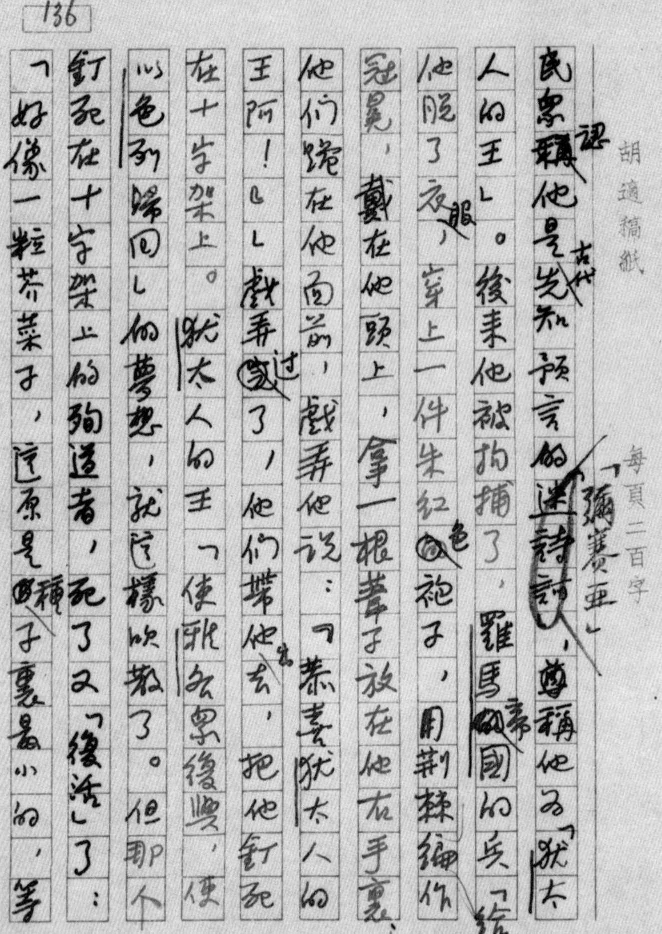

136

民衆認他是古代預言的"彌賽亞"，尊稱他為"猶太人的王"。後來他被拘捕了，羅馬帝國的兵"給他脫了衣服，穿上一件朱紅色袍子，用荊棘編作冠冕，戴在他頭上，拿一根葦子放在他右手裏，他們跪在他面前，戲弄他說："恭喜猶太人的王阿！"" 戲弄過了，他們帶他出去，把他釘死在十字架上。猶太人的王"使耶名衆復興，使以色列歸回"的夢想，就這樣吹散了。但那個釘死在十字架上的殉道者，死了又"復活"了："好像一粒芥菜子，這原是種子裏最小的，等

胡適稿紙

每頁二百字

137

胡適稿紙　每頁二百字

到長起來，卻比各樣菜都大，且成了一株樹，天上的飛鳥來宿在他的枝上」：他真成了「外邦人的光，直到地的盡頭」。

孔子的故事也很像這樣的。殷商民族亡國以後，也曾期望「武丁孫子」裏有一個「武王靡不勝」的「大糦是承」，「肇域彼四海」。後來這個希望漸漸形成了一個「五百年必有王者興」的懸記，引起了宋襄公復興殷商的野心。這一次民族復興的運動失敗之後，那個偉大的民族仍舊把他們的希望繼續寄託在一個將興的聖王身上。

胡適稿紙　每頁二百字

果然，亡國後的第六世紀裏，起來了一個偉大的「學而不厭，誨人不倦」的聖人。這一個偉大的人，不久就得着了許多人的崇敬，他們認他是他們所期待的聖人；就是和他不同族的魯國統治階級裏，也有人承認那個聖人將興的預言要應在這個人身上。和他接近的人，仰望他如同仰望日月一樣；相信他若得着機會，他一定能「立之斯立，道之斯行，綏之斯來，動之斯和」。他自己也明白人們對他的期望，也以泰山梁木自待，自信「天生德於予」，自許要作文王周公的功業。到他臨死時，他還做夢「坐奠於兩楹之間」。他抱着「天下其孰能宗予」的遺憾而死了，但他死了也「復活」了：「人能弘道，非道弘人」，他打破了殷周文化的藩籬，打通了殷周民族的畛域，把那含有部落性的「儒」抬高了，放大了，重新建立在六百年殷周民族共同生活的新基礎之上：他做了那中興的「儒」的不祧的宗主；他也成了「外邦人的光」，「聲名洋溢乎中國，施及蠻貊，舟車所至，人力所

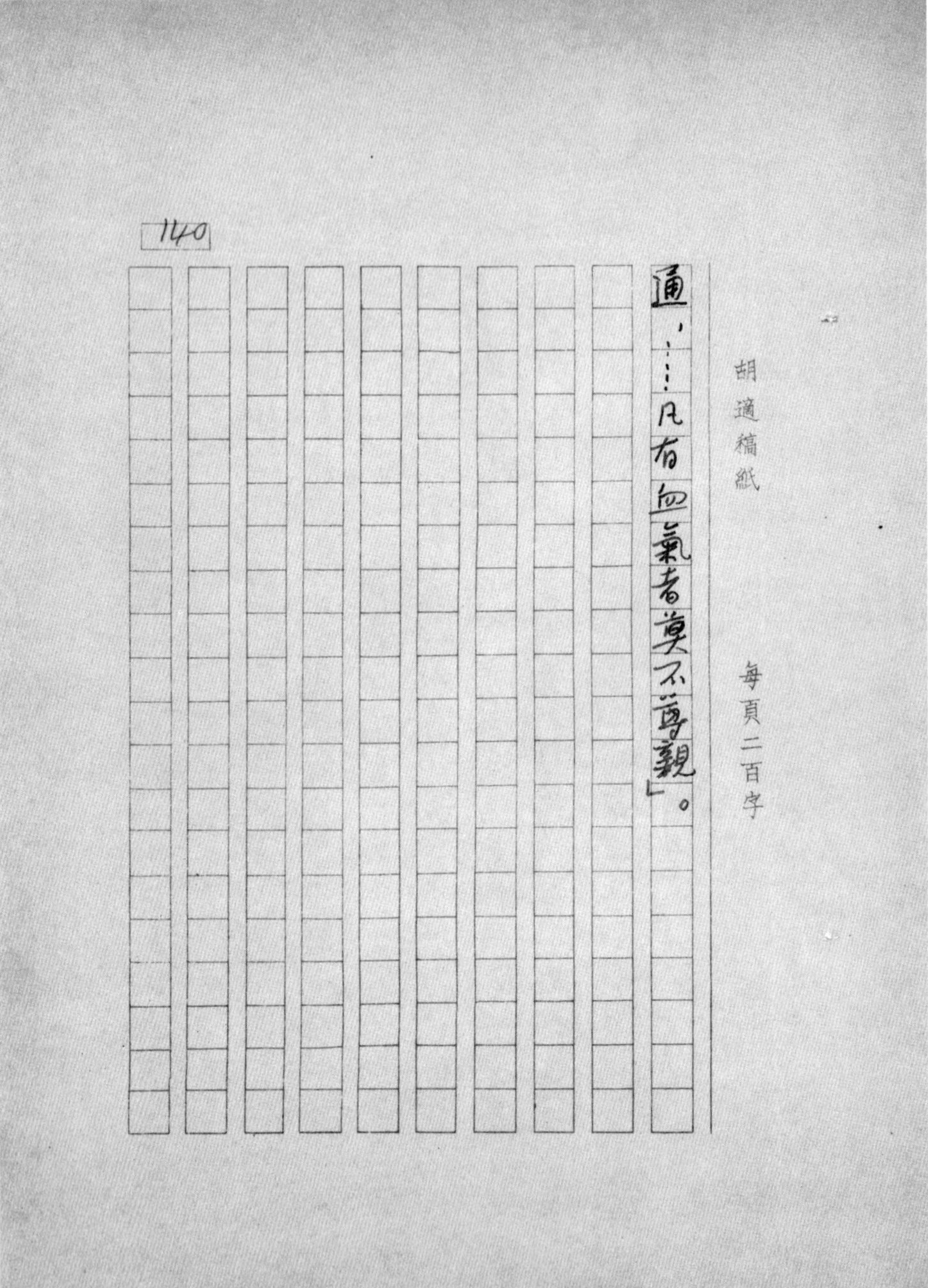

140

通，……凡有血氣者莫不尊親」。

胡適稿紙　每頁二百字

141

胡適稿紙　　每頁二百字

(五)

孔子所以能中興那五百年來受人輕視的「儒」，是因為他認清了那六百年殷周民族雜居，文化逐漸混合的趨勢，他知道那个富有部落性的殷遺民的「儒」是無法能拒絕那六百年來統治中國的周文化的了，所以他大胆的衝破那民族的界限，大胆的宣言：「吾從周！」他說：

夏礼，吾能言之，杞不足徵也。殷礼，吾能言之，宋不足徵也。文獻不足故也。

足，則吾能徵之矣。

這就是說，夏殷兩个故國的文化雖然都還有部分的民族保存，——例如士喪禮裡的夏祝商祝，——然而雜居太長久了，混合是後起的統治勢力的文化漸漸湮沒了亡國民族的老文化，甚至於連那兩个老文化的政治中心，杞與宋，都不能繼續保存他們的文獻了。杞國的史料現在已無可考。就拿宋國來看，宋國在那姬周諸國包圍之中，早就顯出被周文化同化的傾向來了。最明顯的例子是謚法的

143

採用。殷人無謚法，檀弓說：「幼名，冠字，五十以伯仲，死謚，周道也。」

今考宋世家，微子啟傳其弟微仲，微仲傳子稽，稽傳丁公申，丁公申傳湣公共，共傳弟煬公熙，湣公子鮒祀弒煬公而自立，是為厲公。這樣看來，微子之後，只到第四代已用周道，死後稱謚了。——單此一端，可見同化的速度。在五六百年中，文獻的喪失，大概是由於這樣同化久了，雖有那些保存古服古禮的「儒」，也只

胡適稿紙　每頁二百字

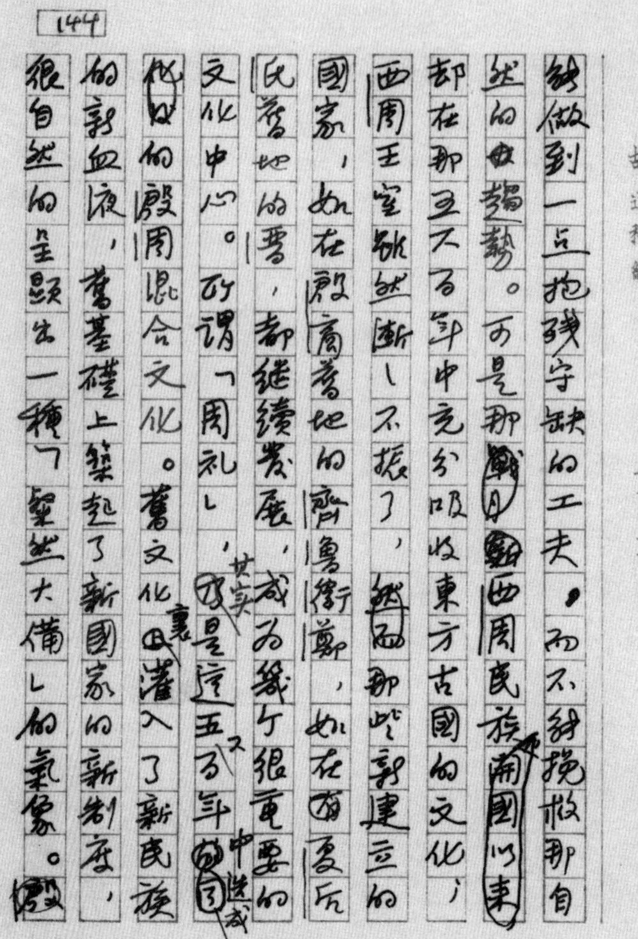

144

胡適稿紙　每頁二百字

能做到一點抱殘守缺的工夫，而不能挽救那自然的趨勢。可是那西周民族卻在那五六百年中充分吸收東方古國的文化；西周王室雖然漸漸不振了，那些新建立的國家，如在殷商舊地的齊魯衛鄭，如在夏后氏舊地的晉，都繼續發展，成為幾個很重要的文化中心。所謂「周禮」，其實是這五六百年中造成的殷周混合文化。舊文化裏灌入了新民族的新血液，舊基礎上築起了新國家的新制度，很自然的呈顯出一種「粲然大備」的氣象。

145

檀弓有兩段最可玩味的記載：

有虞氏瓦棺，夏后氏堲周，殷人棺椁，周人牆置翣。周人以殷人之棺椁葬長殤，以夏后氏之堲周葬中殤下殤，以有虞氏之瓦棺葬無服之殤。

又。仲憲言於曾子曰：「夏后氏用明器，……殷人用祭器，……周人兼用之。……」

這都是最自然的現象。我們今日看北方的出殯，其中有披麻帶孝的孝子，有和尚，有道士，有喇嘛，有軍樂隊，有紙紮的汽車馬車，和檀弓記的周時有四種葬法，是一樣的文化混合。

胡適稿紙　每頁二百字

146

孔子是個有歷史眼光的人，他認清了那個所謂「周禮」並不是西周人帶來的，乃是幾千年的古文化逐漸積聚演變的結果總成績，這裏面含有絕大的因襲夏殷古文化的成分。他說：

殷因於夏禮，所損益，可知也。周因於殷禮，所損益，可知也。其或繼周者，雖百世可知也。

這是很透闢的「歷史見解的看法」。他有了這種歷史見解，所以孔子自然能看破那，並且敢放棄那傳統的「儒」的保守主義。所以他大膽的說：

147

周監於二代，郁郁乎文哉！吾從周。在這句「吾從周」的口號之下，孔子擴大了舊「儒」的範圍，把那個做殷民族的祝人的「儒」變做全國人的師儒了。「儒」的中興，其實是「儒」的放大。

孔子所謂「從周」，我在上文說過，其實是接受那個因襲夏殷文化而演變出來的現代文化。所以孔子的「從周」不是絕對的，只是選擇的，只是「擇其善者而從之，其不善者而改之」。《論語》裏記：

胡適稿紙　每頁二百字

顔淵問為邦，子曰：行夏之時，乘殷之輅，服周之冕。樂則韶舞。放鄭声，遠佞人；鄭声淫，佞人殆。

這是很明顯的折衷主義。論語又記孔子說：

麻冕，礼也；今也純。儉，吾從眾。拜下，礼也；今拜乎上，泰也。雖違眾，吾從下。

這裏的選擇去取的標準更明顯了。檀弓裡也有同類的記載：

孔子曰：「拜而后稽顙，頽乎其順也。（鄭注，此殷之喪拜也。）稽顙而后拜，頎乎其至也。（鄭注，此周之喪拜也。）三年之喪，吾從其至者。」

148

殷既封而弔，周反哭而弔。孔子曰，「殷

已慤，吾從周。」

殷練而祔，周卒哭而祔。孔子善殷。

這都是選擇折衷的態度。〈檀弓〉又記：

孔子之喪，公西赤為志焉：飾棺牆，置翣，設披，周也。設崇，殷也。綢練設旐，夏也。

子張之喪，公明儀為志焉：褚幕丹質，蟻結于四隅，殷士也。

這兩家喪禮的送葬的禮式不同，更可以使我們明瞭孔子和殷儒的關係。子張是「殷士」，

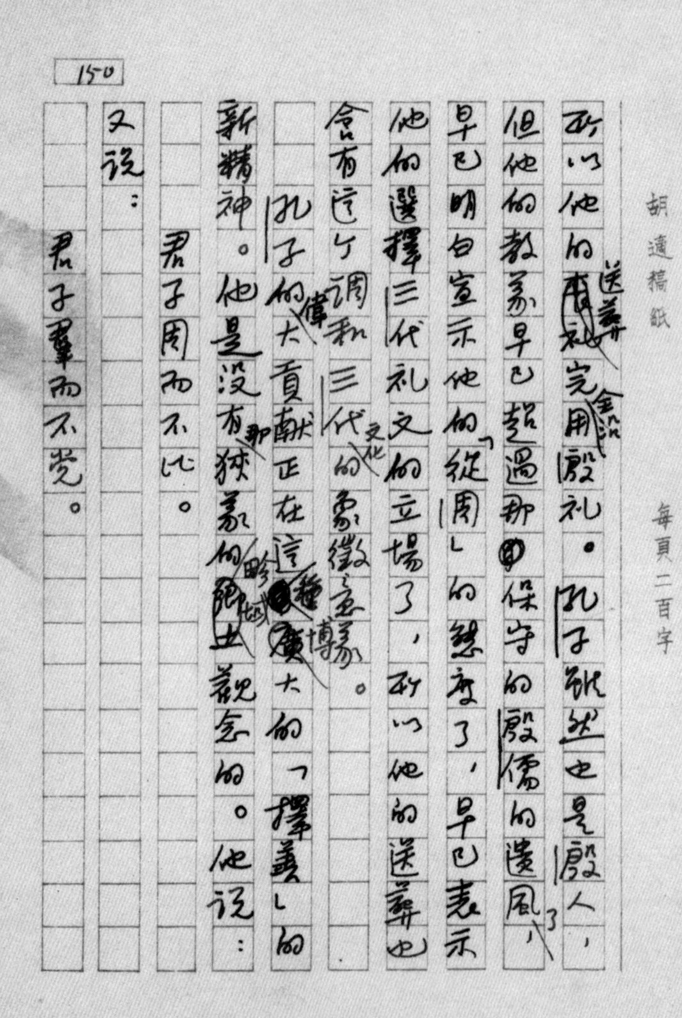
150

胡適稿紙

所以他的送葬全沿用殷禮。孔子雖然也是殷人，但他的教義早已超過那"保守的殷儒的遺風"了，早已明白宣示他的"從周"的態度了，早已表示他的選擇三代禮文的立場了，所以他的送葬也含有這个調和三代文化的象徵意義。

孔子的偉大貢獻正在這種博大的"擇善"的新精神。他是沒有那狹義的畛域觀念的。他說：

君子周而不比。

又說：

君子羣而不黨。

每頁二百字

151

他的眼光注射在那整個的人羣，所以他說：

君子之於天下也，無適也，無莫也，義之与比。

他認定了教育可以打破一切階級与界限，所以曾有這樣最大胆的宣言：

有教無類。

這四個字在今日好像很平常；但在二千五百年前，這樣平等的教育觀必定是很震動[illegible]社會的一個革命学說。因為「有教無類」，所以孔子說：「自行束脩以上，吾未嘗無誨焉」。所以

胡適稿紙　每頁二百字

胡適稿紙　每頁二百字

152

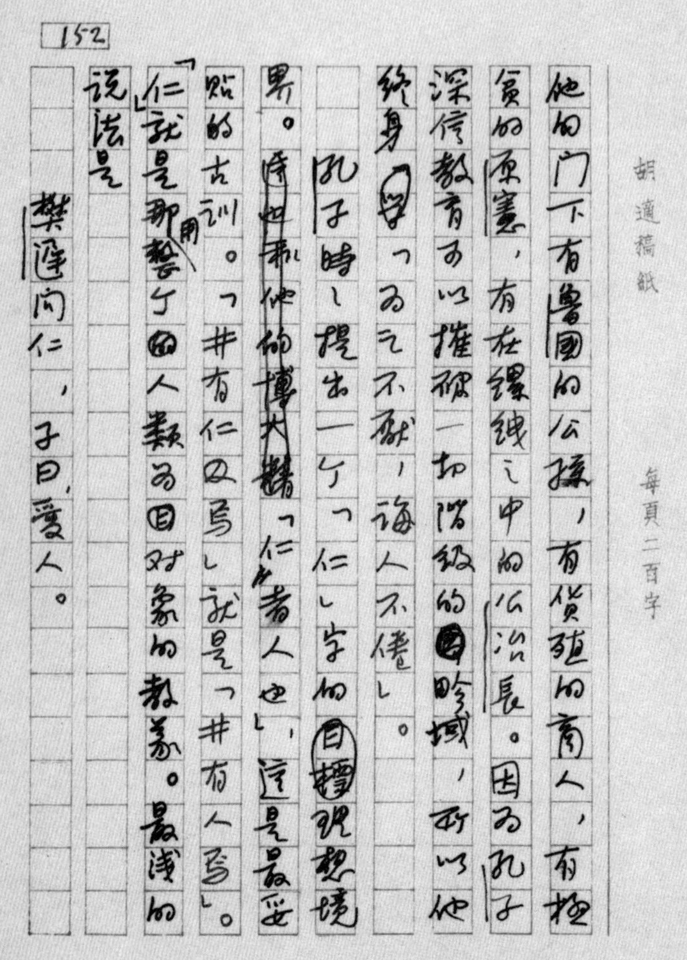

他的门下有魯國的公孫，有貨殖的商人，有極貧的原憲，有在縲絏之中的公冶長。因為孔子深信教育可以推破一切階級的畛域，所以他終身「為之不厭，誨人不倦」。

孔子時々提出一个「仁」字的理想境界。「仁者人也」，這是最妥貼的古訓。「井有仁焉」就是「井有人焉」。「仁」就是那整个的人類為对象的教義。最淺的說法是

樊遲問仁，子曰，愛人。

進一步的說法，「仁」就是要人盡人道，做到一个理想的人樣子。這个理想的人樣子也有淺深不同的說法：

樊遲問仁，子曰，居處恭，執事敬，與人忠：雖之夷狄，不可棄也。

這是最低限度的說法了。此外還有許多種說法：

樊遲問仁，子曰，仁者先難而後獲，可謂仁矣。（比較孔子在別處對樊遲說的「先事後得」。）

司馬牛問仁，子曰，仁者其言也訒。為之難，言之得無訒乎？

顏淵問仁，子曰，克己復禮為仁。

仲弓問仁，子曰，出門如見大賓，使民如承大祭。己所不欲，勿施於人。在邦無怨，在家無怨。

其實這都是「居處恭，執事敬，與人忠」的引伸的意義。仁就是做人。用那理想境界的人做人生的目標，這是孔子的最博大又最平實的教義。我們看他的大弟子曾參說的話：

「士不可以不弘毅，任重而道遠。仁以為己任，不亦重乎？死而後已，不亦遠乎？」「仁以為己任」，就是把整個人類看作自己的責任。耶穌在山上，看見民眾紛紛到來，他很感動，說道：「收成是好的，可惜做工的人太少了。」曾子說的「任重而道遠」，正是同樣的感慨。

從一個亡國民族的教士階級，變到調和三代文化的師儒；用「吾從周」的博大精神，挑起了「仁以為己任」的絕大使命，——這是孔

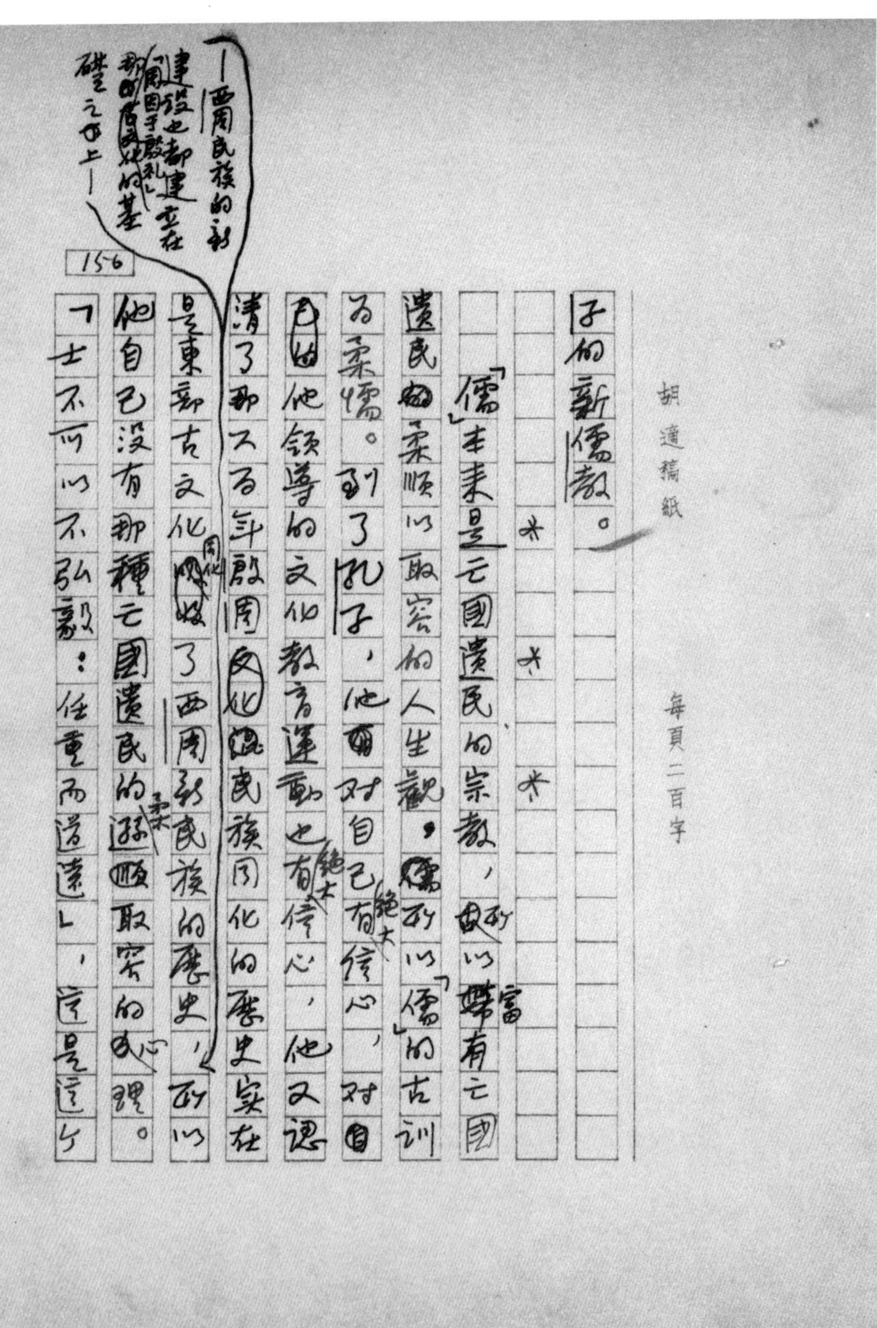
胡適稿紙

每頁二百字

156

子的新儒教。

＊　＊　＊

「儒」本來是亡國遺民的宗教，所以富有亡國遺民的柔順以取容的人生觀，所以「儒」的古訓為柔儒。到了孔子，他對自己有絕大信心，對自己領導的文化教育運動也有絕大信心，他又認清了那六百年殷周民族同化的歷史實在是東部古文化同化了西周新民族的歷史，——西周民族的新建設也都建立在那「周因于殷禮」的那個廣大的基礎之上——所以他自己沒有那種亡國遺民的柔遜取容的心理。「士不可以不弘毅：任重而道遠」，這是這个

157

新運動的新精神，不是那个「一命而僂，再命而傴，三命而俯」的柔道所能包涵的了。孔子說：

志士仁人，無求生以害仁，有殺身以成仁。

他的弟子子貢問他：伯夷叔齊餓死在首陽山下，怨不怨呢？孔子答道：

求仁而得仁，又何怨？

這都不是柔道的人生哲學了。這裡所謂「仁」，很英氣的仁也就是做人之道。孟子引孔子的話道：

158

志士不忘在溝壑，勇士不忘喪其元。

我頗疑孔子受了那幾百年來封建社會中的武士風氣的影響，所以他把那柔懦的儒和殺身成仁的武士合併在一塊，造成了一種新的「儒行」。論語說：

子路問成人，子曰：「若臧武仲之知，公綽之不欲，卞莊子之勇，冉求之藝，文之以禮樂，亦可以為成人矣。」曰：「今之成人者何必然。見利思義，見危授命，久要不忘平生之言，亦可以為成

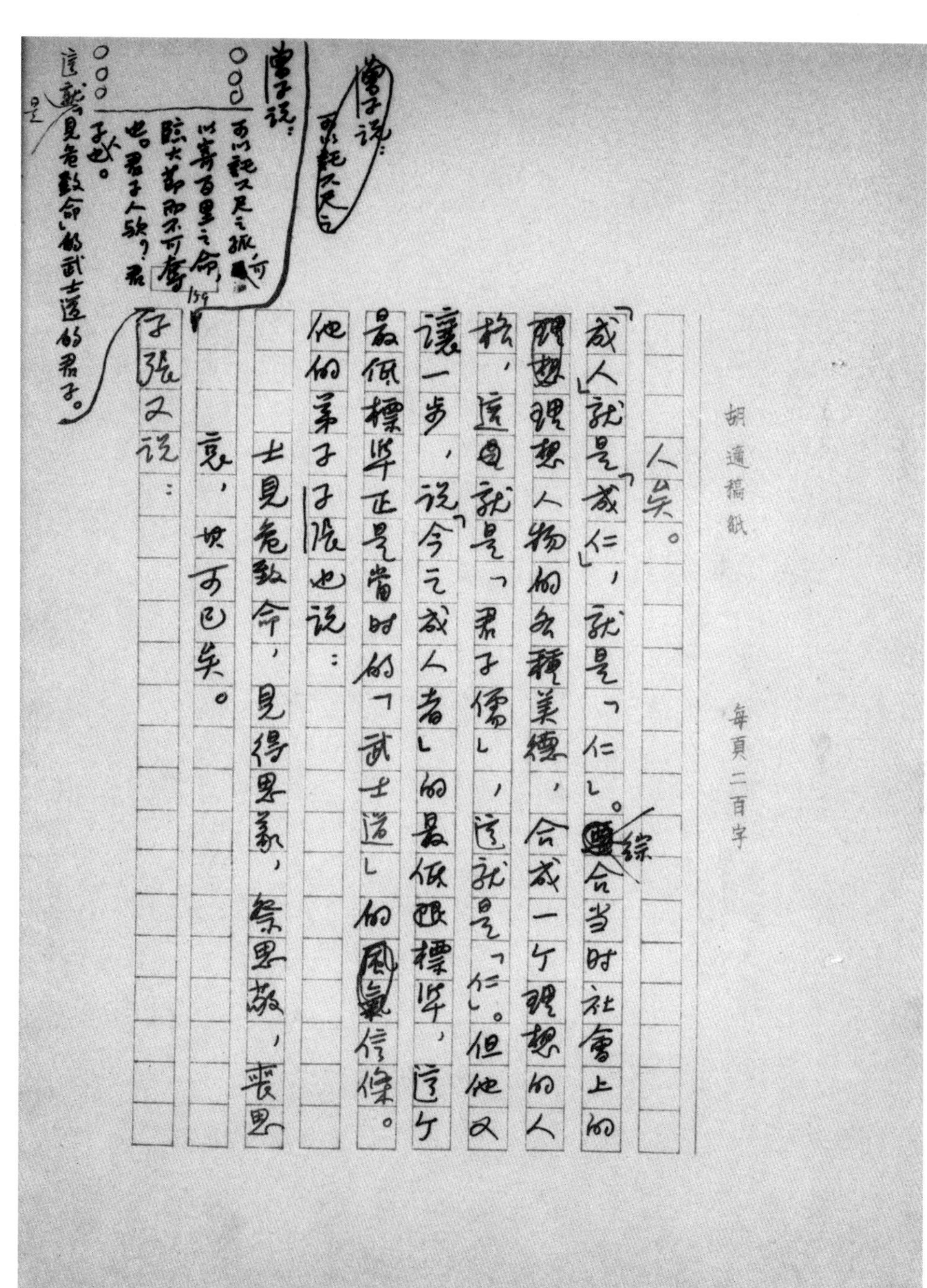

胡適稿紙

人矣。

「成人」就是「成仁」，就是「仁」。綜合当时社會上的理想人物的各種美德，合成一个理想的人格，這也就是「君子儒」，這就是「仁」。但他又讓一步，說「今之成人者」的最低標準，這个最低標準正是當时的「武士道」的風氣信條。他的弟子子張也說：

士見危致命，見得思義，祭思敬，喪思哀，其可已矣。

曾子說：

可以託六尺之孤，可以寄百里之命，臨大節而不可奪也。君子人與？君子人也。

這是「見危致命」的武士道的君子。

子張又說：

每頁二百字

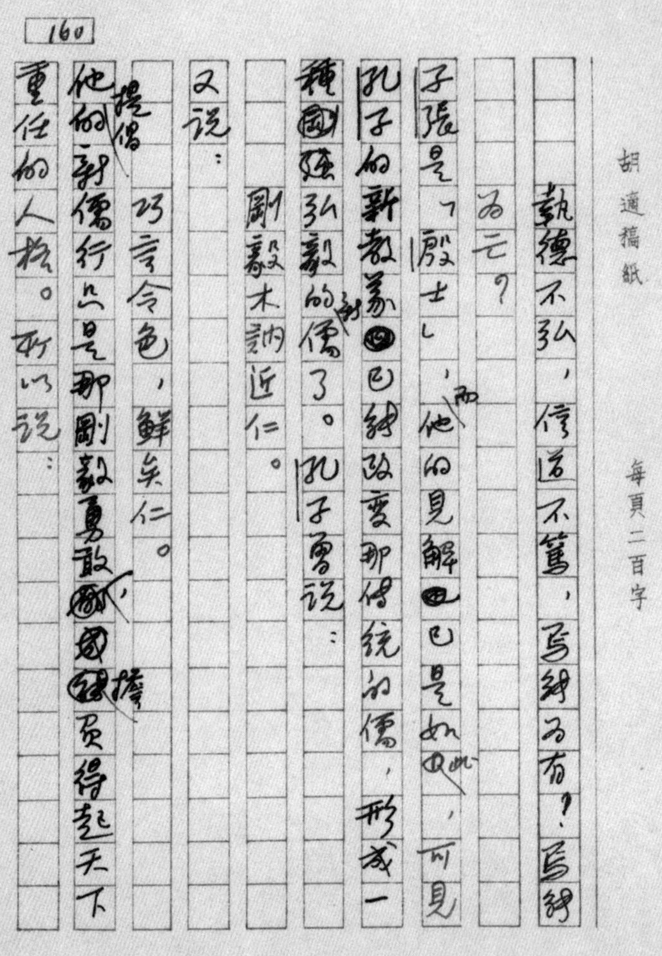
160

胡適稿紙　每頁二百字

執德不弘，信道不篤，焉能為有？焉能為亡？

子張是「殷士」，而他的見解已是如此，可見孔子的新教義已能改變那傳統的儒，形成一種弘毅的新儒了。孔子曾說：

剛毅木訥近仁。

又說：

巧言令色，鮮矣仁。

他提倡的新儒行只是那剛毅勇敢，擔負得起天下重任的人格。所以說：

161

仁者己欲立而立人，己欲達而達人。

又說：

君子……脩己以敬，……脩己以安人，……脩己以安百姓。

這是一个新鮮的理想境界，絕不是那治喪相禮以為衣食之端的柔懦的儒的境界了。

孔子自己的人格就是這種弘毅的人格。論語說：

子曰：「君子道者三，我無能焉：仁者

胡適稿紙　每頁二百字

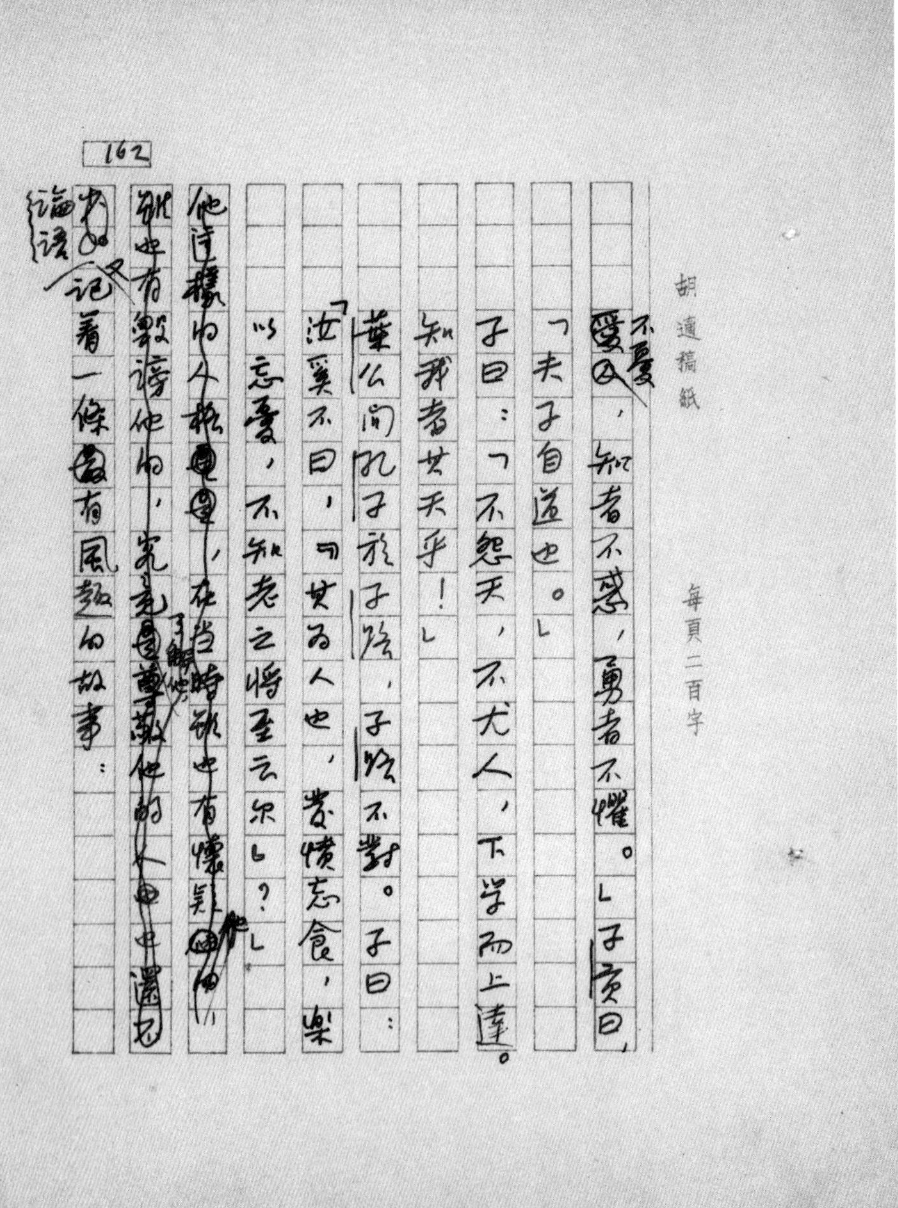
162

胡適稿紙　每頁二百字

不憂，知者不惑，勇者不懼。」子貢曰，「夫子自道也。」

子曰：「不怨天，不尤人，下學而上達。知我者其天乎！」

葉公問孔子於子路，子路不對。子曰：「汝奚不曰，『其為人也，發憤忘食，樂以忘憂，不知老之將至云爾』？」

論語又記着一條很有風趣的故事：

163

子路宿於石門，晨門曰，「奚自？」子路曰，「自孔氏。」曰，「是知其不可而為之者歟？」

這是當時人對於孔子的觀察。「知其不可而為之」，是孔子的新精神。這是古來柔道的儒所不曾夢見的新境界。

但柔道是深於世故的人生觀，在孔門也不是完全沒有相當的地位的。曾子說：

「以能問於不能，以多問於寡；有若無，實若虛；犯而不校：昔者吾友嘗從事於

胡適稿紙　每頁二百字

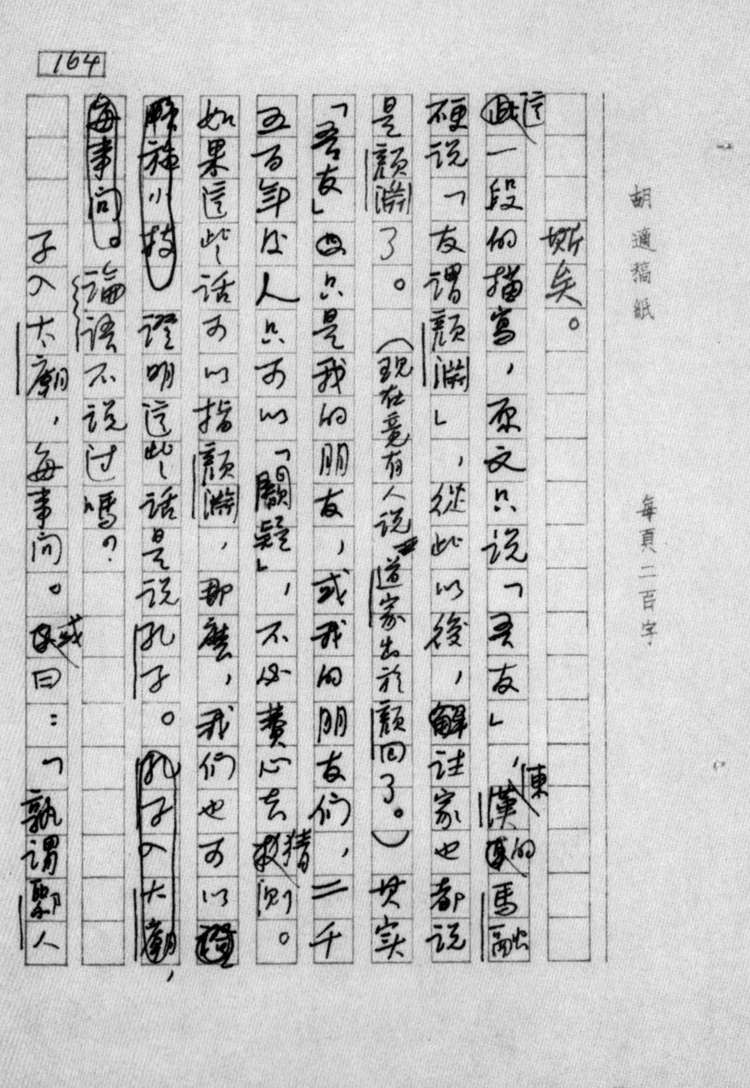

164

胡適稿紙　每頁二百字

斯矣。

這一段的描寫，原文只說「吾友」，東漢的馬融硬說「友謂顏淵」，從此以後，解注家也都說是顏淵了。（現在竟有人說道家出於顏回了。）其實「吾友」也只是我的朋友，或我的朋友們，二千五百多年後人只可以「闕疑」，不必費心去猜測。如果這些話可以指顏淵，那麼，我們也可以證明這些話是說孔子。論語不說過嗎？「子入太廟，每事問。或曰：「孰謂鄹人

胡適稿紙　　每頁二百字

165

之子知禮乎？入太廟，每事問！」子聞之曰，「是禮也。」

這不是有意的「以能問於不能，以多問於寡」嗎？這不是「有若無，實若虛」嗎？

子曰，「吾有知乎哉？無知也。有鄙夫問於我，空空如也。我叩其兩端而竭焉。」

這不是「以能問於不能，以多問於寡；有若無，實若虛」嗎？論語又記孔子稱贊「伯夷叔齊不念舊惡，怨是用希」，這不是「犯而不校」嗎？為什麼我們不可以說「吾友」是指孔子呢？為什

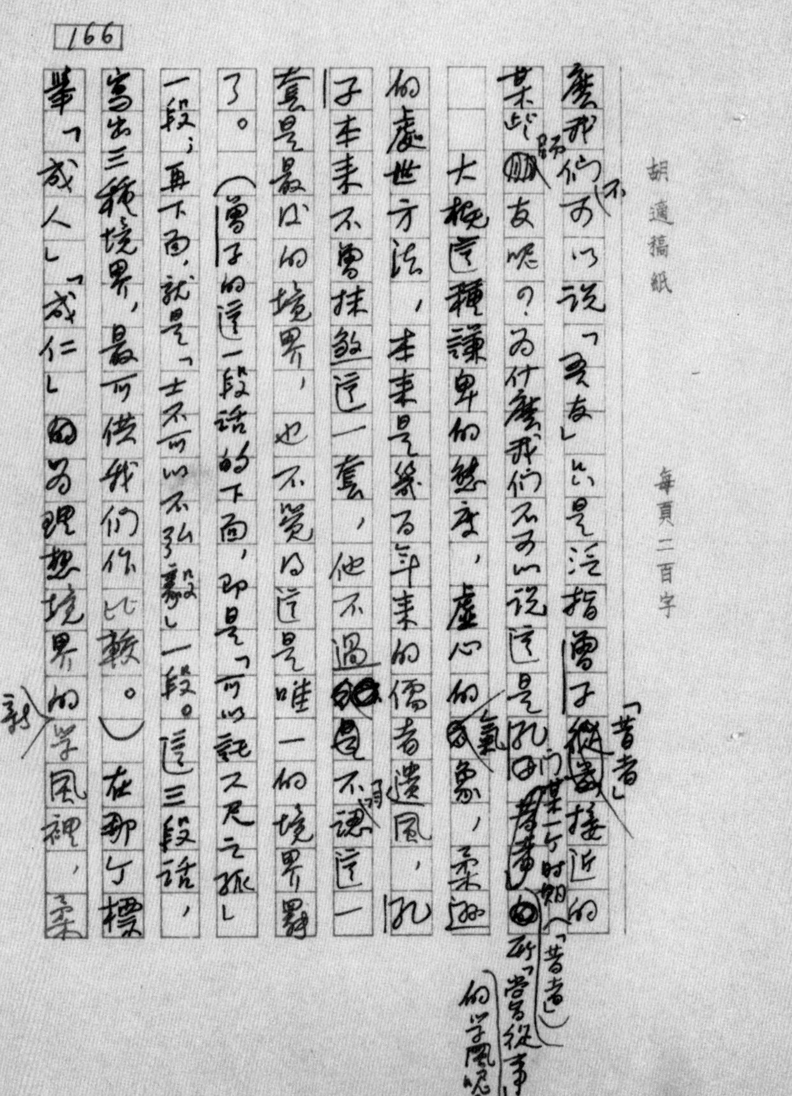

166

胡適稿紙　每頁二百字

麼我們不可以說「吾友」只是泛指曾子「昔者」接近的某些朋友呢？為什麼我們不可以說這是孔[illegible]某一個時期所「嘗從事」的學風呢？

大概這種謙卑的態度，虛心的氣象，柔遜的處世方法，本來是幾百年來的儒者遺風，孔子本來不曾抹殺這一套，他不過不認這一套是最高的境界，也不覺得這是唯一的境界罷了。（曾子的這一段話的下面，即是「可以託六尺之孤」一段；再下面，就是「士不可以不弘毅」一段。這三段話，寫出三種境界，最可供我們作比較。）在那個標舉「成人」「成仁」的為理想境界的新學風裡，柔

167

遜謙卑不過是其一端而已。孔子說的最好：

恭而無禮則勞，慎而無禮則葸，勇而無禮則亂，直而無禮則絞。

恭與慎都是柔道的美德，——孟僖子稱正考父的鼎銘為「共」（恭），——可是恭慎過當的就不是「成人」的氣象了。鄉黨一篇寫孔子的行為何等恭慎謙卑！鄉黨開端就說：

孔子於鄉黨，恂恂如也，似不能言者。其在宗廟朝廷，便便言，唯謹爾。（鄭註：便便，辯也。）

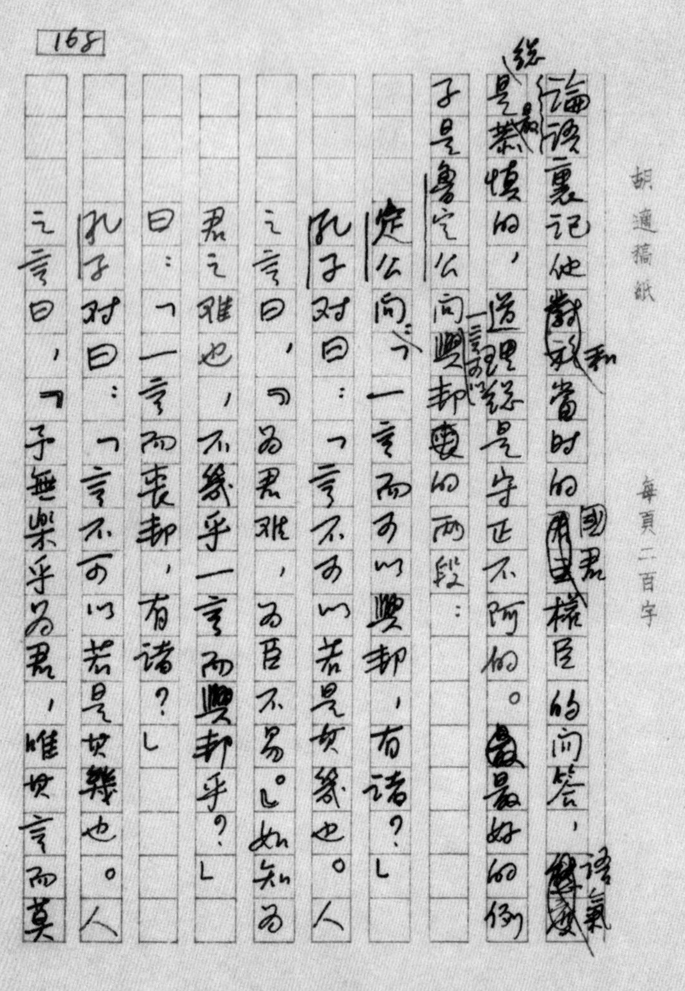

胡適稿紙　每頁二百字

論語裏記他和當時的國君權臣的問答，語氣總是最恭慎的，道理總是守正不阿的。最好的例子是魯定公問一言可以興邦喪邦的兩段：

定公問：「一言而可以興邦，有諸？」

孔子對曰：「言不可以若是其幾也。人之言曰，『為君難，為臣不易。』如知為君之難也，不幾乎一言而興邦乎？」

曰：「一言而喪邦，有諸？」

孔子對曰：「言不可以若是其幾也。人之言曰，『予無樂乎為君，唯其言而莫

169

予違也。」如其善而莫之違也，不亦善乎？如不善而莫之違也，不幾乎一言而喪邦乎？」

他用這樣婉轉的辭令，對他的國君發表他的很獨立的見解，最可以代表孔子的「溫而厲」的「與人恭而有禮」的人格。

中庸就是稍晚出的書，其中有子路問強一節，可以用來做參考資料：

子路問強。子曰：「南方之強與？北方之強與？抑而強與？

胡適稿紙　每頁二百字

170

「寬柔以教，不報無道，南方之強也。君子居之。

「衽金革，死而不厭，北方之強也。而強者居之。

「故君子和而不流，強哉矯。中立而不倚，強哉矯。國有道，不變塞焉，強哉矯。國無道，至死不變，強哉矯。」

這裡說的話，無論是不是孔子的話，至少可以表示孔门学者認清了當时有兩種不同的人生觀，又可以表示他們並不菲薄那「寬柔以教，不報

171

無道」（即是「犯而不校」）的柔道。他們看準了這種柔道正是一種「強」道。當時所謂「南人」，與後世所謂「南人」不同。春秋時代的楚與吳，雖然更南了，但他們在北方民族的眼裏還都是「南蠻」，夠不上柔道的文化。古代人所謂「南人」似乎都是指大河以南的宋國魯國，其人多是殷商遺民，傳染了儒柔的風氣，文化高了，世故也深了，所以有這種寬柔的「不報無道」的教義。

這種柔道本來也是一種「強」，正如周易彖傳說的「謙尊而光，卑而不可踰」。但他們的

胡適稿紙　每頁二百字

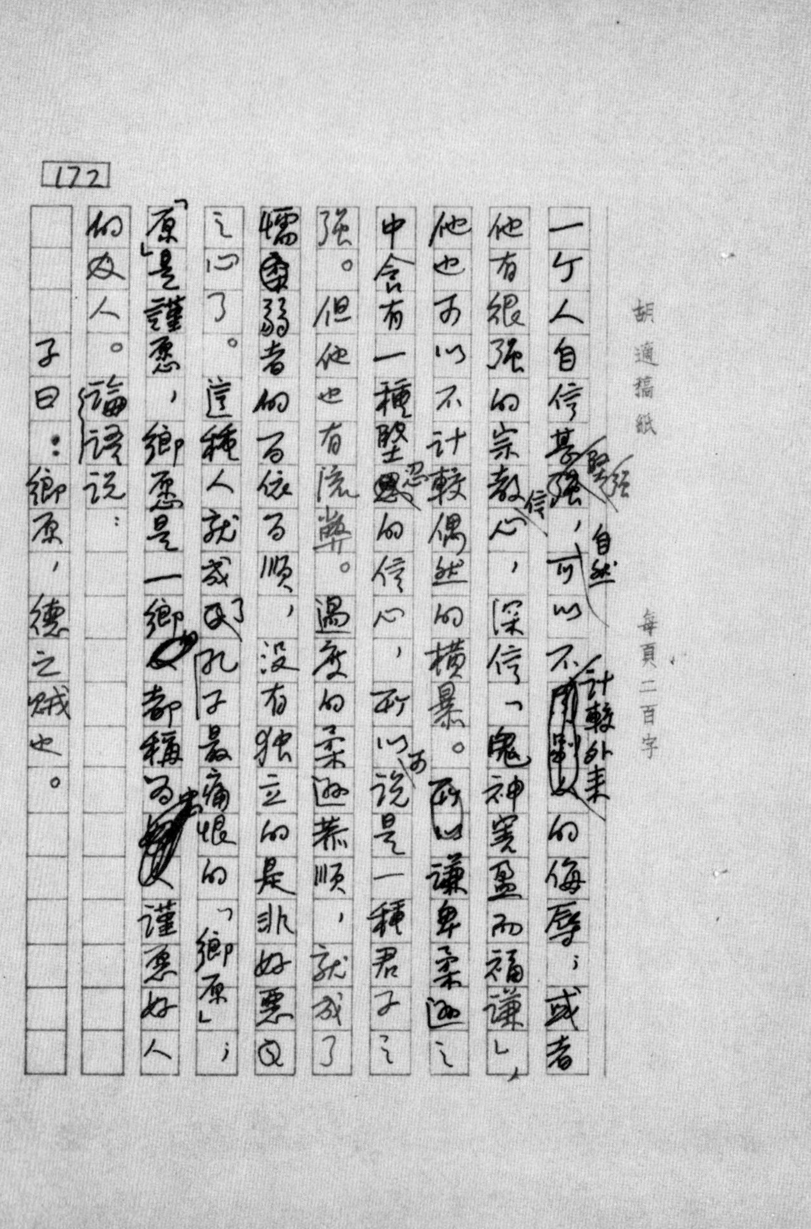

胡適稿紙　　每頁二百字

172

一个人自信堅強，自然可以不計較外來的侮辱；或者他有很強的宗教信心，深信「鬼神害盈而福謙」，他也可以不計較偶然的橫暴。所以謙卑柔遜之中含有一種堅忍的信心，所以可說是一種君子之強。但他也有流弊。過度的柔遜恭順，就成了懦弱者的百依百順，沒有獨立的是非好惡之心了。這種人就成了孔子最痛恨的「鄉原」；「原」是謹愿，鄉愿是一鄉都稱為謹愿好人的好人。論語說：

子曰：鄉原，德之賊也。

孟子末篇對這個意思有很詳細的說明：

孟子曰：「……孔子曰：『過我門而不入我室，我不憾焉者，其惟鄉原乎？鄉原，德之賊也。』」

萬章曰：「何如斯可謂之鄉原矣？」

曰：「何以是嘐嘐也！言不顧行，行不顧言，則曰，『古之人！古之人！』行何為踽踽涼涼？生斯世也，為斯世也，善斯可矣。』閹然媚於世也者，是鄉原也。」

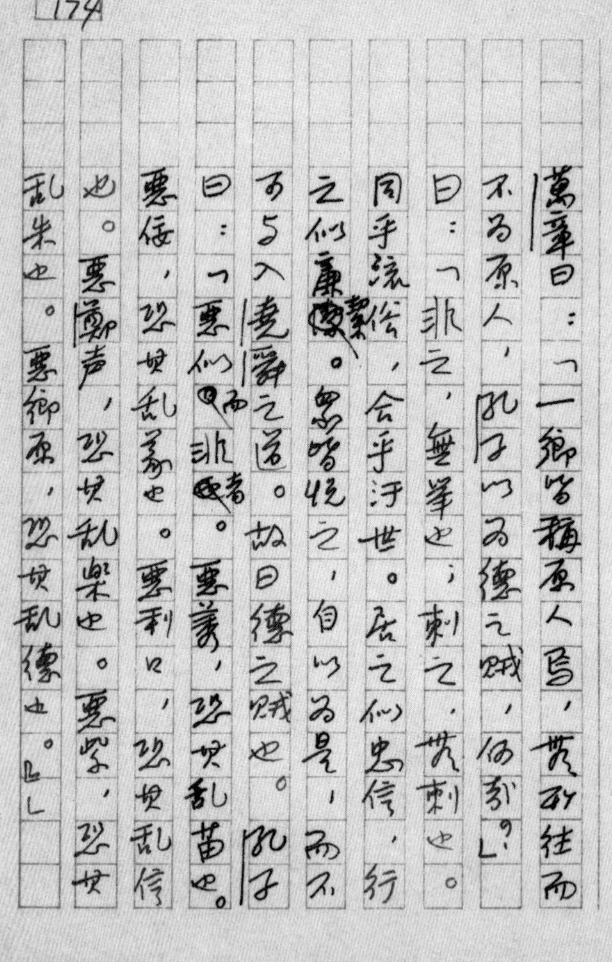
174

萬章曰：「一鄉皆稱原人焉，無所往而不為原人，孔子以為德之賊，何哉？」曰：「非之，無舉也；刺之，無刺也。同乎流俗，合乎污世。居之似忠信，行之似廉潔。眾皆悅之，自以為是，而不可與入堯舜之道。故曰德之賊也。孔子曰：『惡似而非者。惡莠，恐其亂苗也。惡佞，恐其亂義也。惡利口，恐其亂信也。惡鄭聲，恐其亂樂也。惡紫，恐其亂朱也。惡鄉原，恐其亂德也。』」

胡適稿紙　每頁二百字

175

這樣的人的大病在於只能柔而不能剛；只能「同乎流俗，合乎汙世」，「閹然媚於世」，而不能有「踽踽」「涼涼」的特立獨行。

孔子從柔道的儒風裏出來，要人能「柔而能剛」，「恭而有禮」。他說：

眾好之，必察焉。眾惡之，必察焉。

凡「眾好之」的人，大概是「同乎流俗，合乎汙世」的人。鄉原決不會有「眾惡之」的情況的。

《論語》裏有一條說此意最好：

子貢問曰：「鄉人皆好之，何如？」

胡適稿紙　　每頁二百字

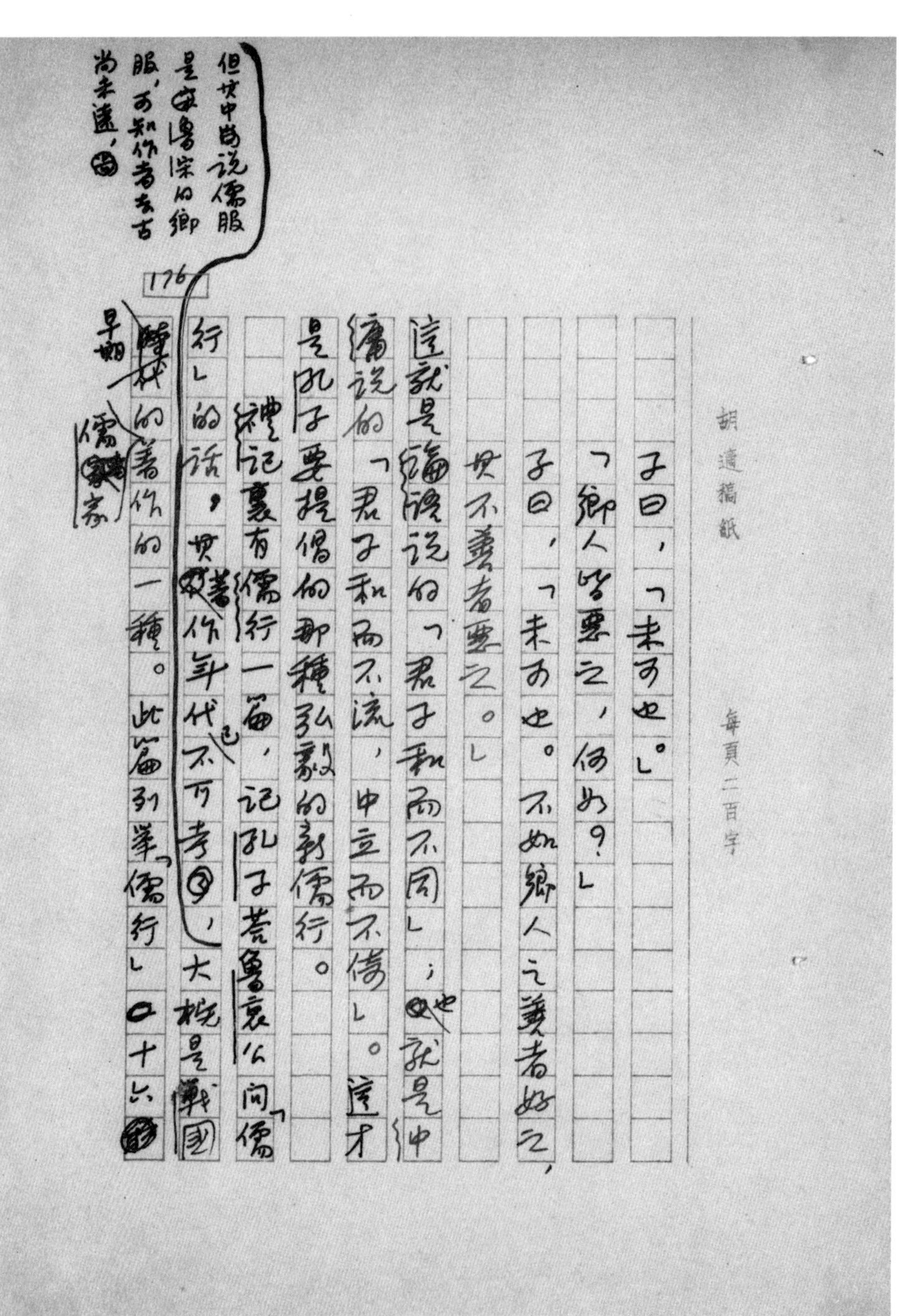
胡適稿紙　每頁二百字

子曰，「未可也。」
「鄉人皆惡之，何如？」
子曰，「未可也。不如鄉人之善者好之，其不善者惡之。」

這就是論語說的「君子和而不同」；也就是中庸說的「君子和而不流，中立而不倚」。這才是孔子要提倡的那種弘毅的新儒行。

禮記裏有儒行一篇，記孔子答魯哀公問「儒行」的話，其著作年代已不可考（？），大概是戰國早期儒家的著作的一種。此篇列舉「儒行」十六

176

但其中所說儒服是魯宋的鄉服，可知作者去古尚未遠，

胡適稿紙

177

節，其中有云：

儒有衣冠中，動作慎；其大讓如慢，小讓如僞；大則如威（畏），小則如愧；其難進而易退也，粥粥若無能也。

這還是儒柔的本色。但又一節云：

儒有博學而不窮，篤行而不倦，……禮之以和為貴，……舉賢而容衆，毀方而瓦合，其寬裕有如此者。

這也還近於儒柔之義。但此外十幾節，如云，

愛其死以有待也，養其身以有為也。

每頁二百字

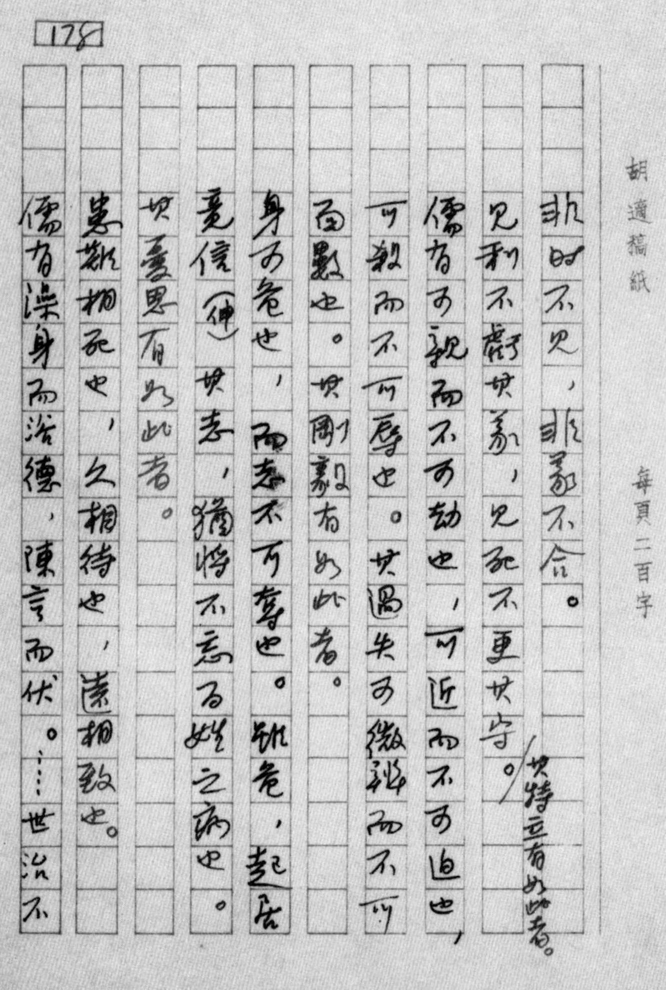
178

胡適稿紙　每頁二百字

非時不見，非義不合。

見利不虧其義，見死不更其守。其特立有如此者。

儒有可親而不可劫也，可近而不可迫也，

可殺而不可辱也。其過失可微辨而不可

面數也。其剛毅有如此者。

身可危也，而志不可奪也。雖危，起居

竟信(伸)其志，猶將不忘百姓之病也。

其憂思有如此者。

患難相死也，久相待也，遠相致也。

儒有澡身而浴德，陳言而伏。……世治不

輕，世亂不沮。同弗與，異弗非也。其特立獨行有如此者。

儒有上不臣天子，下不事諸侯，慎靜而尚寬，強毅以與人，……砥厲廉隅。雖分國，如錙銖，……其規為有如此者。

這都是超過那柔順的儒風，建立那剛毅威嚴，特立獨行的新儒行了。

以上述孔子改造的新儒行：他把那有部落性的殷儒擴大到那「仁以為己任」的新儒；他把那亡國

180

胡適稿紙

遺民的柔順取容的殷儒抬高到那弘毅進取的新儒。這真是「振衰而起懦」的大事業。

每頁二百字

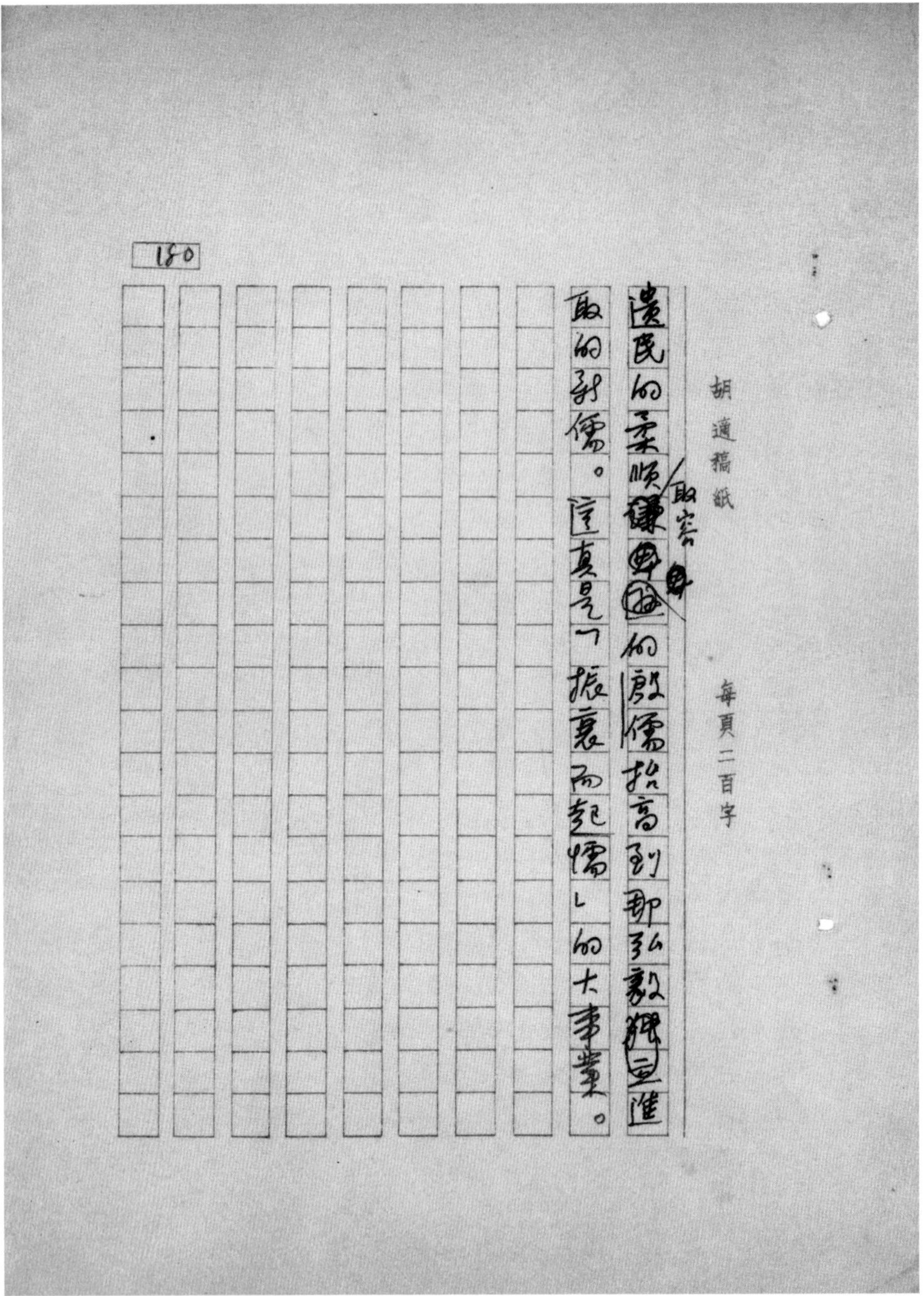

（六）

我们現在可以談談「儒」与「道」的歷史關係了。同时也可以談「孔子与老子」的歷史關係了。

「道家」一个名詞不見於先秦古書中。在史記的陳平世家、封禪書、太史公自序裏，我们第一次見着「道家」一个名詞。司馬談父子所謂「道家」，乃是一个「因陰陽之大順，采儒墨之善，撮名法之要」的混合学派。因為是个混合折衷的学派，他的起源當然最晚，

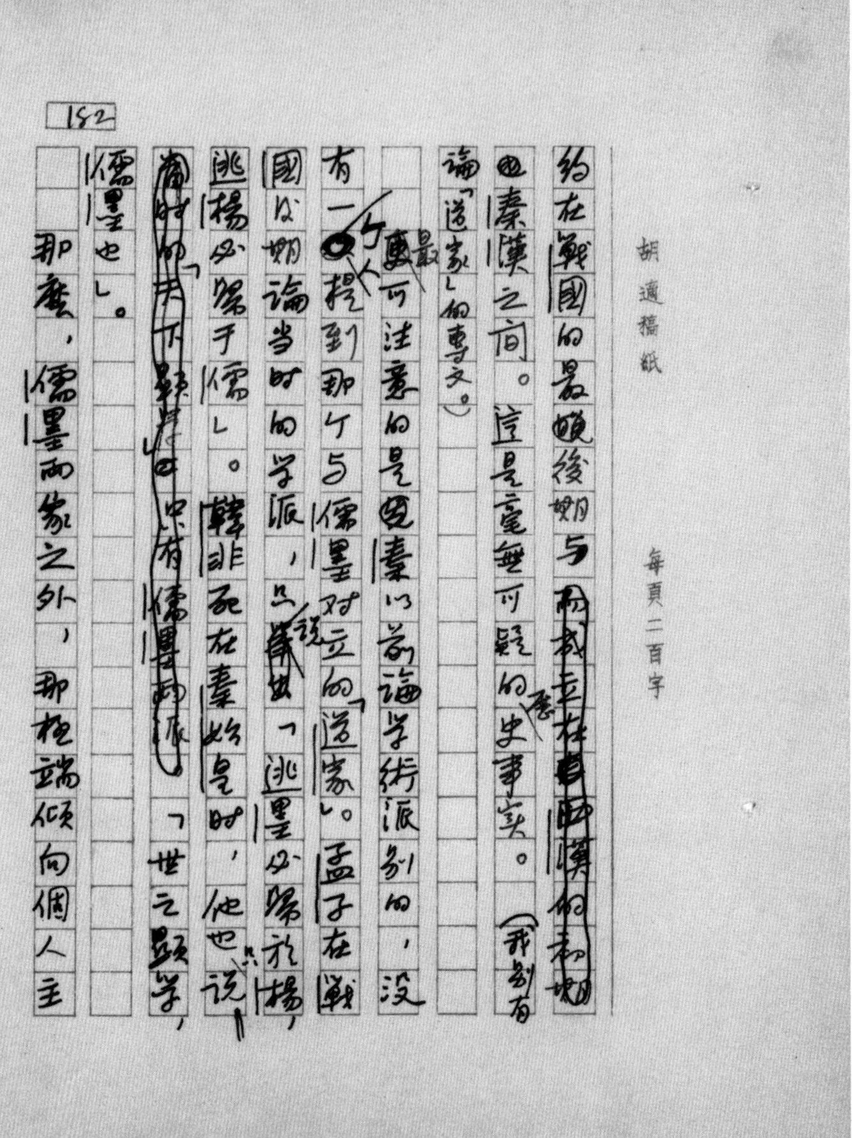
182

胡適稿紙　每頁二百字

約在戰國的最後期與秦漢之間。這是毫無可疑的歷史事實。（我别有論「道家」的專文。）

最可注意的是先秦以前論學術派别的，沒有一個人提到那個與儒墨對立的「道家」。孟子在戰國後期論當時的學派，只說「逃墨必歸於楊，逃楊必歸於儒」。韓非死在秦始皇時，他也說「世之顯學，儒墨也」。

那麼，儒墨兩家之外，那種極端傾向個人主

183

義的楊朱可以算是自成一派，其餘的許多思想家，——老子，莊周，慎到，田駢，騶衍等，——都如何分類呢？

依我的看法，這些思想家都應該歸在儒墨兩大系之下。

宋經尹文惠施公孫龍一些人都應該歸於「墨者」一個大系之下。宋經（宋鈃）尹文主張「見侮不辱，救民之鬭；禁攻寢兵，救世之戰」，他們是墨教的信徒，這是顯而易見的。惠施主張「氾愛萬物」，又主張齊梁兩國相推為王，

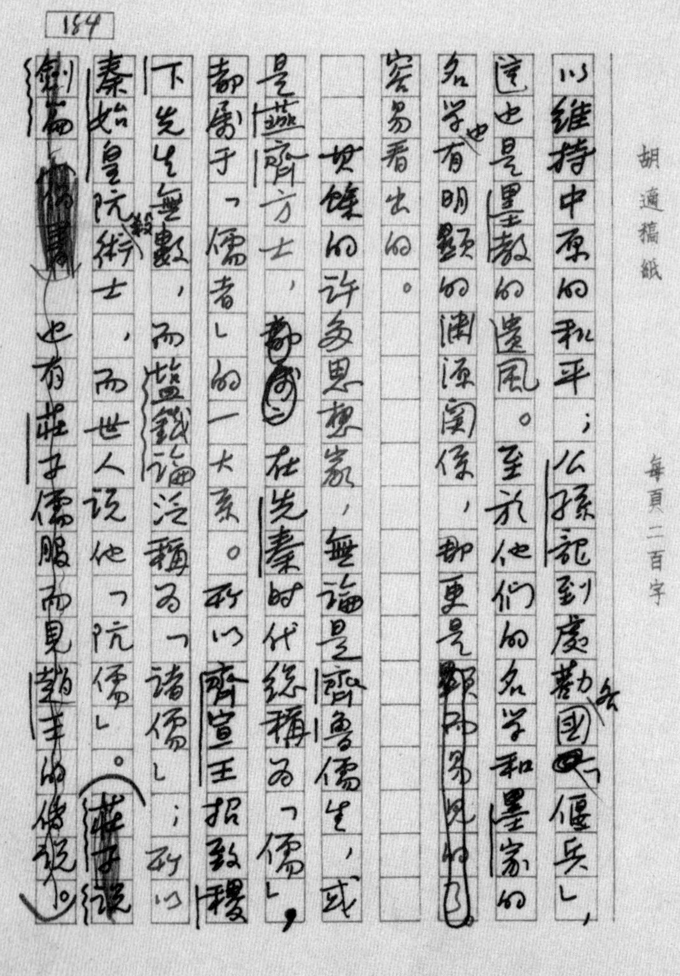
胡適稿紙　每頁二百字

184

以維持中原的和平；公孫龍到處勸國「偃兵」，這也是墨教的遺風。至於他們的名学和墨家的名学也有明顯的淵源關係，那更是顯而易見的了。容易看出的。

其餘的許多思想家，無論是齊魯儒生，或是燕齊方士，都在先秦时代總稱為「儒」，都屬于「儒者」的一大系。所以齊宣王招致稷下先生無數，而鹽鐵論泛稱為「諸儒」；所以秦始皇坑殺術士，而世人說他「坑儒」。莊子說劍篇也有莊子儒服而見趙王的傳說。

胡適稿紙　每頁二百字

185

依此例推之

老子也是儒。儒的本義為柔，而老子書中的教義正是一種「寬柔以教，不報無道」的柔道。「弱之勝強，柔之勝剛，天下莫不知，莫能行。」「上善若水，水利萬物而不爭。」「夫唯不爭，故天下莫與之爭。」「報怨以德」「強梁者不得其死。」「曲則全，枉則直，窪則盈。」……這都是最極端的「犯而不校」的人生觀。如果「儒，柔也」的古訓是有歷史意義的，那麼，老子的教義正代表儒的古義。

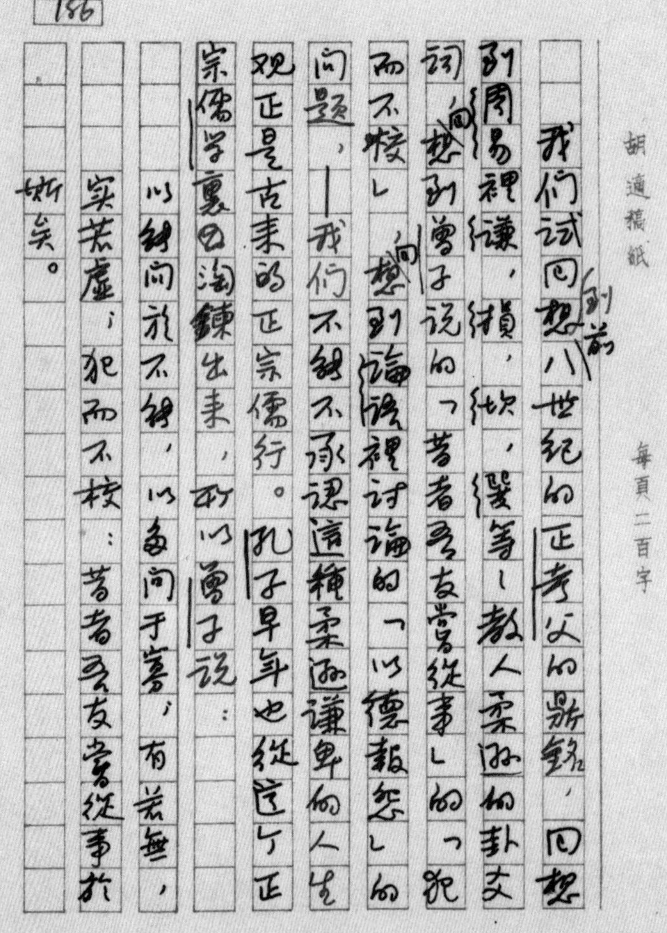

我们試回想到前八世紀的正考父的鼎銘，回想到周易裡謙，損，坎，巽等教人柔遜的卦爻詞，回想到曾子說的「昔者吾友嘗從事」的「犯而不校」，回想到論語裡討論的「以德報怨」的問題，——我们不能不承認這種柔遜謙卑的人生觀正是古來的正宗儒行。孔子早年也從這个正宗儒學裏淘鍊出來，所以曾子說：

以能問於不能，以多問於寡；有若無，實若虛；犯而不校：昔者吾友嘗從事於斯矣。

胡適稿紙　　每頁二百字

187

後来孔子漸漸超過了這个正統遺風，建立了那剛毅弘大的新儒行，就自成一種新氣象。論語說：

或曰："以德報怨，何如？"

子曰："何以報德？——以直報怨，以德報德。"

這裏"或人"提出的論点，也許就是老子的"以德報怨"，也許只是那个柔道遺風裏的一句古訓。這種柔道，比"不報無道"更進一層，自有大過人處，自有最能感人的魔力，但孔子已跳過了這種"過情"

因為這種人生觀的基礎是一種大過人的宗教信心，深信一个"無為而無不為""不爭而善勝"的天道。[illegible]

188

胡適稿紙　　每頁二百字

的境界，知道這種違反人情的極端教義是不足為訓的，所以他極力回到那平實中庸的新教義：「以直報怨，以德報德」。

這種討論可以證明孔子之時確有那種過情的柔道人生觀。信老子之書者，可以認為當時已有老子之書或老子之教的證據。即有尚懷疑老子之書者，他們若平心想想，也決不能不認當時實有「犯而不校」的柔道，又實有「以德報怨」的更進一層的柔道。如果連這種重要證據都要抹煞，硬說今本老子裏的柔道哲學乃

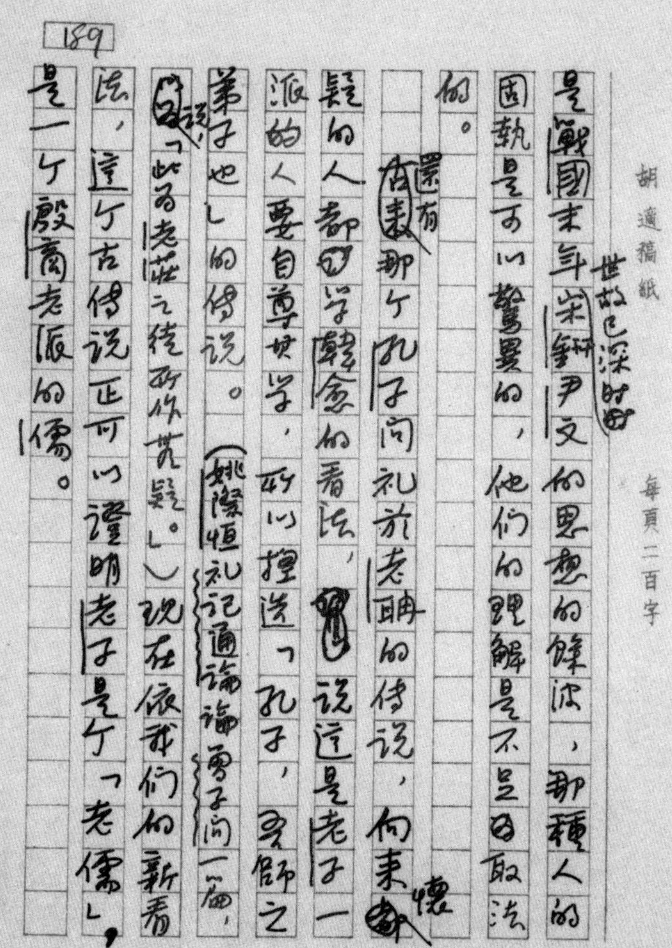

胡適稿紙　每頁二百字

189

是戰國末年世故已深時的宋鈃尹文的思想的餘波，那種人的固執是可以驚異的，他們的理解是不足取法的。

還有那個孔子問禮於老聃的傳說，向來懷疑的人都學韓愈的看法，說這是老子一派的人要自尊其學，所以捏造「孔子，吾師之弟子也」的傳說。（姚際恒禮記通論論曾子問一篇，說「此為老莊之徒所作無疑。」）現在依我們的新看法，這個古傳說正可以證明老子是個「老儒」，是一個殷商老派的儒。

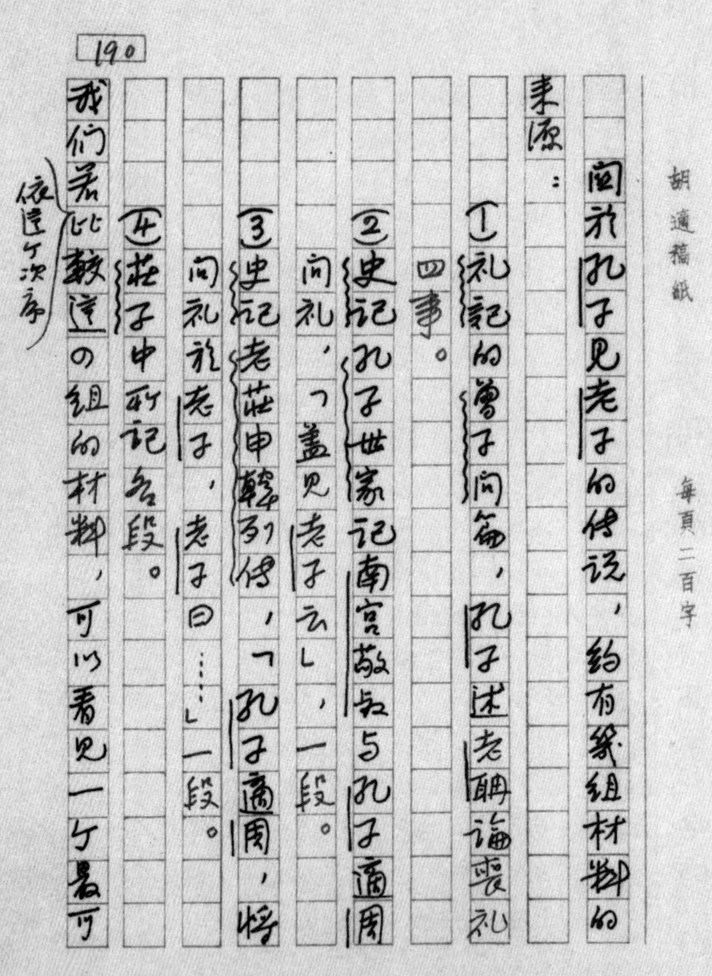
胡適稿紙　每頁二百字

190

關於孔子見老子的傳說，約有幾組材料的來源：

(1)禮記的曾子問篇，孔子述老聃論喪禮四事。

(2)史記孔子世家記南宮敬叔與孔子適周問禮，「蓋見老子云」，一段。

(3)史記老莊申韓列傳，「孔子適周，將問禮於老子，老子曰……」一段。

(4)莊子中所記各段。

依這个次序

我們若比較這四組的材料，可以看見一个最可

191

玩味的現象，就是老子的人格的驟变，從一个最拘謹的喪礼大師，变到一个最恣肆無礼的出世仙人。最可注意的是史記所記此事，在孔子世家裡老子還是一个很謙恭的柔道學者，而在老子列傳裡他就变做一个盛氣拒人的狂士了。這个現象，其實不難說明。老子的人格变化只代表各时期的人對於老子的看法不同。作曾子問的人絕對不會夢見幾百年後的人會把老聃变成一个

胡適稿紙

每頁二百字

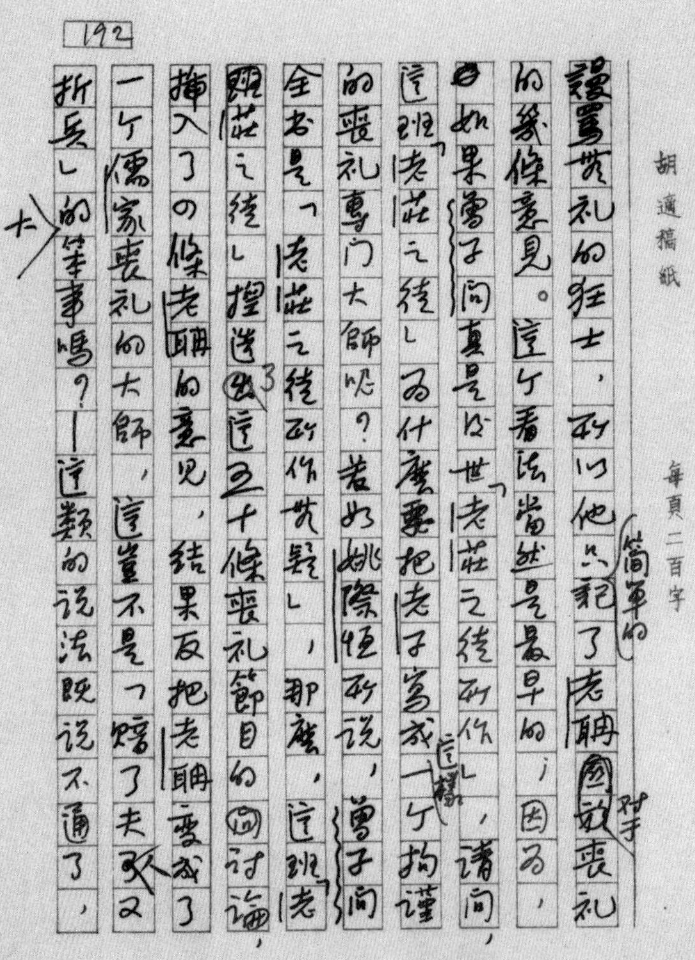

胡適稿紙　每頁二百字

192

謾罵喪禮的狂士，所以他只記了當年的老聃對喪禮的幾條意見。這個看法當然是最早的；因為，如果曾子問真是後世「老莊之徒」所作，請問，這班「老莊之徒」為什麼要把老子寫成這樣一個拘謹的喪禮專門大師呢？若如姚際恒所說，曾子問全書是「老莊之徒所作詆毀」，那麼，這班老莊之徒」捏造了這五十條喪禮節目的討論，摻入了四條老聃的意見，結果反把老聃變成了一個儒家喪禮的大師，這豈不是「賠了夫人又折兵」的大笨事嗎？——這類的說法既說不通了，

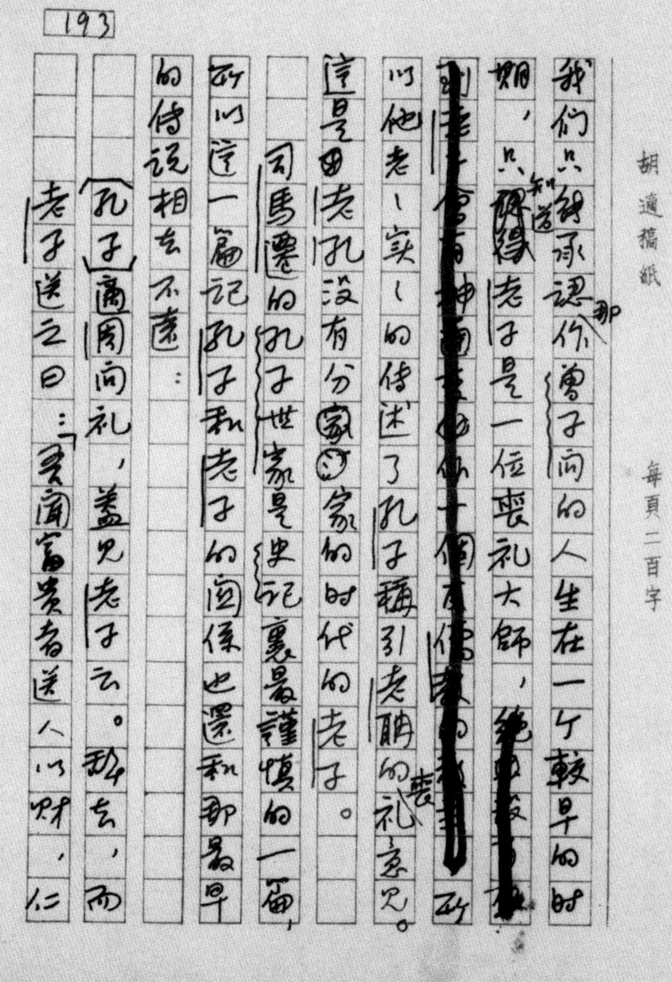

193

胡適稿紙　每頁二百字

我们只能承認那曾子问的人生在一个較早的时期，只知道老子是一位喪礼大師，所以他老々实々的傳述了孔子稱引老聃的丧礼意见。

這是由老孔没有分家的时代的老子。

司马遷的孔子世家是史記裏最謹慎的一篇，所以這一篇記孔子和老子的関係也還和那最早的傳説相去不遠：

「孔子適周问礼，蓋见老子云。辭去，而老子送之曰：「吾闻富貴者送人以財，仁

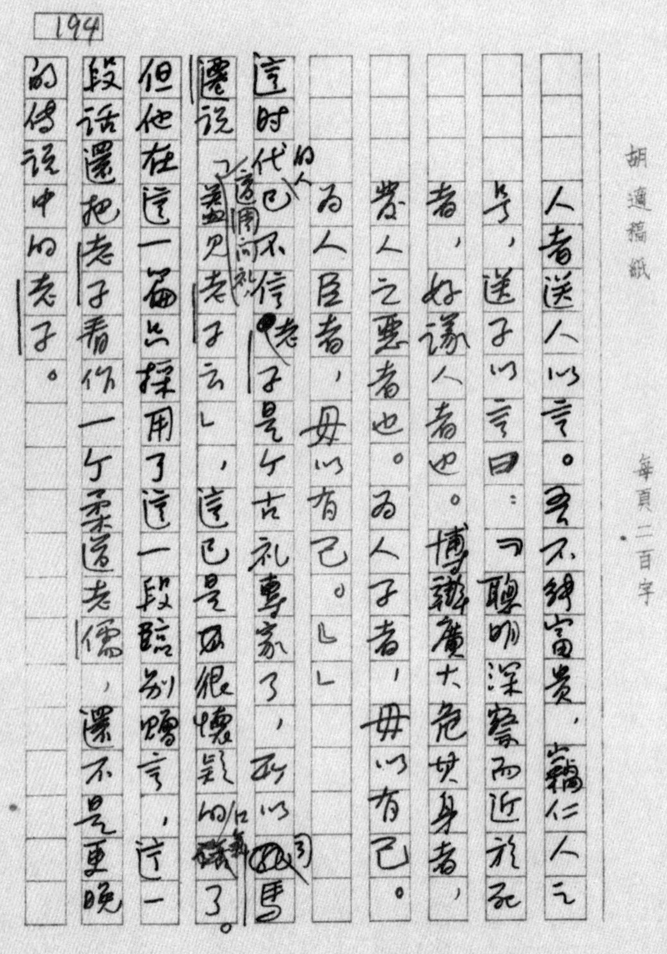
194

胡適稿紙　每頁二百字

人者送人以言。吾不能富貴，竊仁人之號，送子以言曰：「聰明深察而近於死者，好議人者也。博辯廣大危其身者，發人之惡者也。為人子者，毋以有己。為人臣者，毋以有己。」」

這時代的人已不信老子是個古禮專家了，所以司馬遷說「這個問禮，蓋見老子云」，這已是很懷疑的口氣了。但他在這一篇上採用了這一段臨別贈言，這一段話還把老子看作一個柔道老儒，還不是更晚的傳說中的老子。

195

到了老莊列傳裏，就大不同了！

孔子適周，將問礼於老子。老子曰："子所言者，其人与骨皆已朽矣。独其言在耳。……"

這就是說，孔子"將"要問礼，就碰了一个大釘子，開不得口。這就近於後世傳說的老子了。

至於莊子書中所記孔子見老子的話，離最古的傳說更遠，其捏造的時代更晚，更不用說了。如果老子真是那樣一个倨傲謾罵的人，而孔子却要借車借馬遠遠去"問礼"，他去碰釘子

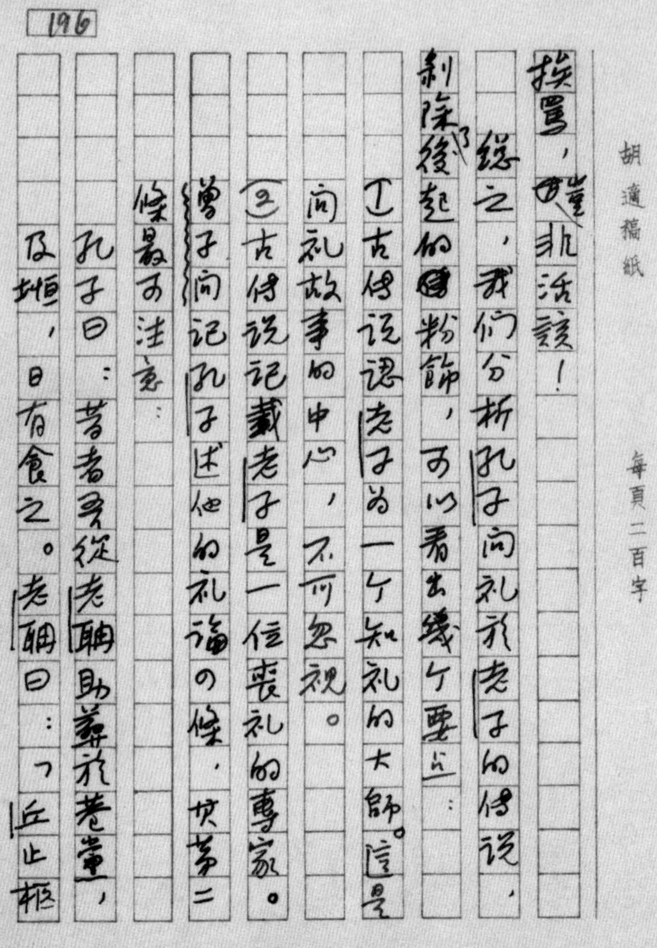
196

胡適稿紙　每頁二百字

挨罵，豈非活該！

總之，我們分析孔子問禮於老子的傳說，剝除了後起的粉飾，可以看出幾個要點：

（1）古傳說認老子為一個知禮的大師。這是問禮故事的中心，不可忽視。

（2）古傳說記載老子是一位喪禮的專家。曾子問記孔子述他的禮論四條，其第二條最可注意：

孔子曰：昔者吾從老聃助葬於巷黨，及堩，日有食之。老聃曰：「丘止柩就道右，止哭以听变，既明反而後行。」曰，「礼也。」反葬而丘問之曰：「夫柩不可以反者也。日有食之，不知其已之遅數，則豈如行哉？」老聃曰：「諸侯朝天子，見日而行，逮日而舍奠。大夫使，見日而行，逮日而舍。夫柩不蚤出，不莫宿。見星而行者，唯罪人与奔父母之喪者乎？日有食之，安知其不見星也？且君子行礼，不以人之親痁患。」吾聞諸老聃云。

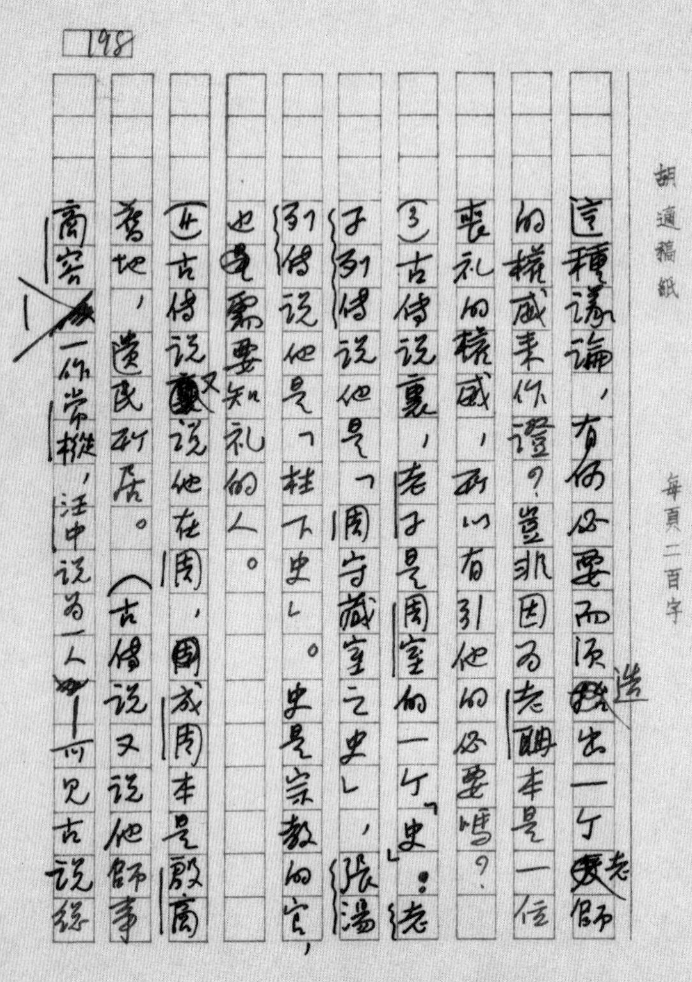

198

胡適稿紙　　每頁二百字

這種議論，有何必要而須造出一個老師的權威來作證呢？豈非因為老聃本是一位喪禮的權威，所以有引他的必要嗎？

(3) 古傳說裏，老子是周室的一個「史」：老子列傳說他是「周守藏室之史」，張湯列傳說他是「柱下史」。史是宗教的官，也是需要知禮的人。

(4) 古傳說又說他在周，周成周本是殷商舊地，遺民所居。（古傳說又說他師事商容，一作常樅，注中說為一人。——可見古說綜把他和殷商文化連在一塊，不但那柔道的人生觀[illegible]一個頂而已。）這樣看來，我們更可以明白老子是那正宗老儒的一個重要代表了。

聰明的汪中（述學補遺，老子考異）也承認曾子問裏的老聃是「孔子之所從學者，可信也」。但他終不能解決下面的疑惑：

夫助葬而遇日食，然且以見星為嫌，止柩以聽變，其謹於禮也如是。至其書則曰：「禮者，忠信之薄而亂之首也。」下

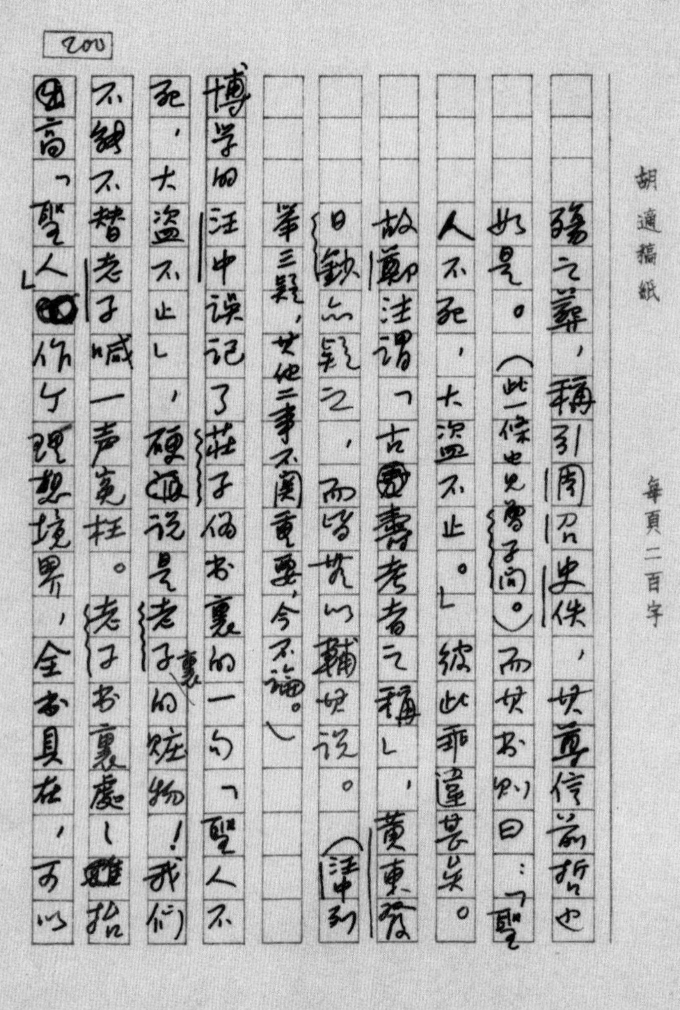

200

胡適稿紙　　每頁二百字

殤之葬，稱引周召史佚，其尊信前哲也如是。（此一條也見曾子問。）而其书則曰：「聖人不死，大盜不止。」彼此乖違甚矣。故鄭注謂「古壽考者之稱」，黄東發日鈔亦疑之，而皆不以輔其說。（注中引第三疑，其他二事不関重要，今不論。）

博学的注中誤記了莊子偽书裏的一句「聖人不死，大盜不止」，硬派說是老子裏的贓物！我們不能不替老子喊一声冤枉。老子书裏處處推高「聖人」作个理想境界，全书具在，可以

北京大學圖書館藏學術名家手稿（一）

胡適稿紙

每頁二百字

201

蠢動。所以汪中舉出的兩項「自乖違」，其一項已不能成立了。其他一項，「礼者，忠信之薄，而亂之首」，正是深知礼制的人的自然的反動，本來也沒有可疑之處。博学的汪中不記得論語裏的同樣主張嗎？孔子也說过：

人而不仁，如礼何？人而不仁，如樂何？

又說过：

礼云，礼云，玉帛云乎哉？樂云，樂云，鐘鼓云乎哉？

論語又有兩條討論「礼之本」的話：

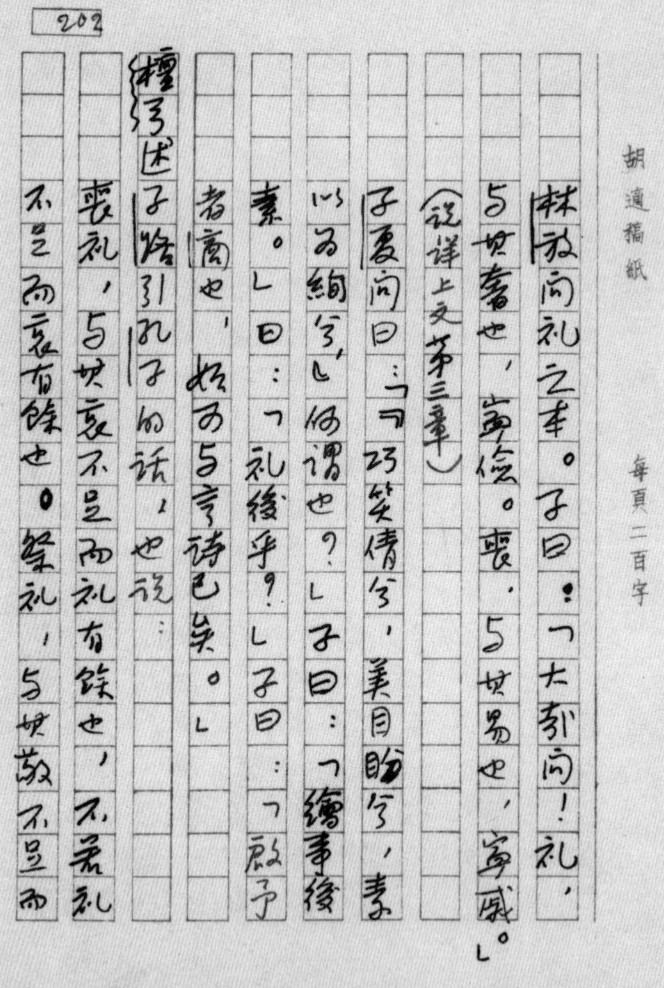
胡適稿紙　每頁二百字

202

林放問礼之本。子曰：「大哉問！礼，與其奢也，寧儉。喪，與其易也，寧戚。」

（說詳上文第三章）

子夏問曰：「『巧笑倩兮，美目盼兮，素以為絢兮，』何謂也？」子曰：「繪事後素。」曰：「礼後乎？」子曰：「起予者商也，始可與言詩已矣。」

檀弓述子路引孔子的話，也說：

喪礼，與其哀不足而礼有餘也，不若礼不足而哀有餘也。祭礼，與其敬不足而

203

禮有餘也，不若禮不足而敬有餘也。這樣的話，都明明的說還有比禮更為根本的在，明明的說禮是次要的（「禮後」），正可以解釋老子「禮者忠信之薄而亂之首」的一句話。老子孔子都是深知禮意的大師，所以他們能看透過去，知道「禮之本」不在那禮文上。孔子看見季氏舞八佾，又旅於泰山，也跳起來，歎口氣說：「嗚呼！曾謂泰山不如林放乎！」後世的奸雄搭起禪讓臺來，欺人寡婦孤兒，卻搶人的天下，行禮已畢，點頭讚歎道：「舜禹

胡適稿紙　　每頁二百字

204

胡適稿紙　　每頁二百字

之事，吾知之矣！」其实那深知礼意的老聃孔丘早已看透了！檀弓裏还記一位魯人周豐对魯哀公說的話：

殷人作誓而民始畔，周人作会而民始疑。苟無礼義忠信誠慤之心以涖之，雖固結之，民其不解乎？

這又是老子的话的註脚了。

總之，依我们的新看法，老子生在那个前六世紀，毫不覺得奇怪。他不過是一个代表那

205

久為[illegible]來以柔道取容於世的一个老儒；他的職業正是殷儒相禮助葬的職業，他的教義也正是論語裏說的「犯而不校」，「以德報怨」的柔道人生觀。古傳說裏記載着孔子曾問禮于老子，這个傳說在我們看來，絲毫沒有可怪可疑之点。儒家的書記載孔子「從老聃助葬於巷黨」，這正可是最重要的歷史證據，和我們上文說的儒的歷史絲毫沒有矛盾衝突。孔子和老子本是一家，本無可疑。後來孔老的分家，也絲毫不足奇怪。老子代表儒的正統，

胡適稿紙　每頁二百字

而孔子早已超過了那正統的儒。老子仍舊代表那隨順取容的亡國遺民的心理，孔子早已懷抱着「天下宗予」的東周建國的大雄心了。老子的人生哲學乃是千百年的世故的結晶，其中含有絕大的宗教信心——「常有司殺者殺」；「天網恢恢，疏而不失」——所以不是平常一般有血肉骨幹的人所能完全接受的。孔子也從這種教義裏出來，他的性情人格不容許他走這條極端的路，所以他漸漸回到他所謂「中庸」的路上去，要從剛毅進取的方面造成一種能負荷全人類的擔子的人。這个根本上有了不同，其他教義自然都跟着大歧異了。

那个消極的柔儒要「損之又損，以至於無」；而這个積極的新儒要「學如不及，猶恐失之」，「學而不厭，誨人不倦」。那个消極的儒對那个新興的文化存着絕大的懷疑，要人寡欲絕學，回到那「無知無欲」的初民狀態；而這个積極的儒卻謳歌那「郁郁乎文哉」的周文化，大胆的宣言：「吾從周！」那个消極的儒要人和光同塵，泯滅是非與善惡的執着；而這个

胡適稿紙

每頁二百字

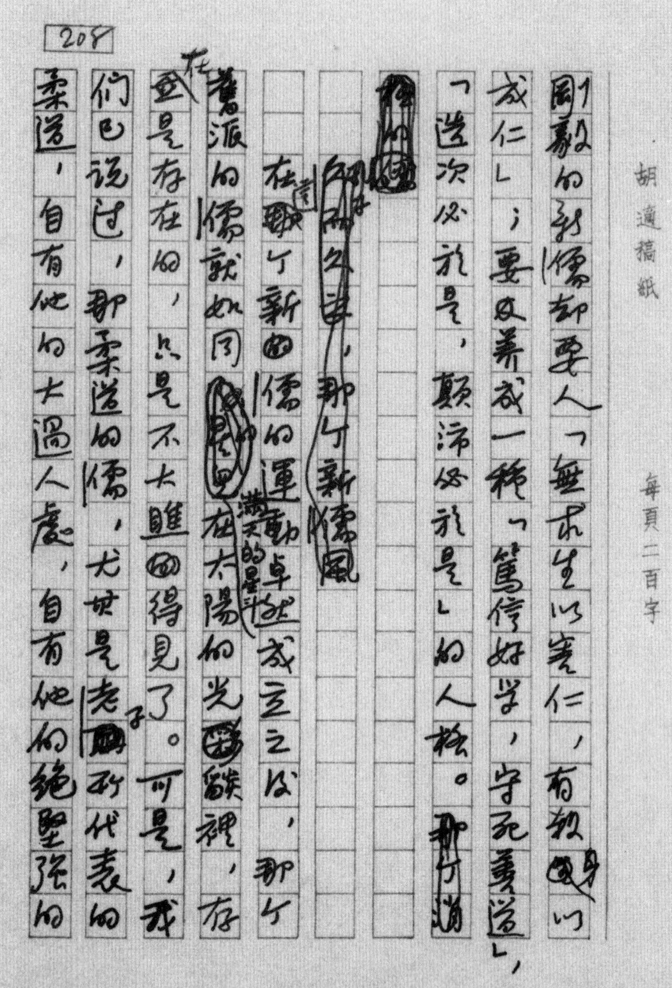
208

胡適稿紙

剛毅的新儒都要人「無求生以害仁，有殺身以成仁」；要反養成一種「篤信好學，守死善道」，「造次必於是，顛沛必於是」的人格。

在這个新的儒的運動卓然成立之後，那个舊派的儒就如同滿天的星斗在太陽的光輝裡，存在是存在的，只是不大瞧得見了。可是，我們已說過，那柔道的儒，尤其是老子所代表的柔道，自有他的大過人處，自有他的絕聖棄的

每頁二百字

胡適稿紙　每頁二百字

宗教信心，自有他的深於世故的人生哲學和政治態度。這些成分，初期的孔門運動並不曾完全抹煞：如孔子也能欣賞那「寬柔以教，不報無道」的柔道，也能儘量吸收那傾向自然主義的天道觀念，也能容納那無為的政治理想。所以孔老儘管分家，而在外人看來，——例如從墨家看來，——他們都還是一個運動，一個宗派。試看墨家攻擊儒家的四大罪狀：

儒之道足以喪天下者四政焉：

儒以天為不明，以鬼為不神，天鬼不說，

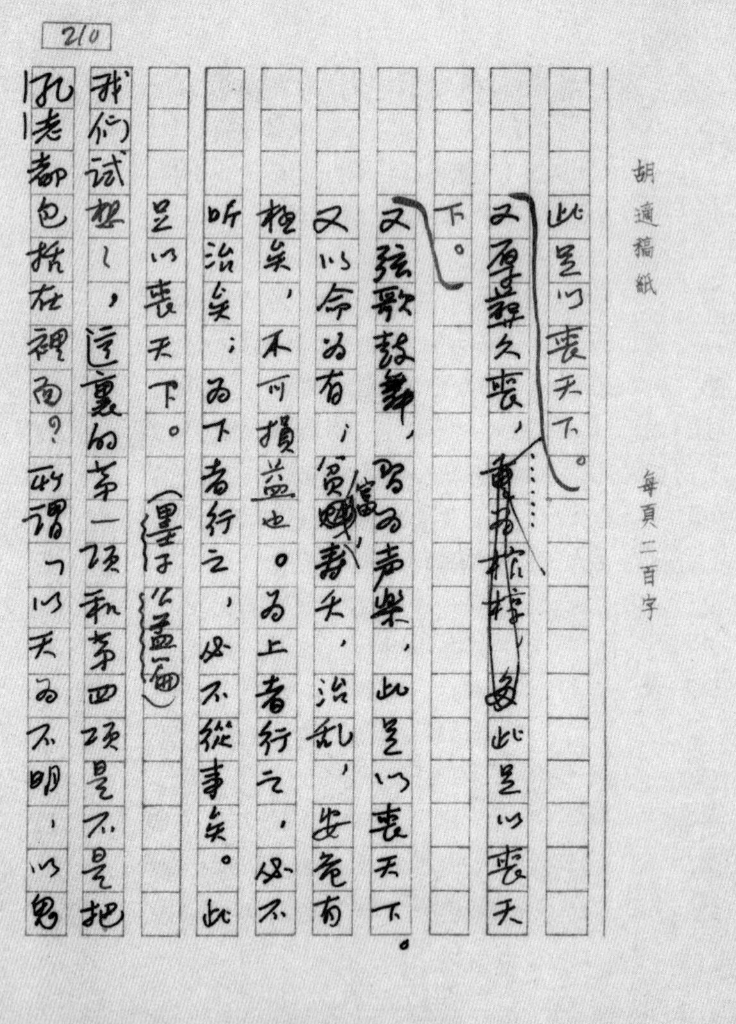

此足以喪天下。

又厚葬久喪，重為棺槨，多……此足以喪天下。

又弦歌鼓舞，習為聲樂，此足以喪天下。

又以命為有，貧富壽夭，治亂安危有極矣，不可損益也。為上者行之，必不聽治矣；為下者行之，必不從事矣。此足以喪天下。（墨子公孟篇）

我們試想想，這裏的第一項和第四項是不是把孔老都包括在裡面？所謂「以天為不明，以鬼為不神」，現存的孔門史料都沒有這種極端言論，而老子書中卻有「天地不仁」，「其鬼不神」的話。儒家（包括孔老）承認天地之間萬物都有一定的軌跡，如老子說的自然無為，如孔子說的「天何言哉？四時行焉，百物生焉」，這自然是人民社會上的常識積累進步的結果。相信一個「無為而無不為」的天道，即是相信一個「莫之為而為」的天命：這是進一步的宗教信心。所以老子孔子都是一個知識進步的時代的宗教家。但這個進步的天道觀念是比較的

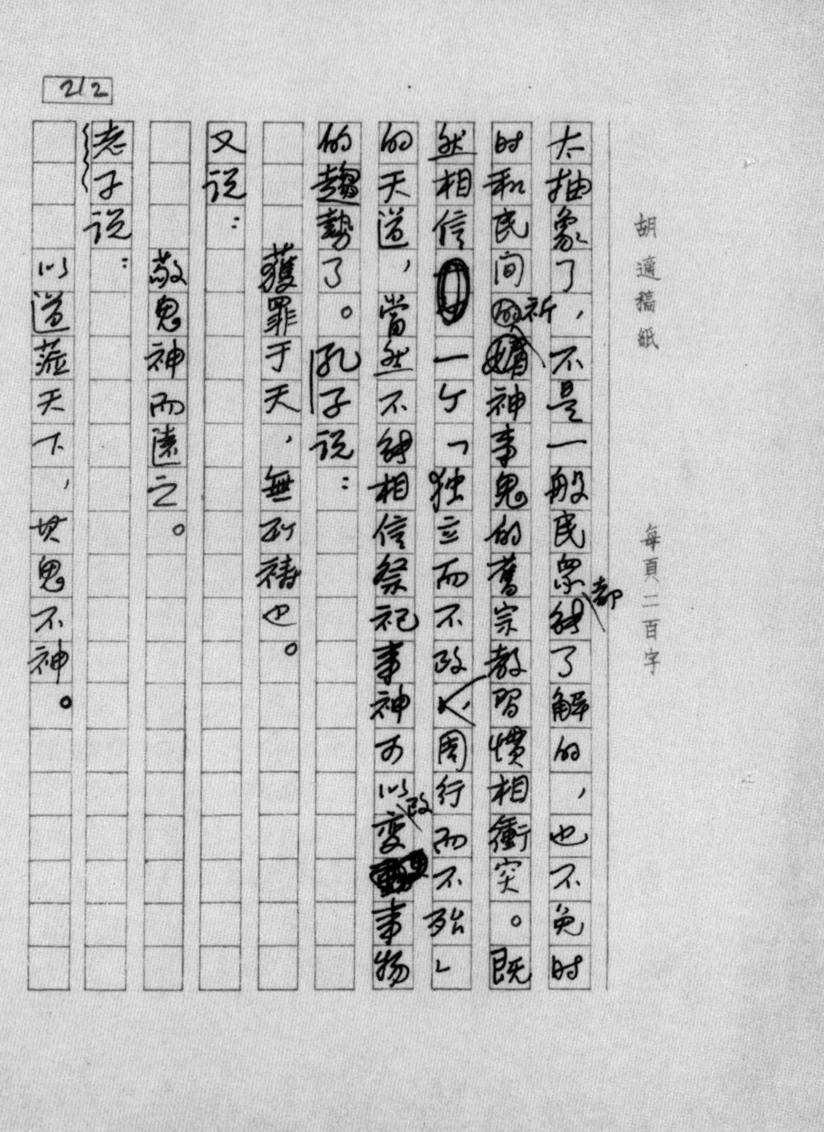
212

太抽象了，不是一般民眾都了解的，也不免時時和民間祈禱神事鬼的舊宗教習慣相衝突。既然相信一個「獨立而不改，周行而不殆」的天道，當然不能相信祭祀事神可以改變事物的趨勢了。孔子說：

獲罪于天，無所禱也。

又說：

敬鬼神而遠之。

老子說：

以道莅天下，其鬼不神。

胡適稿紙　每頁二百字

213

論語又記一事最有意味：

子疾病，子路請禱。子曰：「有諸？」子路對曰：「有之。誄曰：『禱爾于上下神祇。』」子曰：「丘之禱久矣。」

子路尚且不能了解這個不禱的態度，何況那尋常民眾呢？在這些方面，孔老是站對于一般民間宗教是站在一條線上的。

我們在這裡，還可以進一步指出老子孔子代表的儒，以及後來分家以後的儒家與道家，都不能深入民間，都只能成為長袍階級的哲學，而不能做成有影響大多數民眾的宗教，其原因也正在這裡。

汪中曾懷疑老子若真是曾子問裡那個喪禮大師，何以能有「禮者忠信之薄而亂之首」的議論。他不曾細細想想：儒家講喪禮和祭禮的許多聖賢，可曾有一個人是深信鬼神而講求祭葬禮文的？我們研究各種禮經禮記，以及論語檀弓等書，總不能不感覺到一種最奇怪的現狀：這些聖人賢人討論禮文的得失，無論是拜上或拜下，無論是麻冕或純冕，無論是經裘而弔或襲喪而弔，甚至於無論是三年之喪或一年之喪，他們都只注意到礼文應該如何如何，或礼意應該如何如何，卻全不談到那死了的人或受祭弔的鬼神！他們看見別人行錯了礼，只指着那人嘲笑道：

夫夫也！為習於礼者！

他們要說某項節文應該如何做，也只說：

礼也。

就是那位最偉大的領袖孔子也只能有一種自己催眠自己的祭祀哲学：

216

祭如在；祭神如神在。

這个"如"的宗教心理学，在孔门的书裏发挥的很詳盡。中庸說：

齋明盛服以承祭祀，洋洋乎如在其上，如在其左右。

祭義說的更詳细：

齋之日，思其居處，思其笑語，思其志意，思其所樂，思其所嗜。齋三日，乃見其所為齋者。祭之日，入室，僾然必有見乎其位；周還出戶，肅然必有聞

胡適稿紙　每頁二百字

乎其容声；出户而听，愾然必有闻乎其歎息之声。

這是用一種精神作用極力催眠自己，要自己感覺得那受祭的人"如在"那兒。這種心理狀態不是人人都能訓練得到的，尤其不是那些替人家治喪相禮的職業的儒所能做到的。所以我們讀檀弓所記，以及儀禮禮記所記，都感覺一種不真實的空氣，檀弓裏的聖門弟子也都好像士喪禮裏的夏祝商祝，都只在那裡唱戲做戲，台步一步都不錯，唱詞板眼一絲

218

都不得錯亂，——雖然可以博得「弔者大悅」，這裏面往往沒有一點真的宗教感情。就是那位氣度最偉大可敬愛的孔子，也不過能比一般相禮祝人忠厚一等而已：

子食於有喪者之側，未嘗飽也。

子於是日哭，則不歌。

（另一行）喪事不敢不勉，不為酒困。

這種意境都只是體恤生人的情緒，而不是平常人心目中的宗教態度。

所以我們讀孔門的禮書，總覺得這一般知禮的聖

胡適稿紙　每頁二百字

（「文士」與「法利賽人」都是歷史上的派別名稱，本來沒有貶意。後來因為耶穌攻擊過這些人，歐洲文字裏就留下了不能磨滅的成見，這兩個名詞就帶着一種貶意。我用這些名詞，只用他們原來的歷史意義，不含貶議。）

頗很像基督教福音書裏耶穌所攻擊的猶太「文士」（Scribes）和「法利賽人」（Pharisees）。猶太的「文士」和「法利賽人」都是精通古禮的，都是「習於禮」的大師，都是猶太人的「儒」。耶穌所以不滿意於他們，只是因為他們熟於禮典條文，而沒有真摯的宗教情感。中國古代的儒，在知識方面已超過了那自民眾的宗教，而在職業方面又不能不為民眾做治喪助葬的事，所以他們對於喪葬之禮實在不能有多大的宗教情緒。老子已明白承認「禮者忠信之薄而亂之首」了，

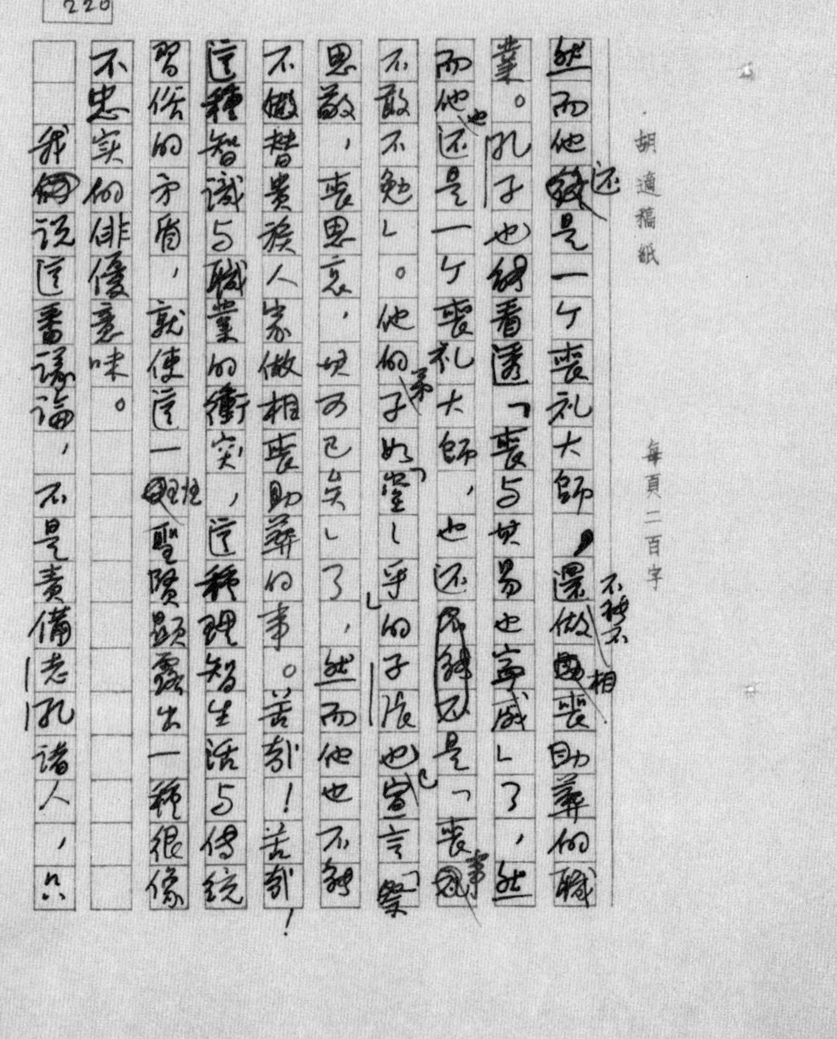

胡適稿紙　每頁二百字

220

然而他还是一个丧礼大师，不得不做相丧助葬的职业。孔子也知道"丧与其易也宁戚"了，然而他也还是一个丧礼大师，也还是"丧事不敢不勉"。他的弟子如"堂堂乎"的子张也曾言"祭思敬，丧思哀，其可已矣"了，然而他也不能不替贵族人家做相丧助葬的事。苦哉！苦哉！这种智识与职业的冲突，这种理智生活与传统习俗的矛盾，就使这一个圣贤显露出一种很像不忠实的俳优意味。

我说这番议论，不是责备老孔诸人，只

是要指出一件最重要的歷史事實。「五百年必有聖者興」，民間期望久了，誰料那應運而生的聖者卻不是民眾的真正領袖：他的使命是民眾的「彌賽亞」，而他的理智的發達接近那些「文士」與「法利賽人」。他對他的弟子說：

「未能事人，焉能事鬼？

未知生，焉知死？」

他的民族遺傳下來的職業使他不能不替人家治喪相禮，正如老子不能不替人家治喪相禮一樣。但他的理智生活使他不能不維持一種嚴格的存疑

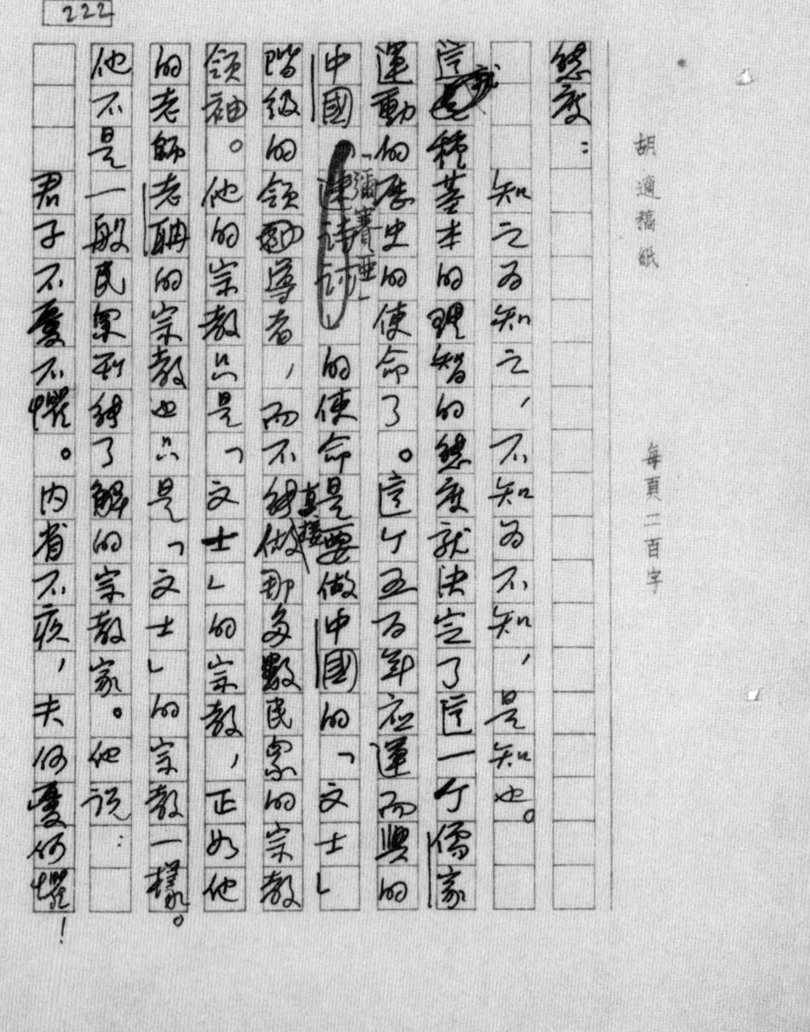
222

胡適稿紙　每頁二百字

態度：

知之為知之，不知為不知，是知也。

這種基本的理智的態度就決定了這一個儒家運動的歷史的使命了。這個五百年應運而興的中國「讀書人」的使命是要做中國的「文士」階級的領導者，而不能直接做那多數民眾的宗教領袖。他的宗教只是「文士」的宗教，正如他的老師老聃的宗教也只是「文士」的宗教一樣。他不是一般民眾所能了解的宗教家。他說：

君子不憂不懼。內省不疚，夫何憂何懼！

胡適稿紙　每頁二百字

223

他雖然在那「吾從周」的口號之下，也不知不覺的把他的祖先的三年喪服和許多宗教儀節帶过来，变成那殷周共同文化的一部分了，然而他的重大貢獻並不在此，那不过是殷周民族文化結婚的一份賠嫁粧奁而已。他的重大貢獻並不在此，他的心也不在此，他的歷史使命也不在此。他們替这些礼文的辯護只是社会的價值的，而不是宗教的：「慎終追遠，民德歸厚矣。」他始終不是所以他和他的門徒雖然做了那些喪祭典礼的傳授者相人，他們始終不能做民间的宗教領袖。

民眾還得等候幾十年，方才有个偉大的宗

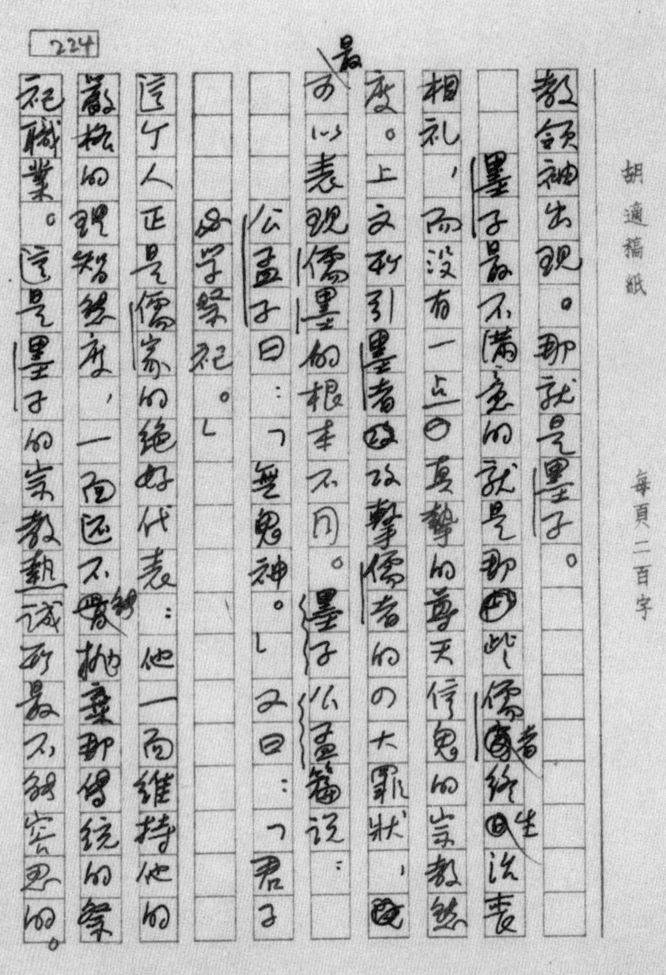

胡適稿紙　每頁二百字

教領袖出現。那就是墨子。

墨子最不滿意的就是那些儒者終生從喪相禮，而沒有一點真摯的尊天信鬼的宗教態度。上文所引墨者攻擊儒者的四大罪狀，最可以表現儒墨的根本不同。墨子公孟篇說：

公孟子曰：「無鬼神。」又曰：「君子必學祭祀。」

這个人正是儒家的絕好代表：他一面維持他的嚴格的理智態度，一面還不肯拋棄那傳統的祭祀職業。這是墨子的宗教熱誠所最不能容忍的。

所以他駁他說：

執無鬼而學祭禮，是猶無客而學客禮也，是猶無魚而爲魚罟也！

懂得這種思想和「祭如在」的態度的根本不同，就可以明白墨家所以興起和所以和儒家不相容的歷史的背景了。

廿三，三，十五開始寫此文。

廿三，五，十九夜寫成初稿。

胡適稿紙　每頁二百字

解題

鄒新明

胡適（1891—1962），原名嗣穈，學名洪騂，後更名胡適，字適之。原籍安徽績溪，生於上海。著名的歷史學家、哲學家、文學史家。

胡適早年在上海讀書，1910年考取庚款留美，就讀於康奈爾大學，1915年入哥倫比亞大學，師從於實用主義大師杜威。1917年7月回國，任北京大學英文系教授，後又兩度任職北京大學，任文學院院長、校長等職。

胡適在留學期間，投稿《新青年》，倡導白話文，主張進行文學革新。回國後，參加編輯《新青年》，成爲新文化運動的代表人物。1922主辦《努力週報》，「九一八」

事變之後創辦《獨立評論》週刊。1938 年—1942 年任南京國民政府駐美大使。1949 年移居美國，1958 年定居臺灣，任「中央研究院」院長。

胡適一生涉獵文學、哲學、史學等多個領域，進行過許多開創性的研究，是中國現代學術文化的奠基人之一。著有《中國哲學史大綱》《白話文學史》《胡適文存》等。

胡適非常重視傳記的寫作，究其原因，除了傳記本身在保存史料方面的重要作用，還在於他認識到「傳記是中國文學裏最不發達的一門」（胡適《南通張季直先生傳記》序）。因此，他不僅積極倡導勸説，而且身體力行，《四十自述》就是其「『傳記熱』的一個小小的表現」。他在《四十自述》的《自序》中説：「我在這十幾年中，因爲深深的感覺中國最缺乏傳記的文學，所以到處勸我的老輩朋友寫他們的自傳。不幸的很，這班老輩朋友雖然都答應了，終不肯下筆。」胡適説的「老輩朋友」，包括蔡元培、梁啓超、林長民、梁士詒、張元濟、高夢旦、陳獨秀、熊希齡、葉景葵等近現代史上頗具影響的人物。既然「老輩朋友」不肯下筆，胡適只好親自操刀，爲傳記文學提供典範，並以其在當時學術文化界的地位營造重視傳記文學的風氣。胡適的努力沒有白費，1936 年《人物月刊》創刊號上刊載的一篇《四十自述》的書評就曾總結：「經過適之先生那樣熱烈提倡，中國創作的傳記，以及譯著的傳記，也一天一天的加多了，現在居然又出來了一種專攻傳記文學的刊物，適之先生的提倡，也可説相當見效了。」

《四十自述》自 1930 年—1932 年在《新月》月刊上陸續刊出，1933 年由上海亞東圖書館出版單行本。除序幕《我的母親的訂婚》外，還包括《九年的家鄉教育》《從拜神到無神》《在上海》《我怎樣到外國去》等章，是胡適留美之前的自傳。第五章《我怎樣到外國去》寫成於 1932 年 9 月 27 日。

這裏收録的《四十自述》手稿，首頁右側題有「《四十自述》的一章」，寫成於 1933 年 12 月 3 日，應爲胡適在《四十自述》以單行本形式出版之後又繼續撰寫的一章，本館所藏僅爲後半部，第46—90頁。值得指出的是，《四十自述》1933年9月上海亞東圖書館初版時，其版權頁將書名標爲「《四十自述》第一册」，可見胡適有繼續撰寫自傳並成册出版的想法。從胡適留下的《自述的目次 第一次擬稿》的手稿中，我們可以知道胡適撰寫《四十自述》的最初計劃，留美之後的内容，主要包括《幾乎做了一個基督教徒》《樂觀》《説老實話——非攻》《治學方法》《文學革命》《我的訂婚與結婚》《北京大學》《我崇拜的幾個神》《我的母親的死——喪禮》《胡説幾種》《記夢》11章。令人遺憾的是，因爲種種原因，胡適續寫的努力僅成本手稿這一章，《四十自述》與《中國哲學史大綱》《白話文學史》同樣成爲胡適的「未竟事業」。

此章發表於1934年1月1日出版的《東方雜誌》第31卷第1號（本期爲「三十週年紀念號」），而非像以往各章一樣，發表於《新月》月刊。這其中最主要的原因是《新月》月刊在1933年6月1日出版完第4卷第7期之後便告停刊。根據内容可以斷定，此章刊在《東方雜誌》的題名爲《逼上梁山——文學革命的開始》，應該就是胡適最初擬定的《文學革命》一章。

1948年底，北平解放前夕，胡適倉猝飛離，留下102箱藏書及大量手稿、書信、日記等珍貴文獻。雖然胡適曾於1957年在紐約立下遺囑，將此102箱文獻贈送北京大學，但因時代原因，北京大學圖書館現主要收藏其中的藏書部分，胡適的手稿及書信、日記等則主要收藏於中國歷史研究院圖書檔案館（中國歷史研究院成立之前，存中國社會科學院近代史所檔案館）。此《四十自述》及《説儒》殘稿，因混入胡適藏書中而幸運地被留存於北京大學圖書館。

1994年，耿雲志先生主持將當時的社科院近代史所藏胡適手稿及書信日記整理，交由黃山書社影印出版，題爲《胡適遺稿及秘藏書信》，共42册。此套書第5册收録有「《逼上梁山》（文學革命的開始）

（殘）」，爲此章的第 1—45 頁，本館所藏爲第 46—90 頁，是此章完整的後半部，兩館所藏相合，即成完璧。從《胡適遺稿及秘藏書信》影印的此章首頁我們可以了解到，此章最初名爲《文學革命的開始》，發表時胡適在前面加上了「逼上梁山」作爲正標題。胡適在此章主要回憶了自己在留美期間從討論改良文言教授方法，到認識到「白話是活文字，古文是半死的文字」，再到與任鴻雋、梅光迪等人討論文學革命，並進行嘗試實驗，形成自己的主張的經歷。

2021 年，中華書局出版了張立華的《胡適〈四十自述〉手稿彙校評注》，收集影印了胡適的《四十自述》手稿，核對之後可以發現，該書並没有收入本館所藏的這 45 頁。因此，我們可以大致確定，此部分手稿是在胡適寫成九十年之後的首次影印面世。

*****

本書收録的胡適的另一部手稿——《説儒》，也不完整，同樣爲後半部分，也屬於在北大圖書館胡適藏書中發現的胡適珍貴手迹。檢《胡適遺稿及秘藏書信》，我們未發現《説儒》(上)手稿，不過據臺北胡適紀念館的「胡適檔案檢索系統」，中國歷史研究院圖書檔案館收藏有胡適《説儒》(上)手稿，以及全文的抄件。由此可以確定，胡適《説儒》手稿原件的收藏也是北大圖書館和中國歷史研究院圖書檔案館各占半部。本書收録的《説儒》(下)手稿同樣爲首次影印出版。

胡適 1931 年再度到北大任教，後出任文學院院長，1937 年抗戰全面爆發，胡適離平南下。《説儒》是胡適這一時期最重要的學術著述，據本手稿最後一頁，此文的撰寫開始於 1934 年 3 月 15 日，同年 5 月 19 日寫成初稿。胡適在日記中説此文「爲近年最長的文字」。他在《一九三四年的回憶》中記録了寫作此文的心境：「無論如何，我寫《説儒》的兩個月是很快活的時期。有時候從晚上九點直寫到次日的早上三四點，有時候深夜得一新意，快活到一面寫，一面獨笑。依文字論，這篇有幾段文字是我很用氣力做的，讀起來還不壞。」

至於《説儒》一文的主要内容及價值，胡適同樣在《一九三四年的回憶》中説得很明白：「在學問方面，今年的最大成績要算《説儒》一篇。這篇文字長約五萬字，費了我兩個多月的工夫才得寫成。此文的原意不過是要證明『儒』是殷商民族的教士，其衣服爲殷衣冠，其禮爲殷禮。但我開始寫此文之後，始知道用此『鑰匙』的見解，可以打開無數的古鎖。越寫下去，新意越多，故成績之佳遠出我原意之外，此中如『五百年必有王者興』的民族懸記，如孔子從老聃助葬於黨巷之毫無可疑，皆是後來新添的小鑰匙，其重要不下於原來掘得的大鑰匙。這篇《説儒》的理論大概是可以成立的，這些理論的成立可以使中國古史研究起一個革命。」

此文最初發表於《國立中央研究院歷史語言研究所集刊》1934 年第 4 本第 3 分，將手稿本與最初發表者粗略比對，可以發現胡適在手稿中的修改之處被全部采用，因此可以確定，此手稿爲胡適發表前的最後定稿。手稿的修改，應該在 1934 年 5 月 19 日寫成初稿之後。

*****

此兩種半部手稿中，都有不少胡適的塗改痕迹，從中可以體會他寫作行文的嚴謹，以及思維論證的縝密；而發黄的「胡適稿紙」，清秀不苟的胡適字體，本身就是一種文物，或者説藝術品。所謂「文如其人」「字如其人」，此兩篇都可作爲絶佳的例證。

胡適三度任職北京大學，長達十八載，其間做了大量的學術研究工作，胡適又非常重視個人檔案資料的保存，因此留下大量的手稿，42 卷本的《胡適遺稿及秘藏書信》即是證明。令人遺憾的是，由於歷史的原因，現存北京大學圖書館的胡適手稿主要就是這兩本下半部的著述了。所謂物以稀爲貴，惟其如此，這兩篇手稿，不僅具有珍貴的學術價值，也是北大學術史的重要見證。

山水畫的南北宗

鄧以蟄

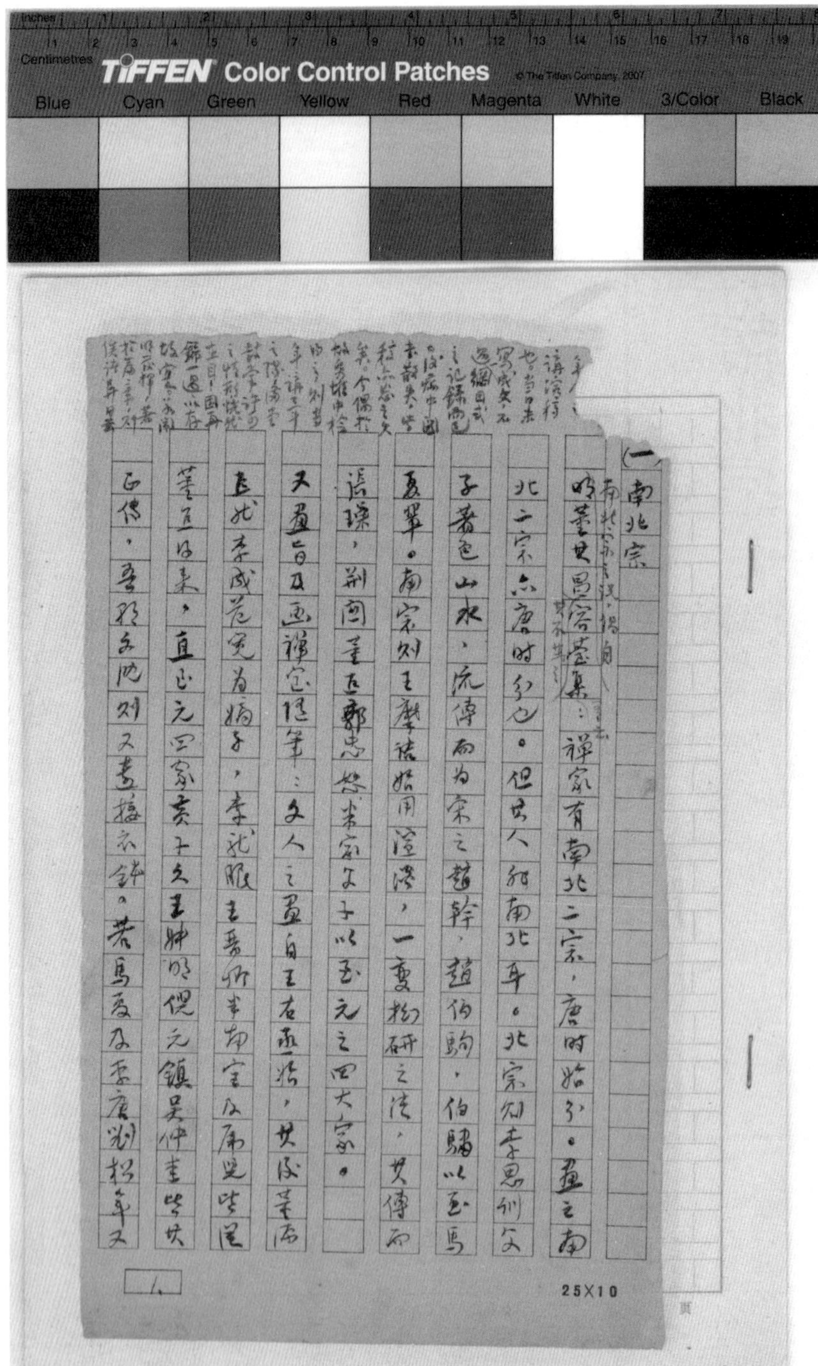

（一）南北宗

明董其昌容台集：禅家有南北二宗，唐时始分。画之南北二宗，亦唐时分也。但其人非南北耳。北宗则李思训父子着色山水，流传而为宋之赵干、赵伯驹、伯骕，以至马夏辈。南宗则王摩诘始用渲淡，一变钩斫之法，其传而为张璪、荆、关、董、巨、郭忠恕、米家父子，以至元之四大家。

又画旨及画禅室随笔：文人之画自王右丞始，其后董源、巨然、李成、范宽为嫡子，李龙眠、王晋卿、米南宫及虎儿皆从董巨得来，直至元四大家黄子久、王叔明、倪元镇、吴仲圭皆其正传，吾朝文沈则又远接衣钵。若马夏及李唐、刘松年又

1.

25X10

北京大學圖書館藏學術名家手稿（一）

(一)南北宗

明董其昌《容台集》：禅家有南北二宗，唐时始分。画之南北二宗亦唐时分也。但其人非南北耳。北宗则李思训父子着色山水，流传而为宋之赵幹、赵伯驹、伯骕以至马夏辈。南宗则王摩诘始用渲淡，一变钩斫之法，其传而为张璪、荆关董巨郭忠恕米家父子以至元之四大家。

又《画旨》及《画禅室随笔》：文人之画自王右丞始，其后董源巨然李成范宽为嫡子，李龙眠王晋卿米南宫及虎儿皆从董巨得来，直至元四大家黄子久王叔明倪元镇吴仲圭皆其正传，吾朝文沈则又远接衣钵。若马夏及李唐刘松年又

1

25X10

页

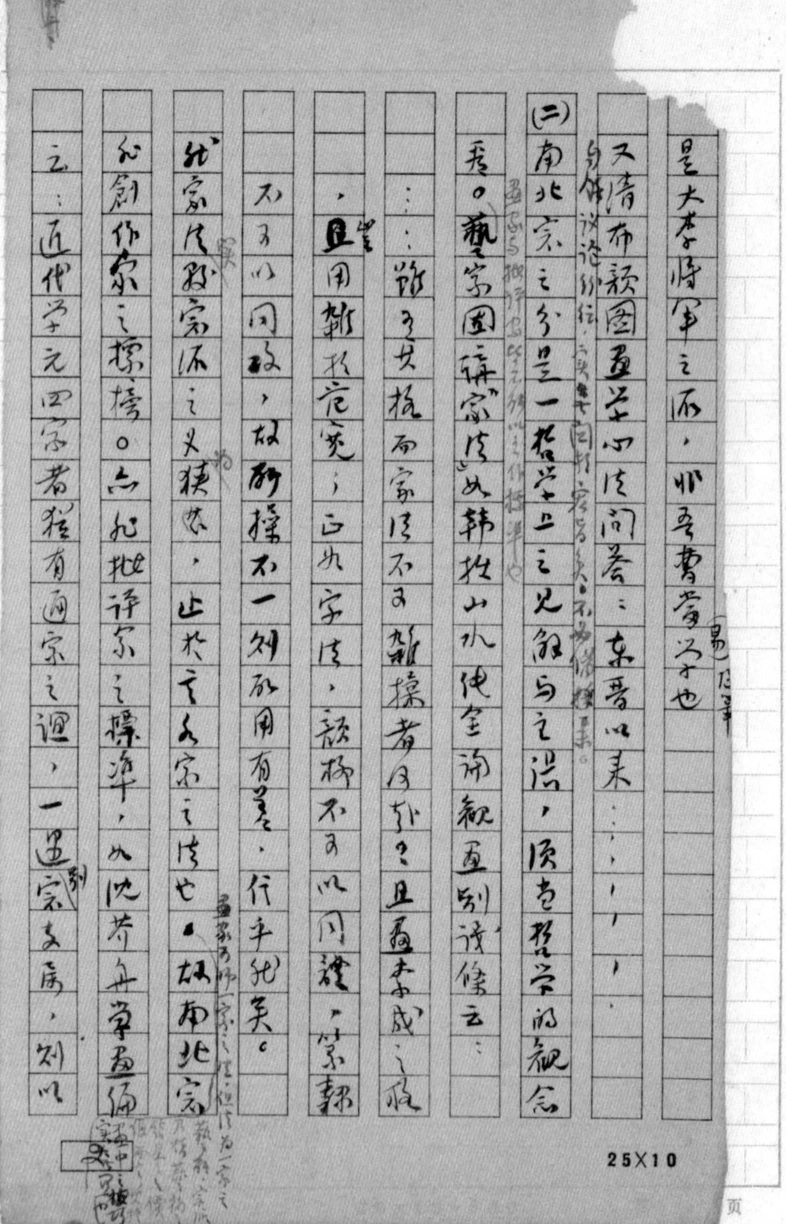
是大李将军之派，非吾曹当学也（易）
又清布颜图画学心法问答：东晋以来……
(二)南北宗之分是一哲学上之见解与主张，须有哲学的观念
矣。艺家图谱家法，如韩拙山水纯全论观画别识像云：
……论之大抵画家法不可杂操者，同时且画李成之体
、且用斩折范宽之，正如字法，颜柳不可以同体，篆隶
不可以同形，故杂操不一则所用有差，行乎能矣。
然家法与宗派之义转然，止於文人宗之法也。故南北宗
系创作家之标榜，亦非批评家之标准，如沈芥舟学画编
云：近代学元四家者犹有画宗之遗，一变宗支庶，则以
25X10

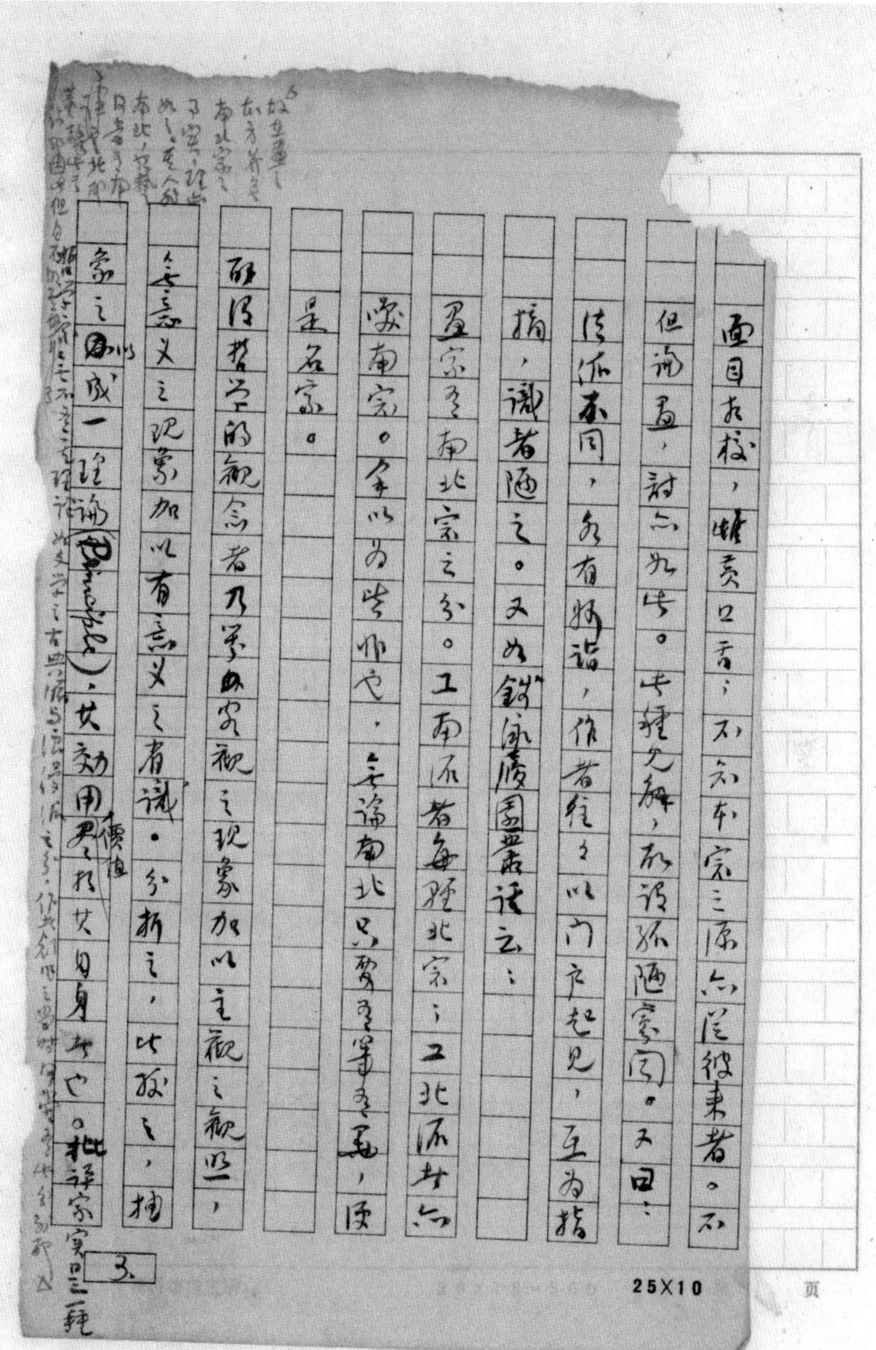

面目者様，時貴口舌；不知本宗之源亦從彼來者。不但論畫，詩亦如此。此種見解，取說隨處同。又曰：

流派不同，各有短長，作者往往以門戶起見，互為指摘，識者陋之。又如錢泳履園畫談云：

畫宗有南北宗之分。工南派者每輕北宗；工北派者亦嗤南宗。余以為皆非也。無論南北，只要有筆有墨，便是名家。

所謂哲學的觀念者乃寫出客觀之現象加以主觀之觀照，無意義之現象加以有意義之看識，分析之，比較之，構成之而成一理論（[illegible]），其效用有價值於其自身者也。批評宗實是一種

3.

25X10 頁

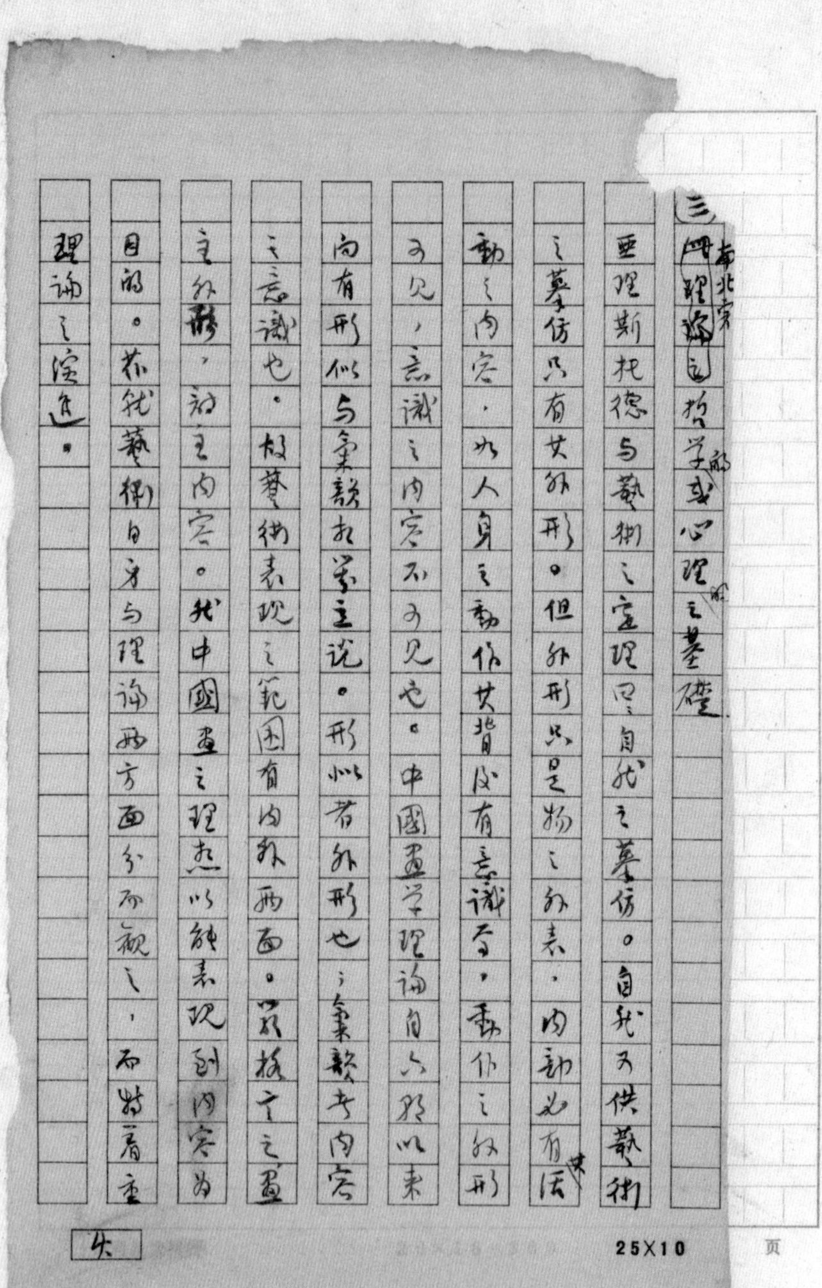

三、南北宋畫理論之哲學的或心理的之基礎

亞理斯托德與藝術之原理是自我之摹仿。自我又供藝術之摹仿只有其外形。但外形只是物之外表，內部必有其活動之內容。此人身之動作其背後有意識存，動作之外形可見，意識之內容不可見也。中國畫學理論自六朝以來向有形似與氣韻相對立之說。形似者外形也；氣韻者內容之意識也。故藝術表現之範圍有內外兩面。最接近之畫主外形，初主內容。我中國畫之理想以能表現到內容為目的。於我藝術自身與理論兩方面分而觀之，而特着重理論之演進。

朱

25X10

頁

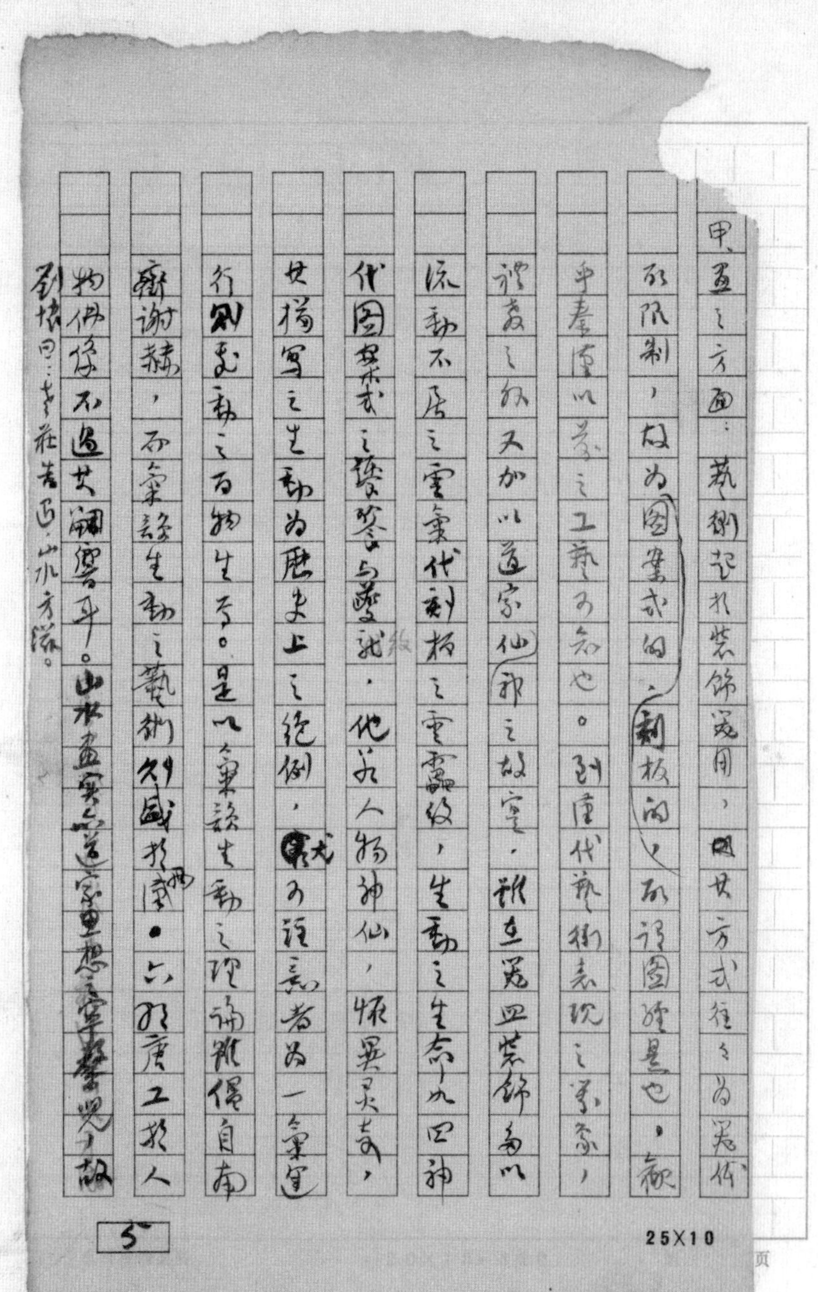
甲、道之方面：艺术起于装饰实用，因其方式往往为实际所限制，故为图案式的、刻板的，所谓图腾是也。观乎秦汉以前之工艺可知也。到汉代艺术表现之对象，礼教之外又加以道家仙界之故实，虽在寓于装饰画，以流动不居之云气代刻板之雷纹，生动之生命力因神代图案式之整齐与严肃。他如人物神仙，怪异灵奇，其描写之生动为历史上之绝例，实不能不说为一气运行、流动之万物生命。是以气韵生动之理论能借自南齐谢赫，而气韵生动之艺术则盛于隋唐。六朝唐工于人物佛像，不逮其开发乎。山水画实由道家思想之影响也，故

刘勰曰：老庄告退，山水方滋。

5

25X10

五、理論方面：由前之說，氣韻生動之理論原出於氣韻生動之藝術——人物。然顧愷之有云「刻削為儀容，不畫生氣」。唐張彥遠有「今之畫，縱得形似，而氣韻不生」之說。至於山水元彥遠則云「山水之變，始於吳道子，成於二李」，是氣韻生動之山水自唐始也。詩中有畫，畫中有詩之說適用以解釋王維之畫，正指山水耳。詩主內容，意也，今以詩求畫，則畫之表現以能達於意為尚，故歐陽修筆試有「鑑畫之意，難形之心」。畫只有形，今形能表意與心，則山水畫所表現者為「蕭條淡泊之意境，閑和嚴靜趣遠之心」矣。亦正唐司空圖詩二十四品以沖淡、疏野

6

25X10

織構，繪雜諸畫境界之探討也。如是，則山水雖寫物形，而實為心畫。宋沈括以大觀小之說為山水畫結構之鐵律，亦心畫之明證。心為物感於物而動，亦動於物者也，故氣韻生動出於心。宋郭若虛云：人品既已高矣，氣韻不得不高；氣韻既已高矣，生動不得不至，是氣韻生動出於人品也。明董其昌云讀萬卷書，行萬里路，此氣韻為畫者養也。亦有進者，宋董逌之云曰：且觀天地生物，特一氣運化爾，其功用秘移與物有宜，莫知為之者，故能成於自然。氣韻生發乃出於人心，今董則以為天地萬物只一氣之運化，是心與宇宙為

7

25X10

一物矣。此豈非微處之感情移入論耶？以今之文畫家之筆論之

（四）氣韻生動之藝術（一）南宗者心畫也；北宗者目畫也。心畫以意為主

神氣動之一點，因謂南宗之繪者[illegible]……

~~筆觸 折斷 而 晦 （二）北宗~~

目畫[illegible]……今將兩派所以不同之點，列對照于後：

南宗	北宗
圓、渾、晴。董香光云"畫欲……"[illegible]	方、稜角、明。
游動旋繞—中鋒—披麻皴之筆法	直、線、剔、砍—斧劈皴之筆法
翕、合、凝聚、集中、向心（位置）	張、放、散、大斧劈[illegible]（開放）
渾成、一致	片段、鋒碎
氣象（[illegible]）	曲折（[illegible]）
收斂	發洩

25X10

解題

吴晃

鄧以蟄（1892—1973），字叔存，安徽懷寧白麟畈（今安慶市秀宜區五横鄉白麟村）鄧家大屋人。現代美學家、美術史家、教育家，與宗白華有「南宗北鄧」之美譽。鄧以蟄是清代著名書法家、篆刻家鄧石如的五世孫，近代教育家鄧藝孫的第三子，也是我國「兩彈元勛」鄧稼先的父親。

鄧以蟄1907年留學日本，入東京宏文學院（原名「弘文學院」）學習，在日期間結識了安徽同鄉陳獨秀。1917年又繼續赴美求學，在紐約哥倫比亞大學專攻哲學，尤重美學。1923年回國，被聘爲北京大學教授。1933年至1934年，曾出遊意大利、英國、法國等國的藝術博物館，後據此經歷出版遊記。1949年任清華大學教授，1952年全國院系調整，改任北京大學哲學系教授，直至逝世。

鄧以蟄是五四運動以來著名的美學家和美術史家，早期關注新文藝的發展，後來深入到中國書畫的研究。他把國畫史、書史與書學緊密結合起來，對中國的書畫理論作一種哲理的探討，提出了一套相當完整的中國書畫美學體系。

鄧以蟄曾標點注譯過元代畫家饒自然的《繪宗十二忌》和黄公望的《寫山水訣》等，著有《藝術家的難關》《西班牙遊記》《畫理探微》《六法通詮》《書法之欣賞》《辛巳病餘録》等，後人編有《鄧以蟄全集》（安徽教育出版社1998年版，以下簡稱《全集》）。

此稿《全集》以《南北宗論綱》爲題收録，而無本手稿首頁之作者眉批。今詳録眉批於下，以資參考：「（按，前文殘缺）講演稿也。當日未寫成文，不過一綱目式之記録而已。後病中圖書散失，此稿亦忘之久矣。今偶於故紙堆中檢得之，則當年講畢之際，滿堂鼓掌許可之情形，恍然在目！因再録一過，以存故寔。若闡明發揮，著於篇章，則俟諸異日云。」據此可知，此稿原爲講演而起草的提綱，一直未能寫成全文發表。

此稿總計8頁，分四個部分。第一部分揭示「南北宗」之説的緣起，第二部分（按，此部分小標題手稿原無，收入《全集》時編者根據上下文内容進行了增補）則敘述「南北宗之分是一哲學上之見解與主張」，第三部分進而論及「南北宗哲學或心理學的基礎」，第四部分也無標題，《全集》整理者擬爲「南宗者心畫也，北宗者目畫也」，主要内容是將南北兩宗不同之處以關鍵詞寫出，以作對比。

據中國美術學院出版社2016年出版的王安莉著《1537—1610，南北宗論的形成》一書所附《近代以來的南北宗研究年表》，鄧以蟄在1936年12月出版的《哲學評論》第7卷第2期發表有《山水畫的南北宗》一文。查閲原文，發現此「文」實際上是《中國哲學會第二届年會論文摘要》收録的18篇摘要的一種，並非全文。摘要僅四行，現全文抄録如下：

（一）南北宗的定義——董其昌倡禪家之南北宗以定山水畫之流别，（二）南北宗是一種理論，非藝術家與批評家之標準，（三）南北宗的心理的或哲學的基礎，（四）南宗爲「氣韻生動」之藝術，北宗爲「形似」之藝術，但此乃理論的説法，非實際藝術之情形，（五）氣韻生動之藝術，乃合於美的態度之藝術。

此摘要雖然與本書收録的手稿在小標題上並不完全一致，但是討論的内容完全相同。而前録作者眉批開始的「講演稿」三字前面的三個殘字，結合上述中國哲學會第二届年會背景，似應爲「年會之」三字。據此我們可以推定，此手稿内容最初爲鄧以蟄參加中國哲學會第二届年會上發言的提綱，在《哲學評論》第7卷第2期上發表論文摘要時小標題有所改動。

據《圖書展望》1936年第1卷第7期「文化簡訊」中關於中國哲學會第二届年會的報道，本届年會1936年4月5日（《哲學評論》上的日期爲4月4日）在北京大學第二院舉行，胡適、馮友蘭、徐炳昶、汪奠基、傅銅等四十餘人參會，宣讀論文17篇（《哲學評論》上爲18篇）。綜上可知，鄧以蟄的《山水畫的南北宗》即此大會上宣讀的論文之一，但是當時没有寫成全文，只有提綱，故鄧以蟄在眉批中稱之爲「講演」。而此提綱的寫作年代大致應在1936年該届年會之前。《全集》整理者認爲此稿「大約寫於四十年代初」，有誤。而本手稿的標題也應該恢復其最初的《山水畫的南北宗》。

此稿保存了較多的修改細節，可看出作者治學的嚴謹。主體内容雖未有大的調整，但二、三兩部分的論述内容中時有小字增補及修改，第四部分亦有文字調整。與《哲學評論》上發表的論文摘要相對照，我們可以推知，此手稿第五部分缺失。

論理氣陰陽

馮友蘭

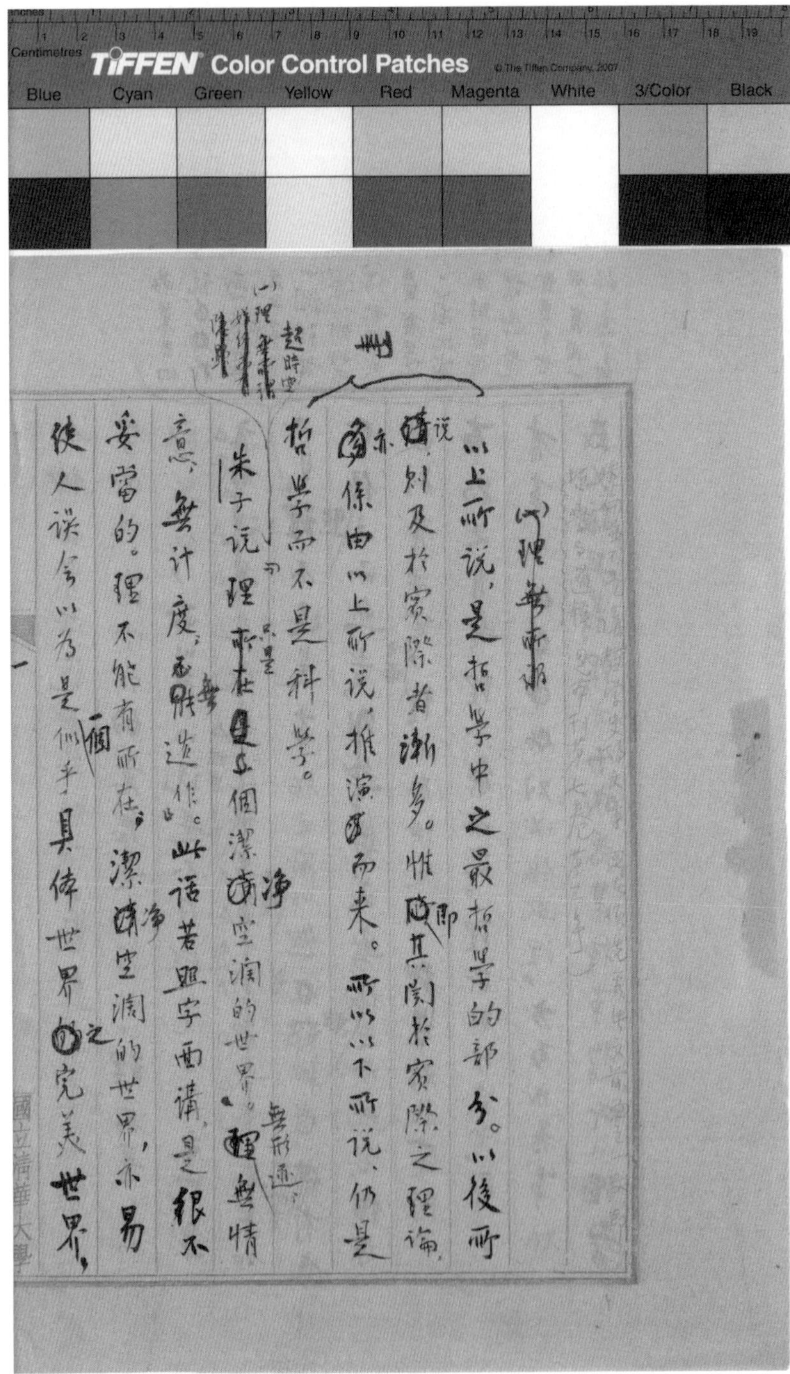

（四）理無所始

以上所說，是哲學中之最哲學的部分。以後所說則及於實際者漸多。惟即其關於實際之理論，亦係由以上所說推演而來。所以以下所說，仍是哲學而不是科學。

朱子說理只是個潔淨空闊的世界。理無情意，無計度，無造作。此語若照字面講，是很不妥當的。理不能有所在，潔淨空闊的世界，亦易使人誤會以為是個具體世界之完美世界，

(四)理

以上所说 [illegible] 学的部分。以後所说，则及於实际者渐多。惟即其关於实际之理论，亦系由以上所说，推演而来。所以以下所说，仍是哲学而不是科学。

朱子说理只是在一个洁净空阔的世界。理无形迹，无情意，无计度，不会造作。此语若照字面讲，是很不妥当的。理不能有所在，洁净空阔的世界，亦易使人误会以为是似乎一个具体世界之完美世界，

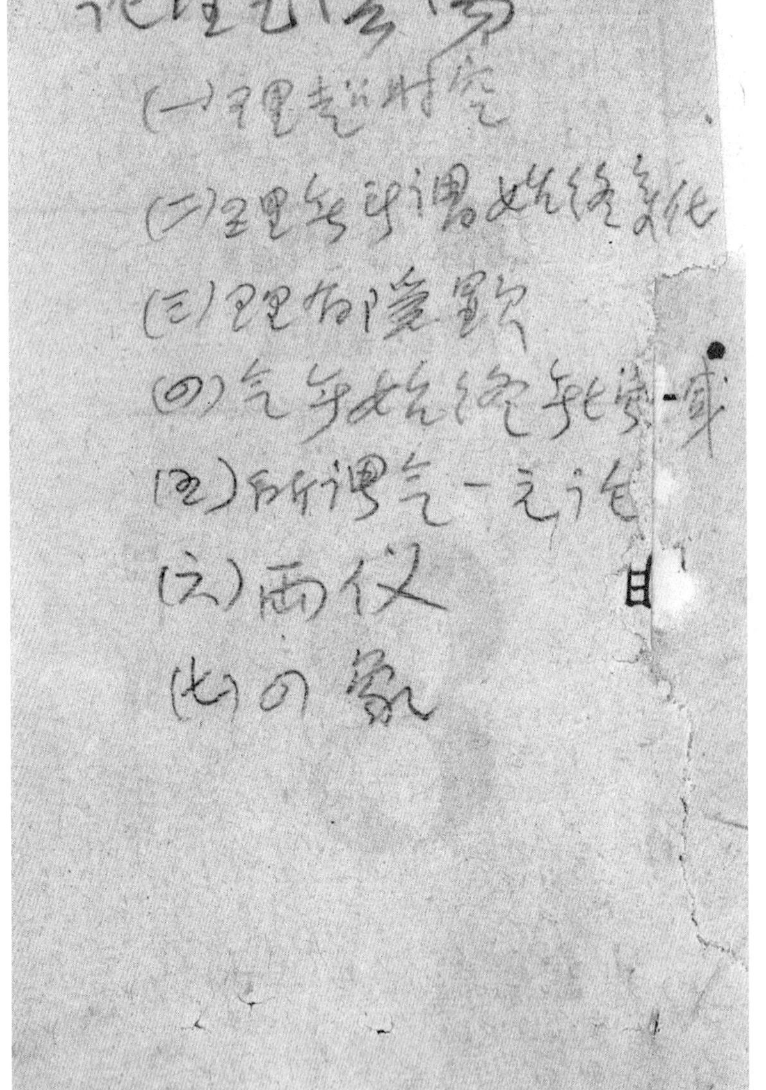
論理氣陰陽

(一)理氣與時空

(二)理氣所謂始終變化

(三)理有陰陽[illegible]

(四)氣無始終無變化—或

(五)所謂氣一元論

(六)兩儀

(七)四象

(四)理无所在

以上所说，是哲学中之最哲学的部分。以后所说则及于实际者渐多。即其关于实际之理论，亦系由以上所说，推演而来。所以以下所说，仍是哲学而不是科学。

朱子说理只是一个洁净空阔的世界。理无形迹，无情意，无计度，无造作。此话若照字面讲，是很不妥当的。理不能有所在，洁净空阔的世界，亦易使人误会以为是似乎一个具体世界之完美世界，如果我們說，理世界在感覺世界之上，另有一個理世界，則此所謂世界只是一個比喻，不能如所謂感覺世界之世界有同一的意義。

如神仙家所說世外桃源截然。不過，若離開字面說，這些話的意思是不錯的。理不是可以感覺的，所以可以說是不在感覺世界之內，亦可以說是在感覺世界之外另有一個理世界。如果

此理不過是事物之所以然之所依照者。實際上有或依照之而然者，則無或無依照之而然者，俱係別有決定之者，理不能決定之。理只是對於實際上事物之有無，理不能決定。理所能決定者，即如有事物，如其事物，則必依此理，方可成為事物，或必依照某理，方可成為某種事物。所以理無

9

雖不能造作，而卻為事物所不能逃。理不是事物，而只是事物所依照以成為事物者。就其不是事物言，理不是實際的。就其為事物所必依照而不能逃言，理雖不是實而卻是真。此真與實之區別，在以前哲學中，未分清楚。在中國哲學中，程朱一派即未作此分別。以致以後講理氣問題者，遂有許多不必要的謬論。如王船山、顏習齋、戴東原等，雖亦講理氣，而於程朱攻擊甚多，主要在於謂程朱以為有

二

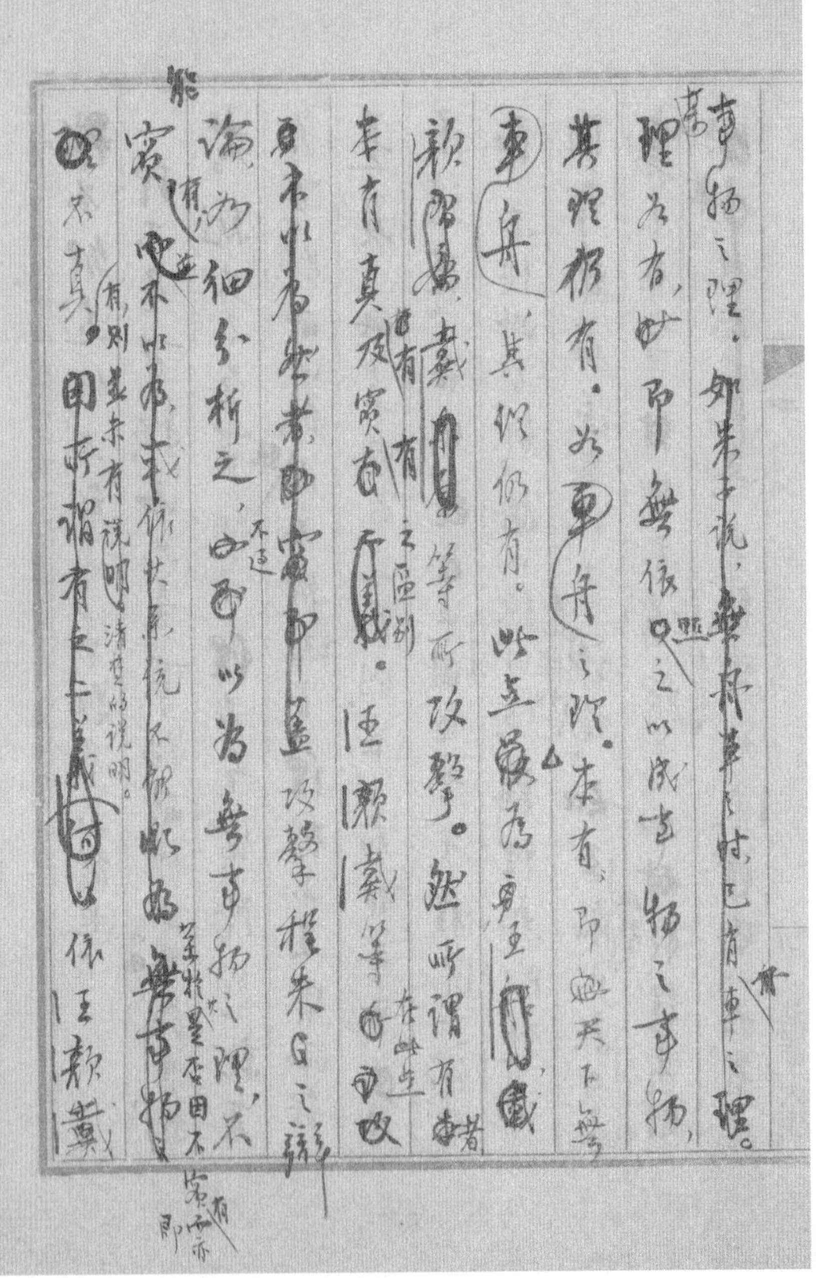

等等系统，不能以为无事物之理即不真。此点我在我的中国哲学史中（第二篇第十五章）讲戴东原之学中，说明，於下文还将谈及。总之，程朱於其实在上来说，朱子真有实有之区别，未分清楚，（或未知有此区别。）如所说絜净空阔的世界，使後人於此世界之上，另有一世界之误会，所以有许多争论。

朱子又说：“无论理是亘古亘今常存不灭之物。”（原文是说道，道在此道即是理）此言亦不妥当。因无实理是无所谓古今的。此点即

三

關於

引起時空之問題。理是超時空的，亦當詳論之。

而凡實際的事物間所有之關係均有其理，但諸理之間則無關係。此說諸理之間，亦係不通，因"中間"亦係一關係，諸理既彼此無關，故亦無所謂"諸理之間"也。以例明之，例如此物在彼物之上，在上乃一關係。實際此物既在彼物之上，必有其所以為在上者。此所以為在上者，即"在上"之理也。然雖有在上之理，而此理卻無所謂在彼理之上；彼理亦無所謂在此理之上。又如此事在彼事之先，此事既在彼事之先，則必有其所以為在先者。此所以為在先者即"在先"之理也。然雖有在先之理，此理卻無所謂在彼理之先，彼理亦無所謂在此理之先。凡所以然之理，均不能

北京大學圖書館藏學術名家手稿（一）

4

与任何别一所以然之理有任何关系。例如有方之所以然之理，则实际的物有依照之者，即成为方的。然不能有别的所以然之理能成为方的。方的红的样子是可能有的，但方的红是不能有。每一所以然之理，只是他自己，一点不多，一点不少。每一所以然理，是[illegible]就所谓独而正。

以上的情形，如换一句话说，即是理超时空。所谓时，乃一类名，是指某种关系之名，乃其所指事物事向一部分的关系，例如在先，在后，同时等關係。此諸關係，我們以理智總括之，如所謂在先、在後、同時，即有時之觀念。合此說之，即所謂過去未來現在。所謂現在，即"我"之現時所有之事，或與此同時之事。以此為標準，在此之先者謂之過去，其將在此之後者謂之未來。有人以為抽去一切事，仍有時間，仍有所謂過去未來，其實是不通的。此說既不能實驗，而在邏輯上亦無必要。柏格森所謂真時間，亦不過是我們對於我們之相續之一種感覺。我們說一件事佔時間，不過是說他對於別的事有在先在後或同時等關係。例如我們說某事佔一日的時間，即是說某事與地球自轉一周之事同時。我們說時間無始無終，常是說實際的世界無始無終。

5

事常在現在未來諸關係中，換言之，即常在時間中。事常在此諸關係中，所即而凡事是有生滅的。過去之事，對於現在即已滅。未來之事，對於現在，是將生。因許多事生滅相續，即所謂變。

時間，此即所謂絕對的時間。其實凡我們所說時間，均以事為標準。我們說一件事佔時間，不過說他對於別的事有，或可以有，先後或同時之關係。例如我們說一日之時間，即是以地球自轉一周之事為標準。我們說一年之時間，即是

五

以地球繞太陽一周之事為標準。我們說一事值一日或一年之時間，即是說此事與地球自轉一周或繞太陽一周之事同時。然若以實際的世界存在之事為標準，則此事是無始無終的，以此事為標準之時間，亦是無始無終的。人所言絕對的時間之觀念，或自此得來。但亦不可說抽去一切事仍有時間。因實際的世界存在之事，不可抽去也。柏格森所謂真時間，也大概是我們對於我們自己存在相續之事之一種感覺。其實抽去一切事，即無時間。

抽去一切事，即無時間，乃是說無實際的時間，並不是說沒有時間之理。在先在後等關係之理，亦是與時間之理同有，如人之理與動物之理同有。不過若無實際的事，則即無實際的先在後等關係，亦即無實際的時間。

理中雖有在先在後等之理，而理卻無所謂在先在後，即在先之理，亦不在先，在後之理亦不在後。此即所謂理超時間。

所謂空間，是一類名，其所指即一物與物

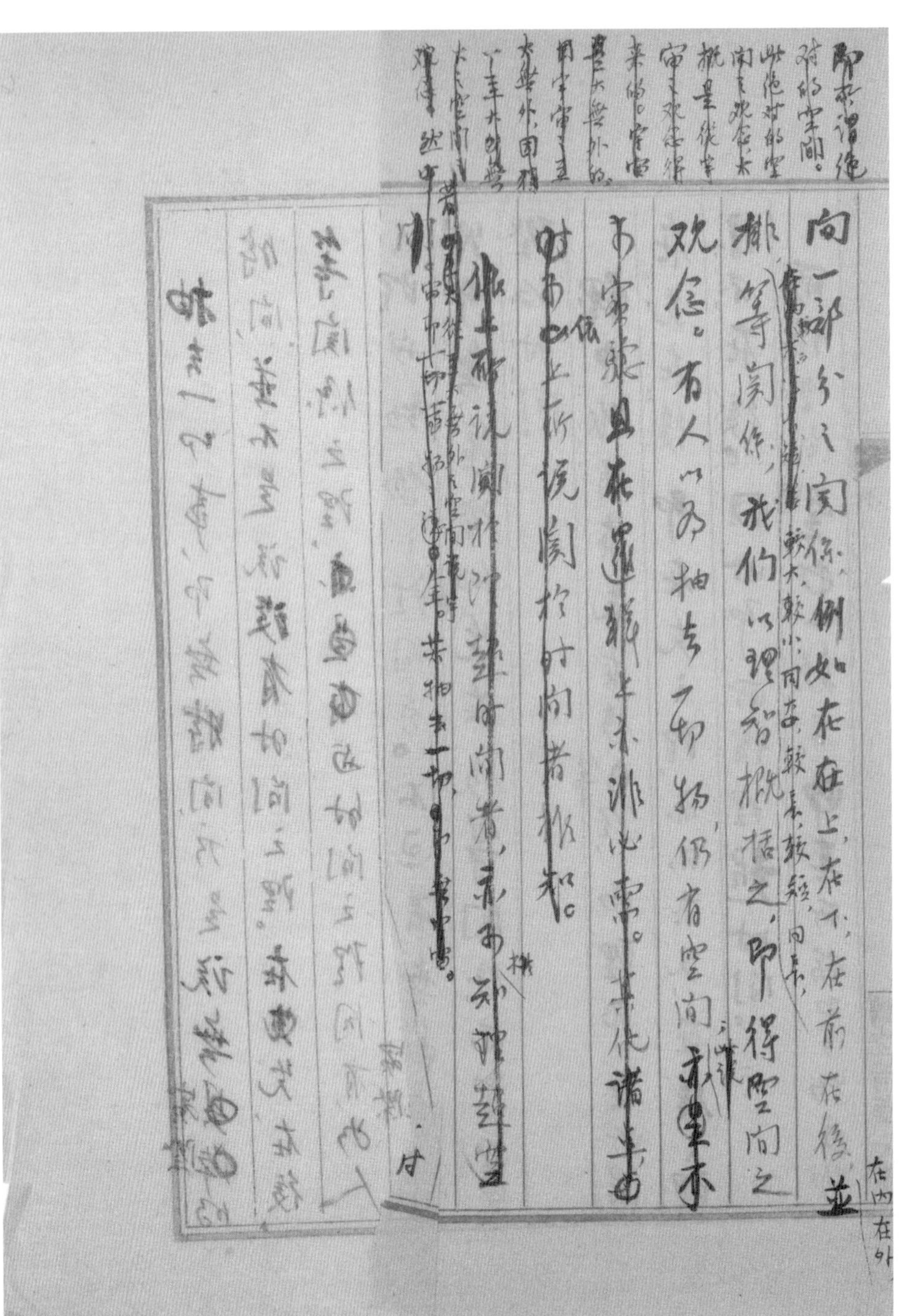

7

即有動，此動即是一事。所謂絕對的空間，其實凡我們所說空間，均以某物為標準。例如我們說一丈長之空間，以人之尺骨為標準。中國文字中本義即謂人之尺骨或腳，漢語中所謂人之尺字本義，為標準也。我們說一物有一尺長，即謂其與人之尺骨或腳等長也。或物有其有一個物質宇宙內大之空間。若以物質的宇宙為標準，則人所謂絕對空間，亦自此得來。此宇宙即是一物質的宇宙，亦是一物，不能說抽去一切物仍有空間。

七

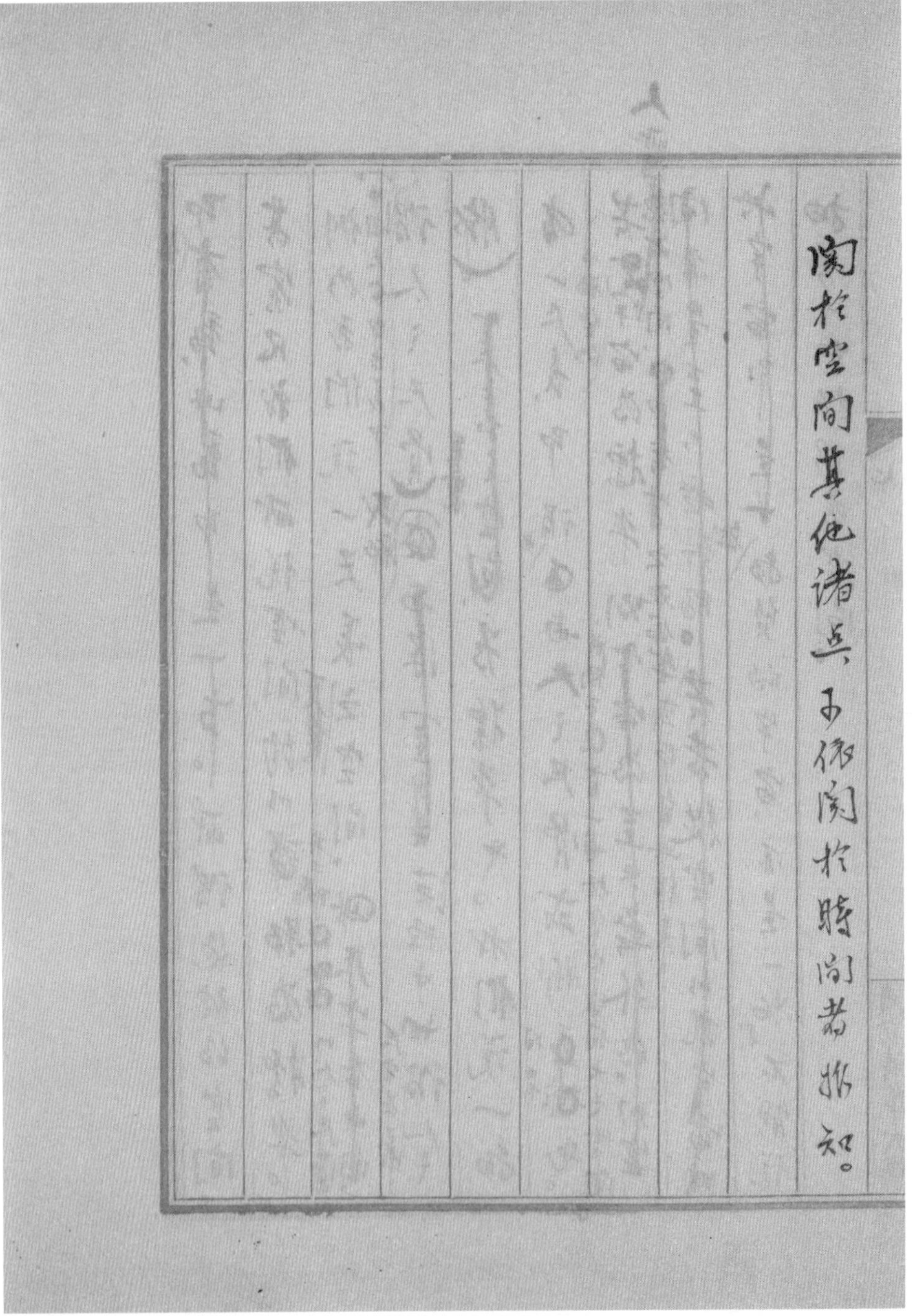
關於空間其他諸點 可依關於時間者推知。

或以為既有形，則亦有空間。此說亦是，但須分別有實際的形及有形之理，不同。有實際的形，自有空間；有形之理，則不需有空間。

接上第八行

惟另有一些專門討論者，即普通以為幾何學為關於空間之科學。以為幾何學中之理論假定有絕對空間。依幾何學此說，需要一抽去一切物之後尚有的空虛廣大的無限的空間。此空間並非只是某種關係之類。不過依我們的說法，幾何學並不需要此種假定。幾何學所講者，即各種"形"之定義，如圓之定義，方之定義等。所謂定義，即以言語說其所定義之理。例如幾何學中所說圓之理及方之理。實際的東西如有合此理者，即為圓的或方。實際的東西即有空間。若只幾何學中所

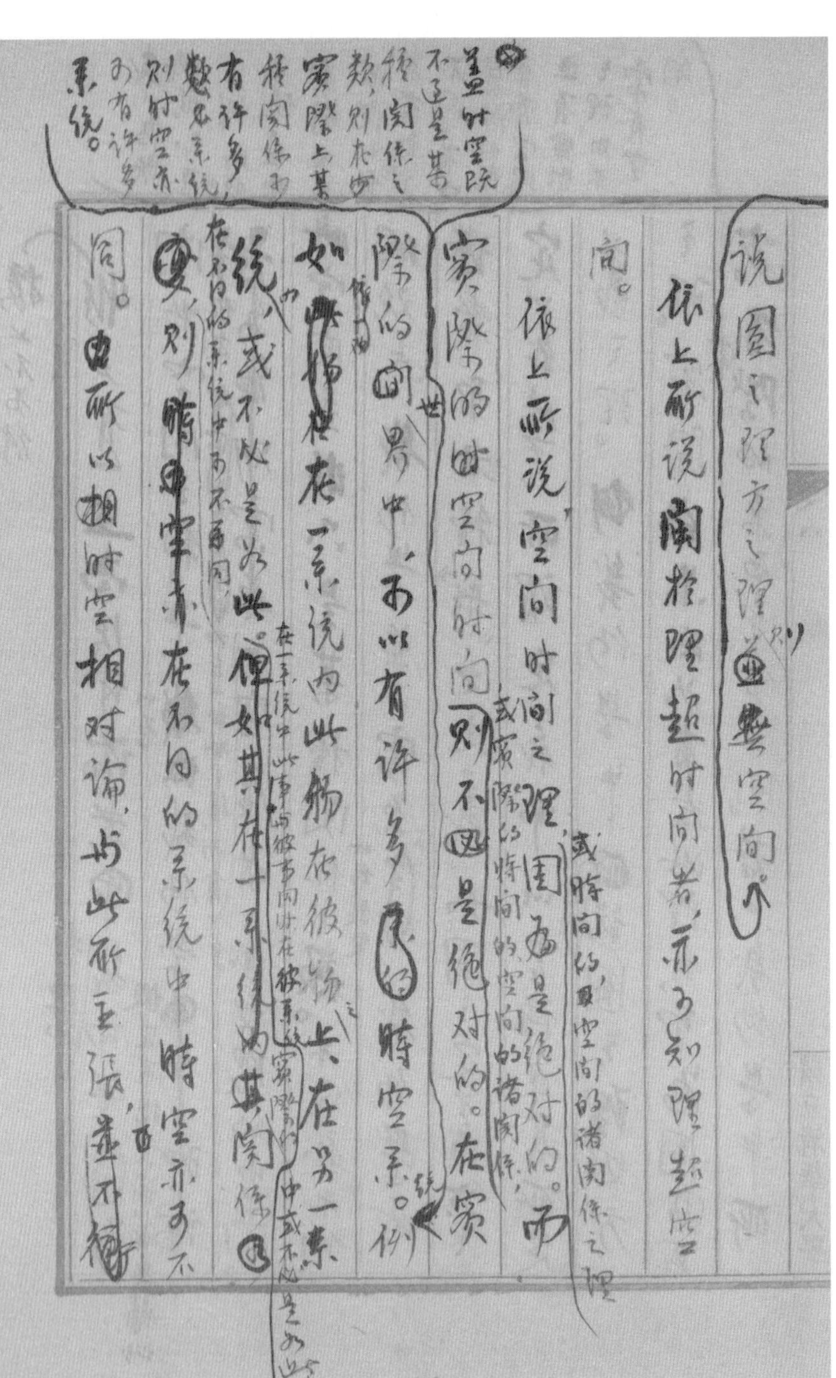

說圓之理方之理則無空間。

依上所說，關於理超時間者，亦可知理超空間。

依上所說空間時間之理，圓為是絕對的。而實際的時空間則不必是絕對的。在實際的世界中，可以有許多時空系統。例如某物在一系統內此物在彼物之上，在另一系統，或不必是如此。但如其在一系統內其關係實，則時空亦在不同的系統中時空亦可不同。由所以相對時空相對論，此所主張，並不

9

突，不但不衝突，且可相發明。不過實際的時空之相對，並不妨礙時空之理之絕對。正如實際的「在上」之相對，並不妨礙「在上」之理之絕對。在一系統中之實際的在上，固不必在另一系統中亦為「在上」，然而只要其在一系統中為在上，則必有其所以為在上者，以其依照「在上」之理，而此理是絕對的。「在上」是「在上」。

删

此宇宙間有事，即不免此宇宙間有變，有動。若宇宙間一切都是靜止的，則不會

九

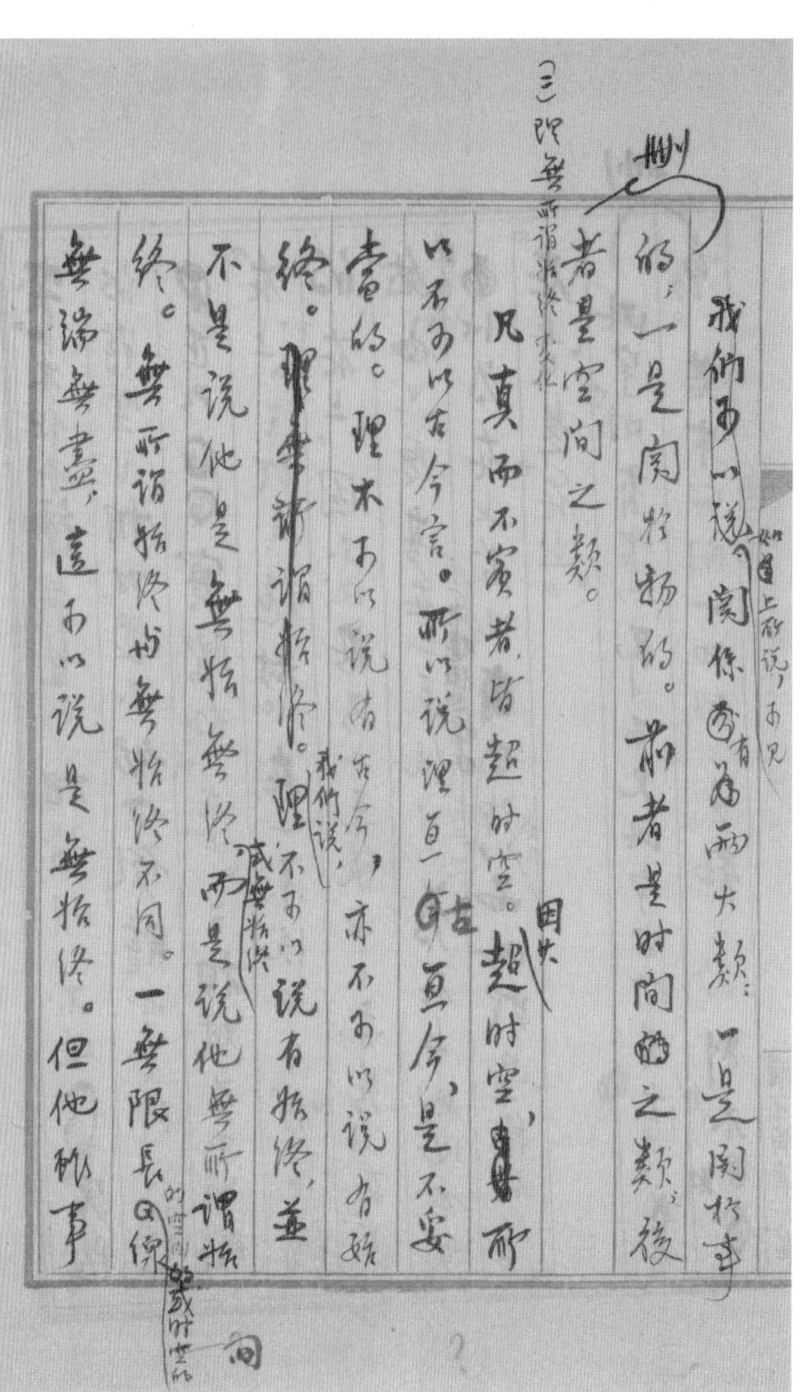

实上无始终，而所谓始终，对于他是不可以说的。至于说理无所谓始终，则是说，所谓始终，对于理是不可以说的。凡对之可以说始者，不论说他是有始或无始，都是说他可有无始终。我们对于有存在之事物，始终是有关于存在或实有者，所以只对于有存存在者可以说他有始终，可以说他有始有终，或无始无终。例如宇宙是存在的，实有的，宇宙可以说是无始无终，而理则只是无所谓始终。但理无所谓始终之時，我们并不是说无始终之理。

十

始終之理是有的，不過始之理無所謂始，終之理無所謂終。例如上所說方之理，圓之理，如其有之，則即有之，其有亦不能說是無始終，而只能說無所謂始終。方之理只是方之理（所以為方者），圓之理只是圓之理（所以為圓者），也只是如此，故亦無所謂變化。無所謂變化尚無變化亦不同。所謂變化，在於空間時中方能有，理超時空，故無所謂變化。但這並不是說無變化之理。有變化之理，方不有

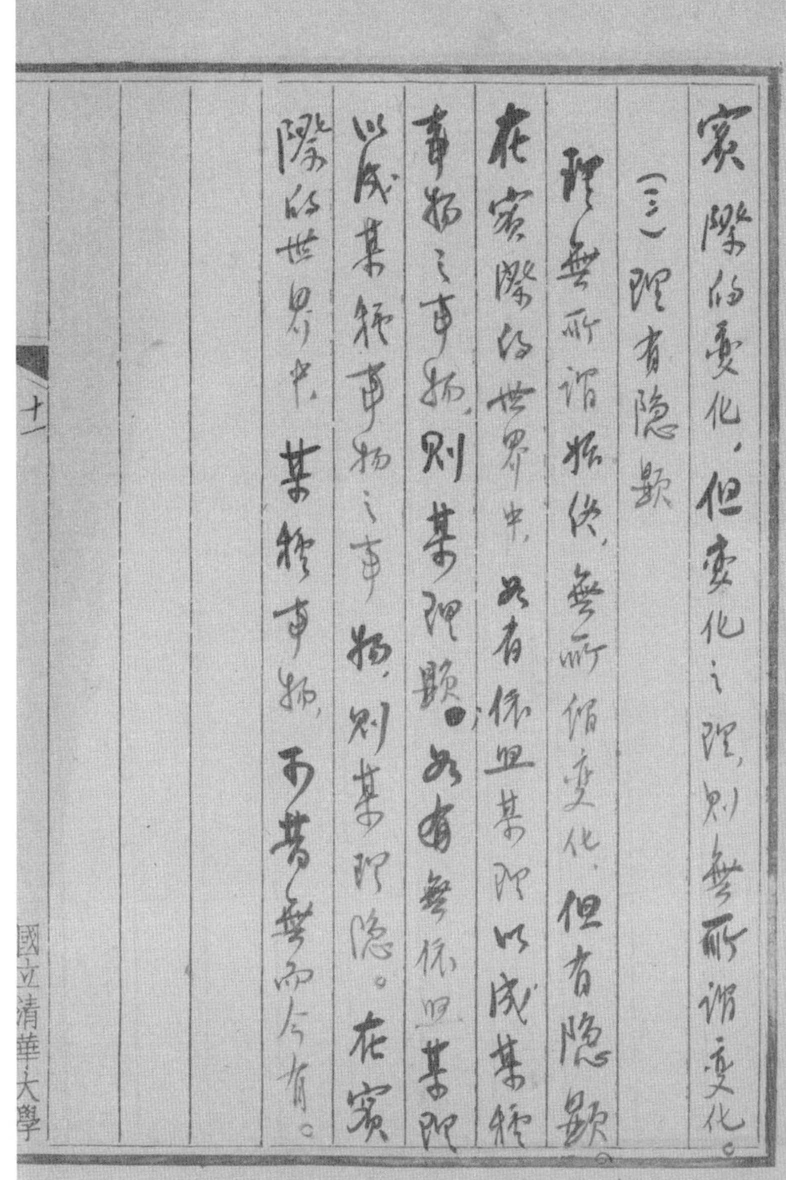
11

實際的變化，但變化之理，則無所謂變化。

（三）理有隱顯

理無所謂始終，無所謂變化，但有隱顯。在實際的世界中，如有依照某理以成某種事物之事物，則某理顯。如無依照某理以成某種事物之事物，則某理隱。在實際的世界中，某種事物，可昔無而今有。

十一

國立清華大學

某種事物之始終，非理不昔有而今無。然某種事物之昔無而今有者，其理本有，不過昔未顯耳。某種事物之昔有而今無者，其理仍有，不過昔顯而今隱耳。某種事物有始終，而理則只有隱顯。

不知理有隱顯者，多執以為理既有定，則進化說不合。許多人以為達爾文之進化說成立，則柏拉圖亞力士多德物有定型之說，不攻自破。實則柏拉圖亞力士多德

十二

國立清華大學

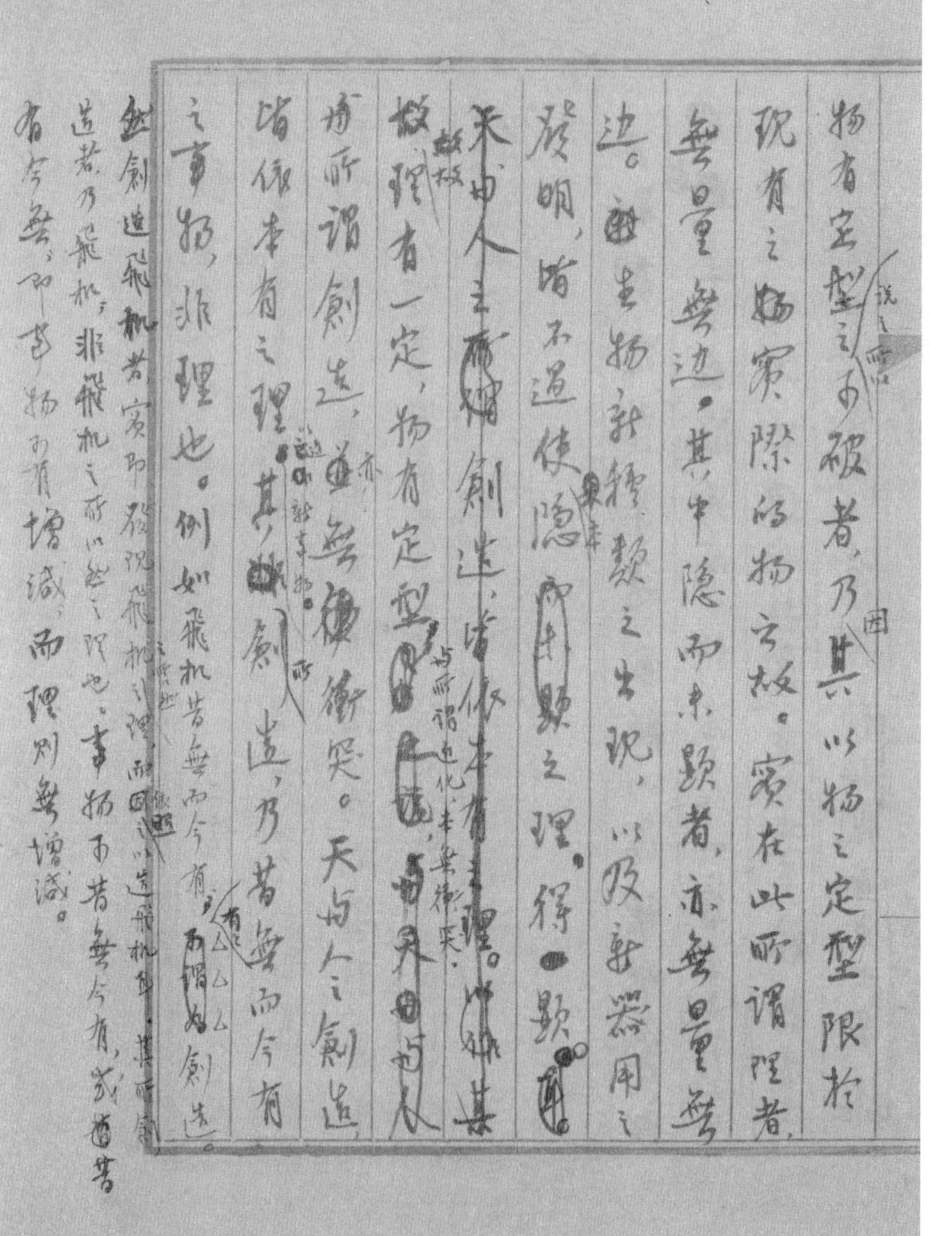
物有定型之不破者，乃其以物之定型限於現有之物實際的物之故。實在此所謂理者，無量無邊。其中隱而未顯者，亦無量無邊。然生物新種類之出現，以及新器用之發明，皆不過使隱而未顯之理，得顯……

天地人之所創造，皆依本有之理。……故所謂創造，並無衝突。天地人之創造，皆依本有之理。其所創造，乃昔無而今有之事物，非理也。例如飛機昔無而今有，然創造飛機者，實即發現飛機之理，而因以造飛機。其所創造者乃飛機，非飛機之所以然之理也。事物可昔無今有，或昔有今無，即事物可有增減，而理則無增減。

王船山說：「洪荒無揖讓之道，唐虞無弔伐之道，漢唐無今日之道，則今日無他年之道者多矣。未有弓矢而無射道，未有車馬而無御道。道之可有而且無者多矣。故無其器則無其道，誠然之言也，而人特未之察耳。」此所說道之有無，實即理之隱顯。曰道之可有而且無者多矣，此所說有是真有，此所說無是實無。實無不害其有。若謂道可本無而人能使之有，人創造道，如創造器然，則人可以依其幻想隨便創造矣。所以不能隨便

十三

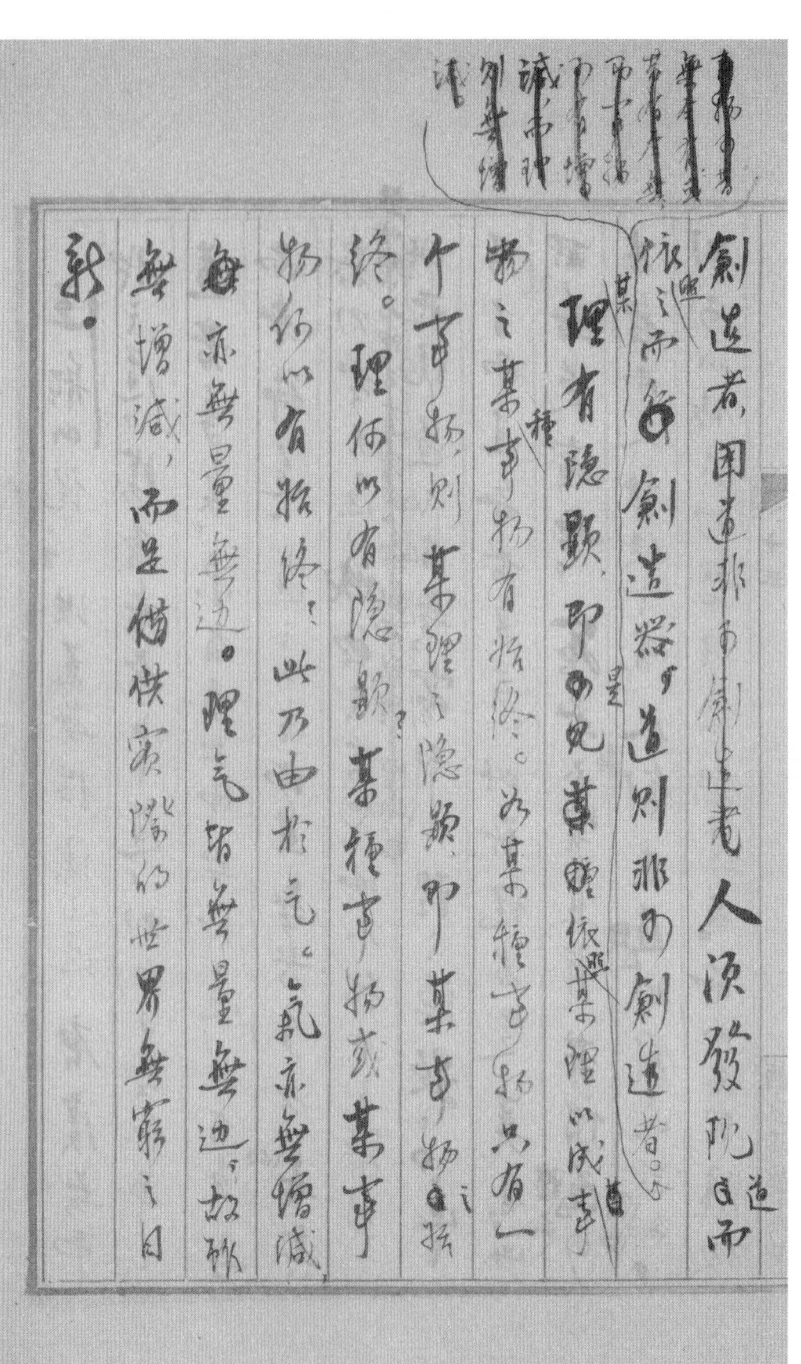

（四）气无增减

上章说气无一切性。若有一性，任何一性，即成为一物而不只是绝对的料。此是就逻辑方面说。若就事实方面说，一切事物至少须有存在性，气亦至少是有存在性之料，方始存在。然有存在之性，即已有依照存在之理。而朱子所说“无无理之气”，正可引以说此。

气本来即有存在之性，气本来即是实有。气既有存在，其是无始无终的。理是无所謂始終，氣是無始終。蓋以有存在而為實有者，方可有始終可說，有始終可說者，方可有始終或無始終也。但既見氣有存在，故可以始終說。但如氣本來即有存在，而未嘗不存在，故無所始終者。其所以必是無，蓋因氣如有始，則須另外有一種可為氣之料者以始成為氣。如氣有終，則必假定氣即可成為另一種氣之料。但如此則所謂氣者非氣，即絕對的料，故不能於氣外另有一種是氣之料。如謂此另一種氣之料，即存在之性亦無，所以可即為此有存在性之氣之料，然無存在性之料，即不存在，不存在的，非實有。無存在性，此亦非真有，因其既無一切性，即無任何理，更非任何理，故非真有。既非實有，亦非真有，即是無有。此所以就邏輯方面說，即可說無一切性之氣，而事實上氣必至少有存在性。此只有存在性之氣，即是實際的世界中一切事物之絕對的料，此外不能有另一種的料。

上文謂氣無增減。蓋氣若能增，則必有有增之氣；氣如能減，則必有有減之氣。理氣

十五

科學中氣觀念，是一種東西。科學所說他是科學觀念中所謂氣，即是說他是一種東西，並不是說他在科學中所說，他相當者，固有的，他既是一種東西，當然

既無終始，故亦無增減。程伊川以爲「天地之化，自然生生不窮」，故氣亦有新生者。新生之物，所用之氣，即係新生之氣。朱子亦有此說。此種錯誤，係由於將科學觀念中所謂氣與哲學還辯觀念中所謂氣混合爲一所致。在中以前中國哲學中，此分別尚未清楚。實際的東西是有新生者，有增減。並不是一種東西，還辯觀念中所謂一切物之精之氣，則不能有新生者，不能有增減。如上所說。

（五）中國哲學中所謂气一元論

講中國哲學者，有以為中國哲學中，有所謂气一元論，以張橫渠及以後宗橫渠者屬之。其實，就歷史說，橫渠及以後宗橫渠者，並非只言氣而不言理，且所謂气一元論之說，自哲學說，亦是不可通的。為討論此問題，我們須先問，此所謂氣者，是科學觀念中所謂氣，或邏輯觀念中所謂氣。若是邏輯觀念中所謂氣，則所謂氣一元論者，亦以說是絕對不通。蓋邏輯觀念中所謂氣只是絕對的料。絕對的料，只是料。只有料

十六

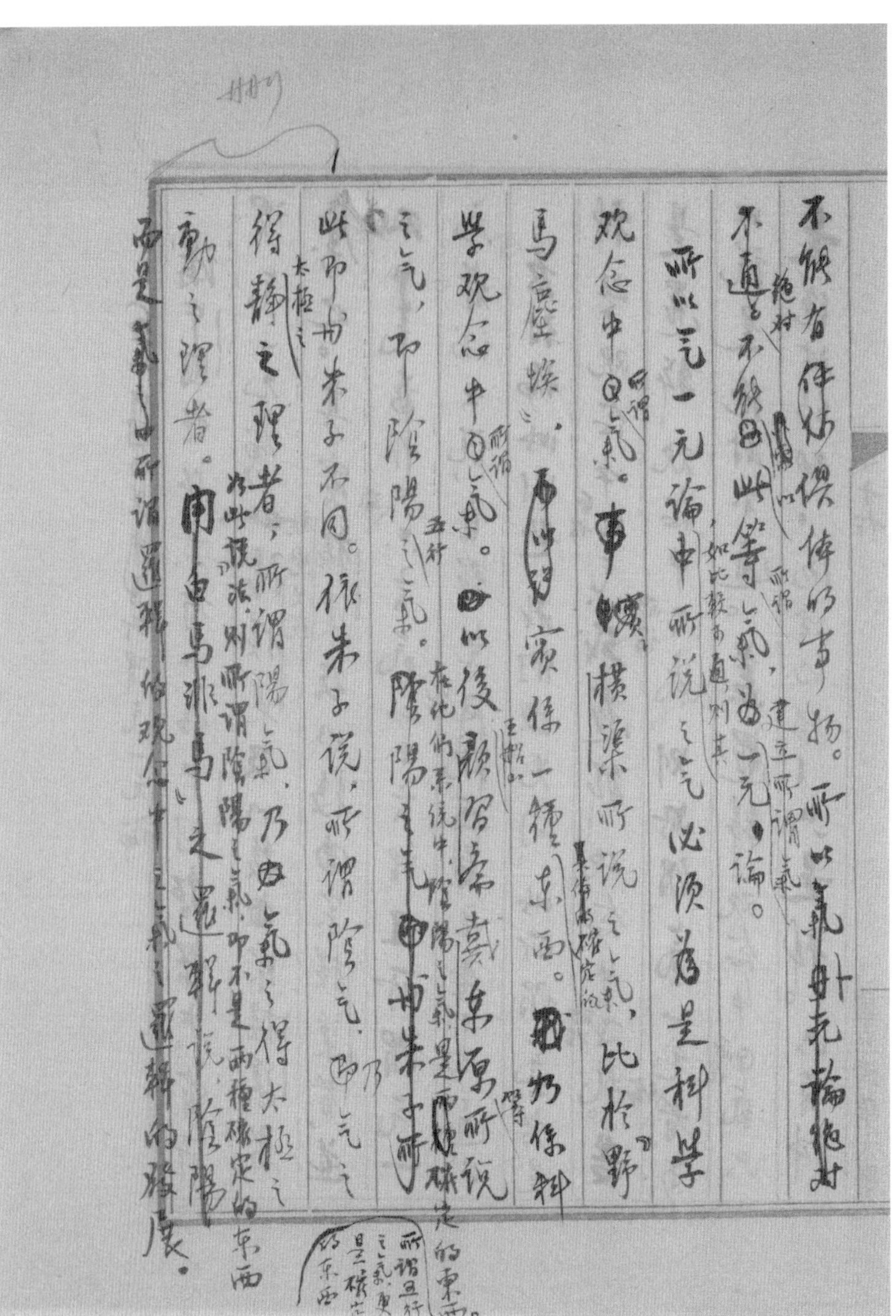

不能有件件俱体的事物。所以氣一元論絕對不通;絕對不能以此等所謂之氣為一元論。

所以氣一元論中所說之氣必須為是科學觀念中所謂之氣。事實橫渠所說之氣,比於野馬塵埃,實係一種東西。此以後顏習齋戴東原所說之氣,即陰陽五行之氣。陰陽之氣即朱子所說是兩種確定的東西。此即與朱子不同。依朱子說,所謂陰氣,即氣之得靜之理者;所謂陽之氣,乃氣之得太極之動之理者。開由馬非馬之邏輯說,陰陽而是氣中所謂邏輯的觀念中之氣之邏輯的發展。

17

朱子所說之陰陽之氣，亦可以說是邏輯的觀念。王船山、顏、戴等所說之氣，非氣。陰陽之氣，亦係一種東西；有具體的，係科學觀念之氣。

我們如以此科學觀念中所謂之氣為宇宙向來之根本，建立所謂氣一元論，有何困難？此可分為兩点說。就第一點說，此所謂氣既是一種確定的東西，則以此氣為宇宙向來之根本，則即為對於實在有所肯定。對於實在有所肯定者，其所肯定須有經驗的證明。證驗如謂宇宙一切皆由某種東西所生有邏輯觀念中所謂之氣，這是可以依邏輯證明的。觀以上所說可見。

十七

之有以皆非科學概念之氣，例如比於『野馬塵埃』之氣，或

但一切物陰陽之氣，則不能以邏輯証明。欲証明此說，須以科學中求証據。而科學理論，常有

所以近來之有欲以陰陽之氣為一切物之說者，往往引用物理學中所有電學中之理論。然其引用，多係附會。故以陰陽之氣為一切物本之氣說，只有歷史的價值。蓋既代科學中所說構成宇宙之成分，並無可比於野馬塵埃之氣或陰陽五行之氣相當者。故此等氣一元論，只有歷史的價值。若當成一種

哲学講，則材料能成立。

或有謂横渠等所说之氣，正意即是我们現在之物質。並不必所谓比於野馬塵埃及陰陽等，並不必四字再解釋。如此則所謂氣之一元論，即是唯物論。唯物論，比較接近解釋之氣一元論，唯物論對於實在之肯定較少。歷史所肯定較少。唯物論唯肯定一切物東西之基本是物質，然尚未肯定其必為何種物質，例如比於野馬塵埃者，或可稱為陰陽五行者。然既對於實在有所肯定，唯物論亦

十八

須求証據於經驗及科學。科學中之理論，時常
變動，故唯物論之理論，亦時常變動。例如對於
所謂物質等之觀念，即常有不確定。舉此等
其所開列之証據，既必須是經驗的，則無論其
數目有若干，終有不足之嫌，此点上章已言之。
就第二点說，依此解釋之唯物氣一元論或
唯物論，對於宇宙間之秩序，不能不承認，而此
秩序不能專向物質中各種以為宇宙間一切東西
不外是"氣"或物質之配合。因此固亦可說，但
照依此解釋之氣一元論或唯物論者所須注意

者，即此配合，並不是隨便的。"氣"或物質不能隨便配合為牛，或隨便配合為馬。所謂不是隨便的者，即是說，"氣"或物質不能隨便亂七八糟的配合。他若隨便亂七八糟的配合，他便成非牛非馬乃至非任何的東西，亦即說是不成東西。他若要配合為牛，他必須依照牛之所以為牛者配合；他若要配合為馬，他必依照馬之所以為馬者配合。照此推下去，便推到"理"，我們所說之"理"上去。

就"中國哲學史"上說。沒有人主張始有上所說

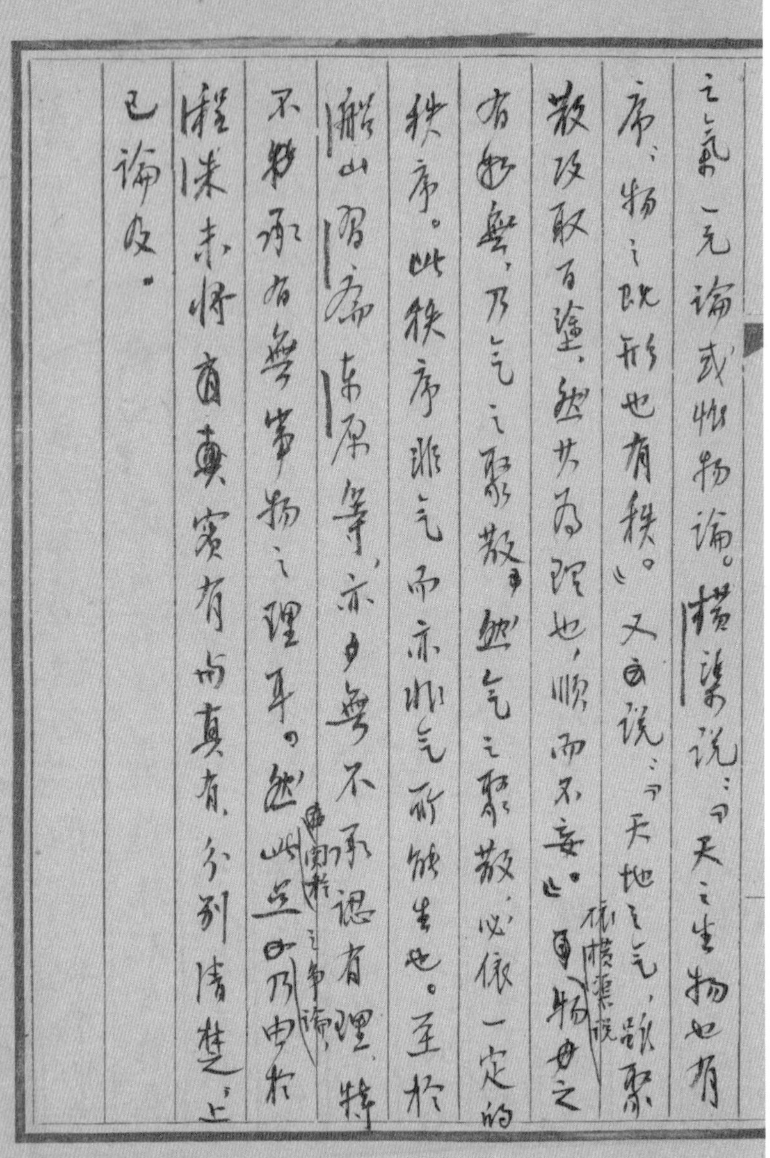

之氣一元論或唯物論。橫渠說：“天之生物也有序，物之既形也有秩。”又曰說：“天地之氣，雖聚散攻取百塗，然其為理也，順而不妄。”依橫渠說，事物之有無，乃氣之聚散事，然氣之聚散，必依一定的秩序。此秩序非氣而亦非氣所能生也。至於船山、習齋、東原等，亦多無不承認有理，特不特承有無實事物之理耳。然此點無關於之爭論，乃由於程朱未將實真、實有與真有，分別清楚，上已論及。

20

（六）兩儀 陰陽 動靜

橫渠等所說之氣，是一種確定的東西。這

即是說：他們所謂之氣，是科學的概念。

但我們所說之氣，並不一種確定的東西。這

即是說：我們所謂之氣，是邏輯的觀念。

他們所說之陰陽之氣，亦是一種確定的東

西。所有中國哲學家

講陰陽者，可以說幾全是以陰陽為一種確

定的東西。他們所謂陰陽，亦是科學的

概念。

我們雖亦用陰陽二名詞；不過我們

廿

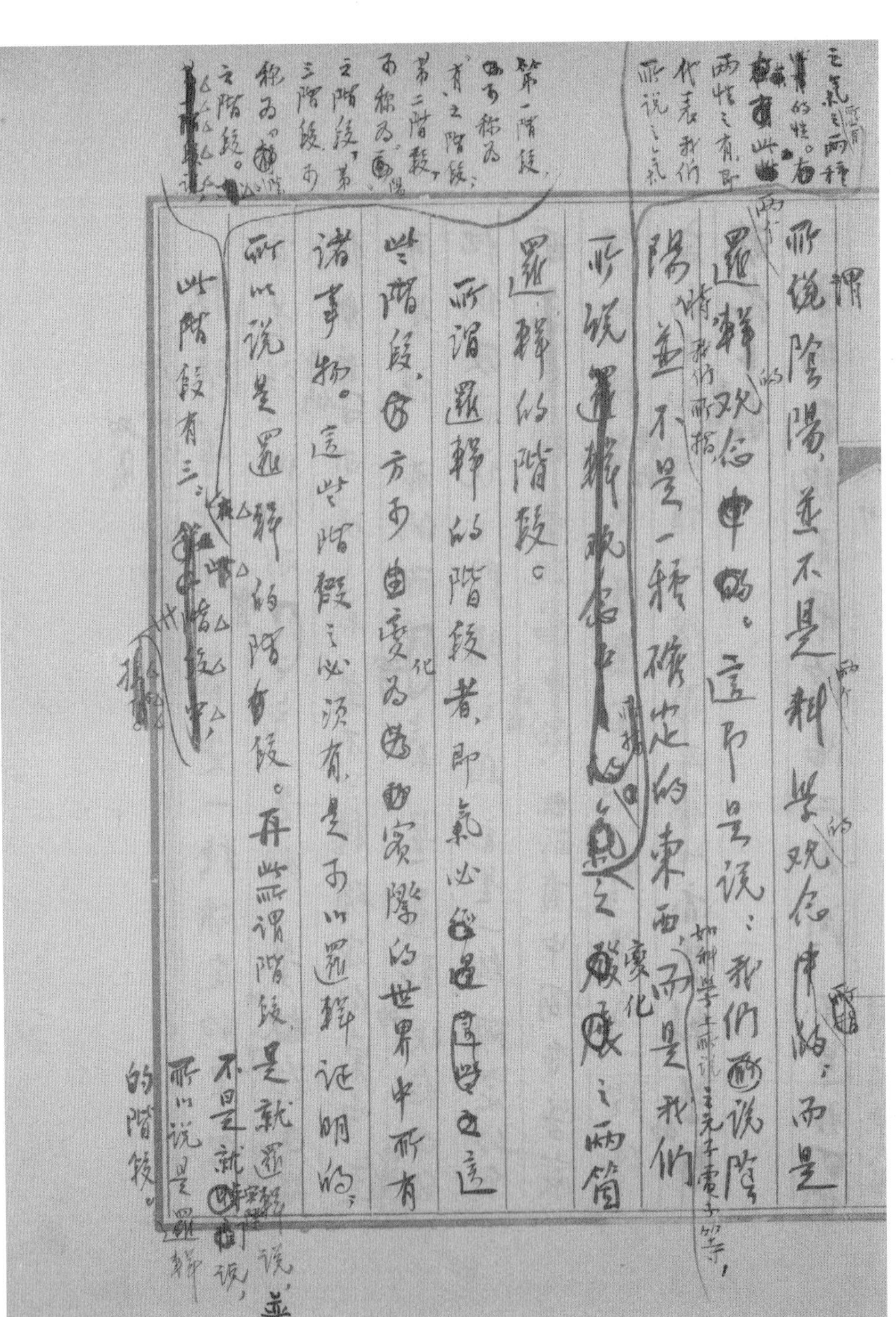

21

卅J

此上已明。现在所须注意者，即此所谓第一第二等是就逻辑说，并不是就事实说。

由上所述，可见以旧科学的观念中之气或阴阳之气为一切东西之基本，所遇之困难。逻辑的观念中之气，上文已讨论许多，现在讨论逻辑观念中阴阳之气。

所谓逻辑观念中之阳之气，即无不得由动之理者。逻辑观念中之气，必第必得存在之理。盖若不得存在之理则不为实有，亦非真有，即不是有，所以不不必说矣。已而第二必得动之理。盖如不得动之理则只有由静得存在，此宇宙间之事物，亦不能有。易系辞说：“吉凶悔

廿一

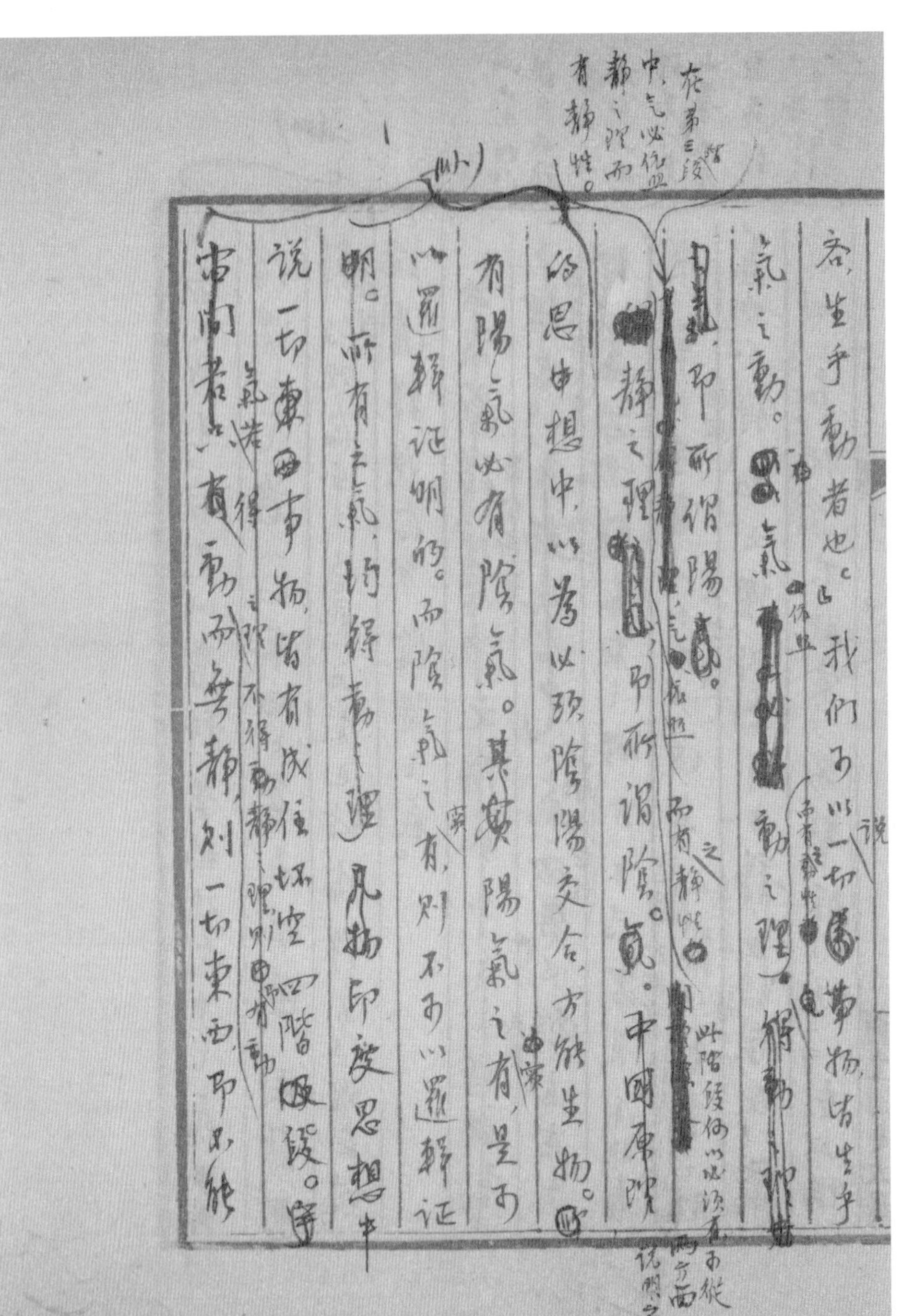

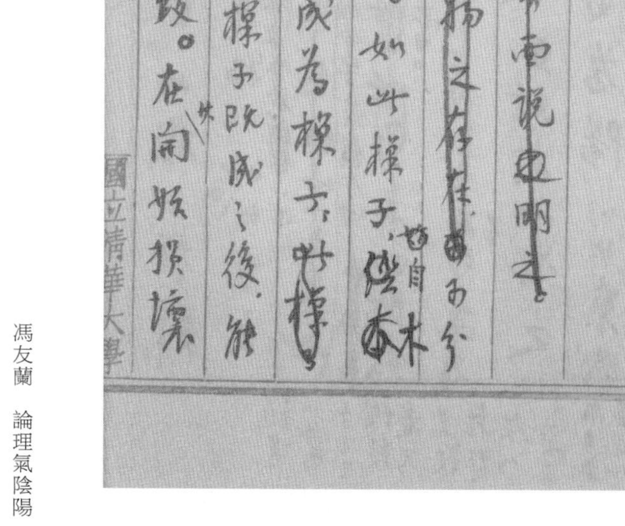

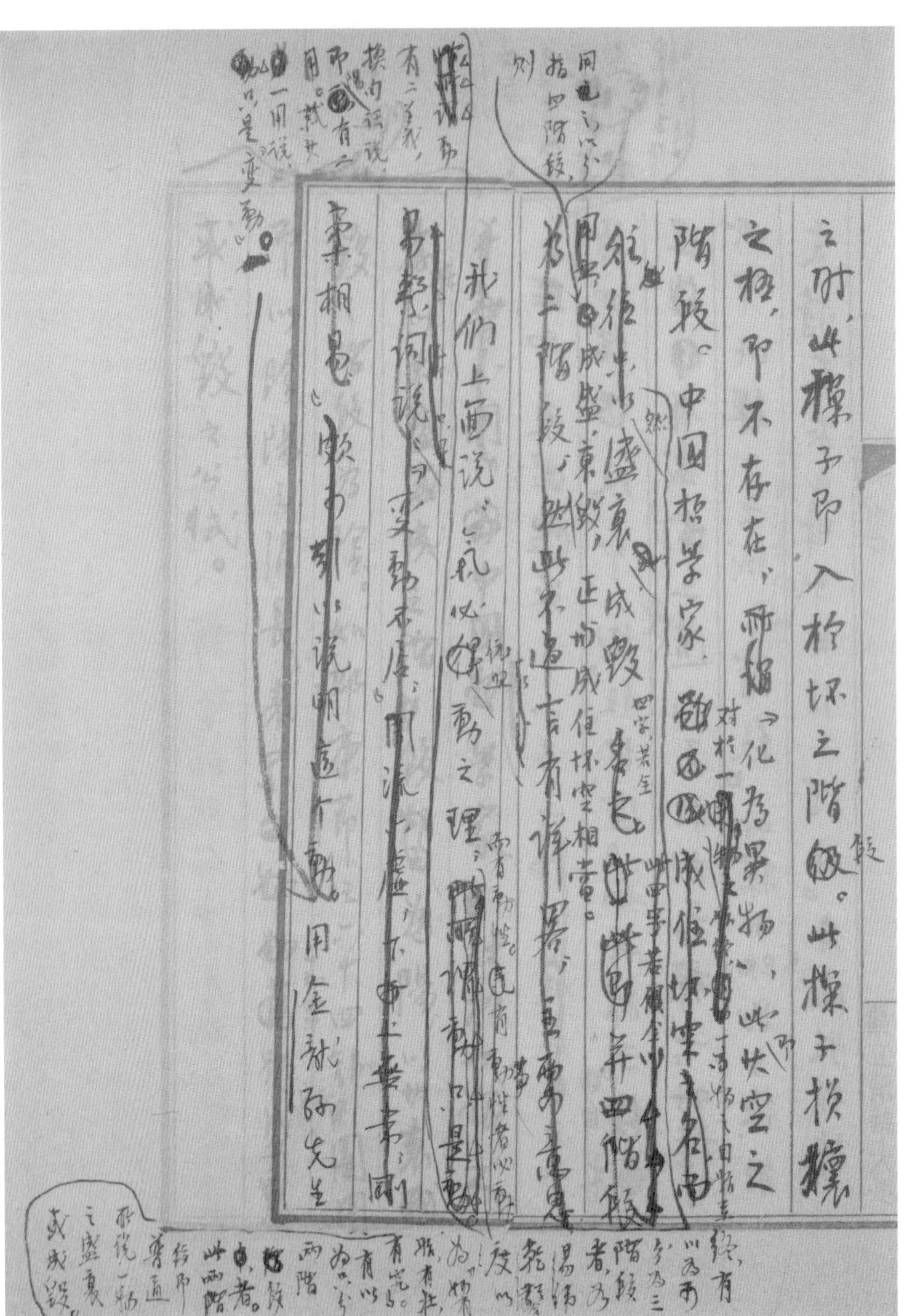

國立清華大學

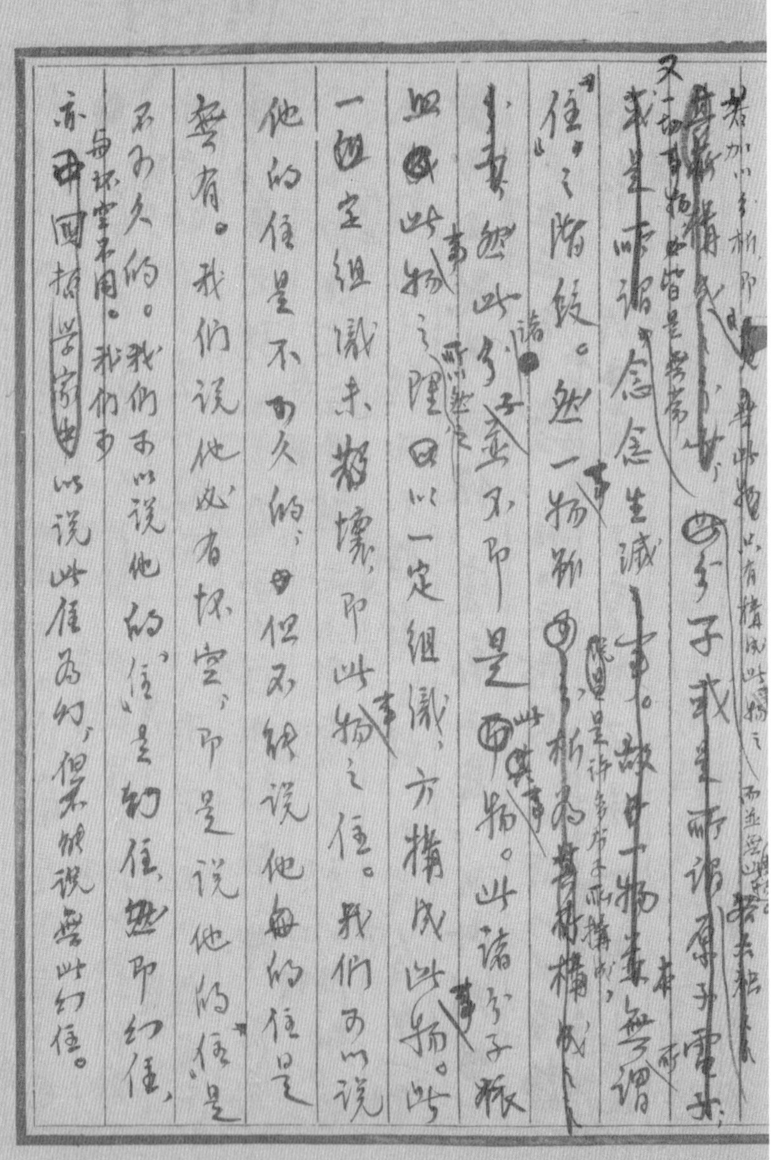

24

湯傳所說陰陽，正是有此用。如繫辭說：乾知大始，坤作成物。陽開始，陰成之。此所說之陰，即有作成之用。

中國哲學家中，有以元亨利貞，指說一物存在之四階段。其意以為此樣子，匠人開始製造，即其元；製造繼續發展，即其亨；樣子既成有用，即其利；樣子確定存在，即其貞。此不說樣子之壞空或衰毀。此所說四段，即上所說之前兩段。中國

此說者以一物之元亨為陽，由於一物之利貞為陰。

若就一物之成住壞空，或盛衰毀，說，中國哲學家以一物之盛為陽，由於其衰毀為陰，其即

清華大學

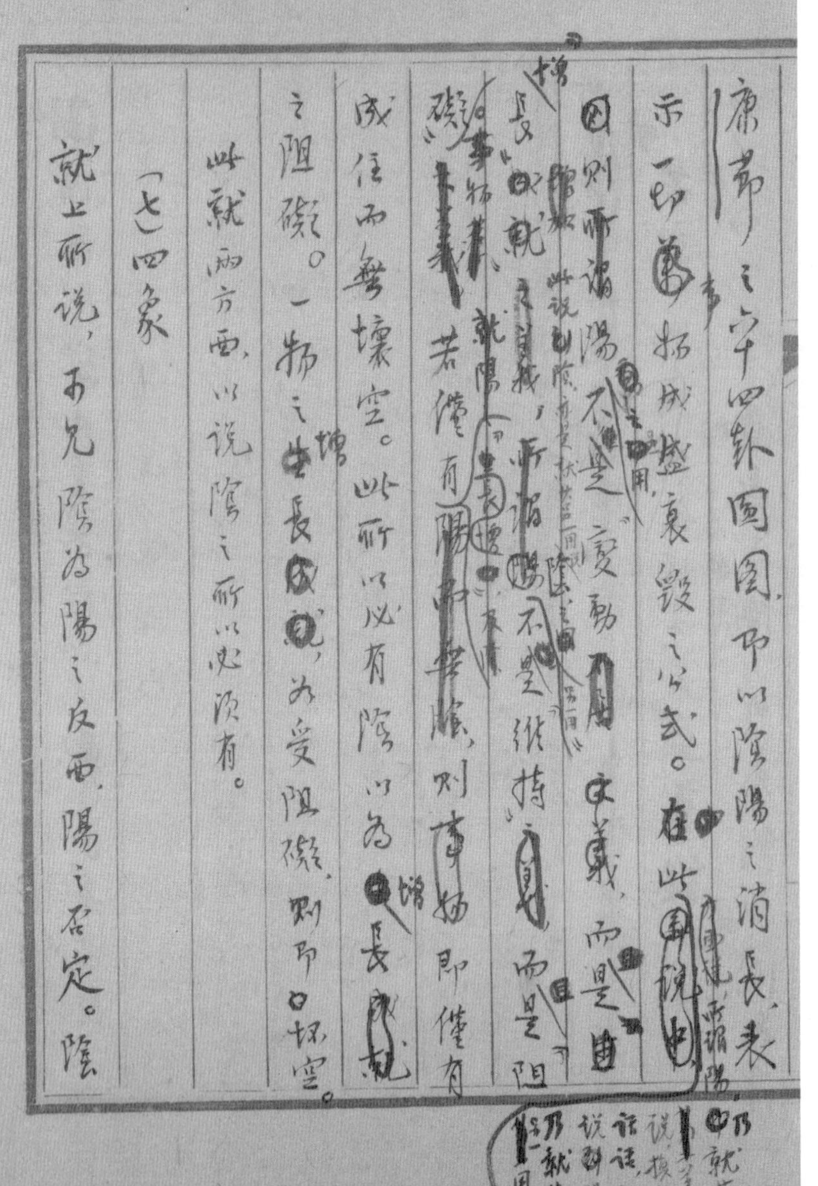
康節之宇四外圓圖，即以陰陽之消長，表示一切萬物成盛衰毀之公式。在此圖說中，所謂陽不是變動之義，而是由

長就不是從持之義，而是阻礙。若僅有陽而無陰，則事物即僅有成住而無壞空。此所以必有陰以為長成之阻礙。一物之生長成就，必受阻礙，則即曰壞空。

此就兩方面，以說陰之所以必須有。

（七）四象

就上所說，可見陰為陽之反面，陽之否定。陰對於一事物，此四象名有其階段，以顯其用。此點須人講陽的所用的名詞，即所謂用事。

有二義。陽亦有二義。合而論之，即是中國哲學中所名之曰四象。依傳統的說法，四象即老陰、少陰、老陽、少陽。我們可以說生長之陽，即少陽；變動之陽即老陽；維持之陰即少陰；阻礙之陰即老陰。就一事物說，如少陽用事，則此物即成；少陰用事，此物即住；老陰用事，此物即壞。老陽用事，則此物之氣變動不居，又在進到中，此物即變，所謂化為異物，此物即空。

清華大學

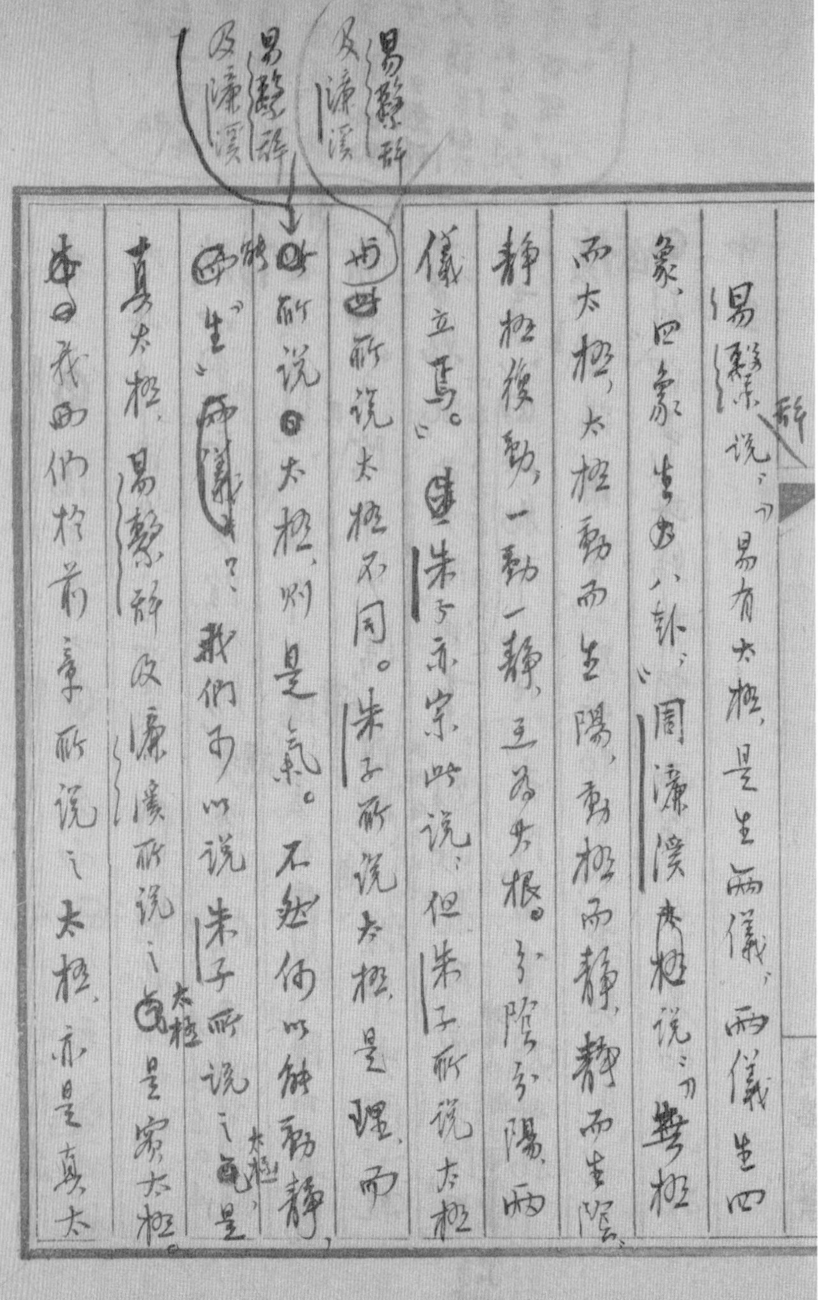

極，而此所說有存在性之氣，則可名曰實太
極。就邏輯說，氣本無一切性，就氣之無一切性說，氣可稱為無極。但事實
上氣只少必有依照存在之理，有存在性，此即
可說是無極而太極。氣依照動之理而有動性，
陽，依照靜之理而有靜性，陰，此可說是
太極動而生陽，靜而生陰，可說是太極
生兩儀。兩儀之中，又有四象，以上所說。
此可說是兩儀生四象。不過此所說次序、太極
兩儀之次序，皆是就邏輯說，不是
接下頁

27

易繫辭所說四象生八卦，則係以四象之配合以說明一切事物變化。然事物之變化，邏輯極為繁複，復非純依邏輯所可談。至於周濂溪所說

就實際上說。在實際上，氣既是無始終，則其動靜亦是無始終。此即所謂"動靜無端，陰陽無始"。

至於所謂我們講邏輯觀念中之氣之邏輯的發展，只能至此。至於所謂五行，說陰陽生五行，則是科學觀念，其說理邏輯所不能證明，其說亦科學所不需要也。故四象不能再提。本書四象亦非依邏輯所熟知。

廿七（完）

國立清華大學

光緒廿六年四月廿日寫完

解題

鄒新明

馮友蘭（1895—1990），河南唐河人。著名哲學家、哲學史家。

馮友蘭 1915 年考入北京大學文科哲學門。1918 年畢業。後赴美國哥倫比亞大學研究院學習西方哲學，1924 年獲哲學博士學位。回國後，任中州大學哲學系教授、文學院院長。1925 年起，歷任廣州中山大學教授兼哲學系主任、文科主任，燕京大學教授，清華大學教授、系主任、秘書長、文學院院長、校務會議主席，西南聯合大學教授兼文學院院長。1946 年赴美講學。1948 年回國，任清華大學教授、校務會議主席，同年當選中央研究院院士。1952 年院印度德里大學、美國哥倫比亞大學名譽博士學位。曾先後獲美國普林斯頓大學、系調整後，任北京大學教授。1955 年當選中國科學院哲學社會科學學部委員。

馮友蘭曾以「三史（《中國哲學史》《中國哲學簡史》《中國哲學史新編》）釋今古，六書（《新理學》《新事論》《新世訓》《新原人》《新原道》《新知言》）紀貞元」總結自己一生的學術成就。他繼承和闡發了程朱理學的傳統，構建了自己獨特的哲學思想體系，自覺地運用西方近現代哲學所取得的成就對中國傳統哲學進行發掘和闡述，在傳統的基礎上創建新體系，推動中國哲學從傳統進入現代，並面向世界，開創了中國傳統哲學現代化的新局面。主要論著收入《三松堂全集》。

馮友蘭的《中國哲學史》是繼胡適《中國哲學史大綱》之後又一部具有廣泛影響的中國哲學史著作。在研究中國哲學史的同時，他還致力於在程朱理學的基礎上「接着講」，建立自己的哲學體系，其新理學體系主要集中於抗戰時期所著的「貞元六書」。

這裏收録的《論理氣陰陽》手稿，文後用鉛筆注明了此文寫成時間：「原稿，廿六年四月卅日寫完。」在開篇前有鉛筆説明：「此篇並不是講哲學史的文章，閱者須先看此文前面之一文，即《哲學與邏輯》，見本刊第七卷第三號。」所以本文開篇説「以上所説」云云，實際上是在《哲學與邏輯》之後「接着講」。

説明中提到的《哲學與邏輯》一文，最初發表於《哲學評論》1937 年第 7 卷第 3 期。《哲學評論》是中國哲學會創辦的雜誌，馮友蘭與金岳霖、祝百英、宗白華、湯用彤同爲當時中國哲學會第二届理事會的常務理事。據《哲學評論》第 7 卷第 3 期上刊登的《中國哲學會第三届年會論文摘要》，該期刊登的馮友蘭的《哲學與邏輯》與其他六篇都是 1937 年 1 月在中央大學致知堂召開的中國哲學會第三届年會上宣讀的論文。

研究者認爲，馮友蘭的新理學哲學體系，「其思想發端於 1931 年在《大公報》副刊《世界思潮》上發表的幾篇《新對話》和 1937 年《哲學與邏輯》一文」。將《哲學與邏輯》一文的綱目與《新理學》的緒論及第一章的章節目録對比，可以發現不少相同之處。本書收録的《論理氣陰陽》一文，從上述鉛筆説明看，原擬繼《哲學與邏輯》之後，繼續在《哲學評論》發表。《哲學評論》一般每年出兩期，1937 年 7 月 7 日抗戰全面爆發，北平很多大學和學術機關南遷，時局動蕩，當年僅出第 7 卷第 3 期，第 7 卷第 4 期直至 1940 年 11 月才出版。而且時過境遷，新一期的《哲學評論》中未見刊登此文。

《論理氣陰陽》手稿第一頁貼有此文綱目：

（一）理超時空

（二）理無所謂始終變化

（三）理有隱顯

（四）氣無始終無增減

（五）所謂氣一元論

（六）兩儀

（七）四象

將此綱目與《新理學》第一章、第二章比對，我們可以發現很多相似或者一致的章節目録。馮友蘭 1938 年 8 月在《新理學》的自序中説，「數年來即擬寫《新理學》一書」，可以説，《哲學與邏輯》及本篇《論理氣陰陽》都可視爲《新理學》的思想發端。而《論理氣陰陽》手稿迄今未見發表，其學術價值更值得珍視。

《新科學》譯稿

朱光潛

维柯的"新科学"第三卷　　1页

发现真正的荷马

第一部分　寻找真正的荷马

〔导论〕

780① 我们在第二卷已证明：诗性智慧是希腊各民族的民俗智慧，希腊各民族原先是些神学诗人，后来是些英雄诗人。这种证明的后果必然是：荷马的智慧决不是另外一种不同的智慧。但是柏拉图〔《理想国》，598ff.，606〕②却坚决认为荷马赋有崇高的玄奥智慧（其他所有的哲学家们都在附和柏拉图的意见，认为荷马赋有崇高的玄奥智慧，最先是〔伪〕普鲁塔克写了一整部书来谈这个问题*〔652，867〕①。我们在这里要特别研究荷马是否算得上一个哲学家。朗吉弩斯对这个问题写过一整本书**③〔652，867〕……

译注① 全书每段都用号码标出，以备寻找专段与上或下文某些段的前后呼应的关系。例如本段中〔652，867〕就指参看本书652，867两段。译注② 援引书名或书名的标志，这里引柏拉图的《理想国》598行以下……指下一句，最后的符号表示不准确或有疑问。译注③ *表示原注1，**表示原注2。

〔第一章〕论在荷马身上的玄奥智慧

781 让我们把荷马本来确实有的东西记在

*"荷马的生平和诗篇"见全集第五卷，100—64页

**全集：第五卷，100

维柯的"新科学"第三卷　1页

发现真正的荷马

第一部分　寻找真正的荷马

〔序论〕

780① 我们在第二卷已证明：诗性智慧是希腊各民族的民俗智慧，希腊各民族原先是些神学诗人，后来是些英雄诗人。这种证明的后果必然是：荷马的智慧决不是另外一种不同的智慧。但是柏拉图〔"理想国"，598行，606行〕②却坚决认为荷马赋有崇高的玄奥智慧（其他所有的哲学家们都在附和柏拉图的意见，认为荷马赋有崇高的玄奥智慧，最先是〔伪〕普鲁塔克写了一整部书来说这个问题*〔652，867〕①。我们在这里要特别研究荷马是否算得上一个哲学家。朗吉弩斯对这个问题写过一整本书。**③〔652，867〕……

〔第一章〕　记在荷马账上的玄奥智慧

781 让我们把荷马本来确实有的东西记在

* "荷马的生平和诗篇"见全集第五卷，100—64页

** 全集：第五卷，100

译注① 全书每段都用号码标出，如"寻找真正的荷马"与上下文某些段的前后呼应的关系。例如本段中〔652，867〕就指参看本书652，867两段。

译注② 标引索人或书的标志，这里引柏拉图的"理想国"598行以下，代表以下数句，……号标指以下一句。最后的？符号表示不准确或有疑问。

译注③ * 表示原注1，** 表示原注2.

荷马姑且吧！荷马要遵从他那个时代的野蛮的希腊人的十分村俗的情感和习俗，因为只有这种情感和习俗才向诗人们提供恰当的材料。所以我们应承认荷马所叙述的荷马：他是凭诸天神的力量来尊敬诸天神的，例如天帝约夫（希腊人称为宙斯，即雷神——译注）的锁链的神话故事就在企图证明约夫在神和人之中都是王[387]。根据这种村俗信仰，荷马使人可相信：狄俄墨德斯借明诺娃之助居然能伤害女爱神和战神，在诸天神争战中剥掠了女爱神，用一块大岩石击中了战神[《伊利亚特》21.403行，423行]（而明诺娃在村俗信仰中确实是个哲学女神[509行]，她使用的武器只配得上天帝的智慧！）。让我们允许荷马叙述当时流行于希腊古民族中的那种无人道的习俗吧！（而这些野蛮民族却曾被人们认为曾向全世界传播人道，而且谈论部落自然法的学者们居然声称这种无人道的习俗是在各民族中永远流行的）。例如他叙述到明诺娃使用的武器中有毒箭（攸里西斯去厄非拉那地方就是为寻毒草来造毒箭[《奥德赛》1.259行]。他还叙述到拒绝埋葬在战场上打死的敌人尸首，任狼狗和秃鹫吃掉那种无人道道的习俗（因此，老国王普里阿摩用大量黄金去赎回他儿子赫克托的尸首，尽管这具尸首已被剥光衣服，系在阿喀琉斯的战车上拖着绕特洛伊城墙走了三圈[667]）。

782　此外诗的目的既是要在驯化村俗人的凶野性，这种村俗人的教师就应是诗人们，而一个熟悉这种凶恶情感或习俗的哲人就不会起这种作用：即引起村俗人去羡慕这种凶恶的情感和习俗，从中感到乐趣，从而让这种乐趣去加剧这种凶恶的情感和习俗；同时一个哲人也不会引起凶恶的村俗人去对神和英雄们的丑恶行为感到乐趣。例如战神在争吵中骂明诺娃是一个“狗屎苍蝇”[《伊利亚特》21.394]；明诺娃拳打维纳斯（实即女爱神）；阿伽门农和阿喀琉斯相呼为狗，而阿伽门农还是希腊联军的最高统帅，阿喀琉斯也是希腊方面的最大英雄，而且两人都是国王[《伊利亚特》1.225]，就连在今天通俗喜剧里仆人们也少有这种下流表现。

783　但是天底下有什么名称比“愚蠢透顶”来称呼阿伽门农的智慧更为贴切呢！阿喀琉斯逼他做理应做的事，把劫来的女俘克里赛斯送还她父亲，即亚波罗的司祭，这位亚波罗神正为他的司祭这个女俘被凌辱而用瘟疫来使大批希腊军队丧亡。阿伽门农却认为自己受了侮辱，而他想回来赏的办法却只和他的智慧相称，偷偷地把阿喀琉斯的女俘布里赛斯弄到自己身边。阿喀琉斯也就舍弃自己身负整个特洛伊战争的胜败（和希腊兴亡）的重任，就愤而带领他的士兵和船舰撤退出来，任赫克托[illegible]掉还没有死于瘟疫的希腊人。这就是前此被认为是希腊政治或文化的缔造者的荷马这位诗人的本色。从这种线索开始就织成全部《伊利雅特》，其中主要角色就是像阿伽门农这样一位统帅以及[illegible]上文谈到原始各族人民的英雄体制时已经介绍过的阿喀琉斯那样一位英雄[667]。荷马在这里以无比的才能创造出一些诗性人物性格[809]。其中一些最伟大的人物都是和我们现代人的这种文明人道的性质毫不相容，但是对当时斤斤计较小节的英雄气质却完全相称[667, 920]。

784 此外，我们应该怎样看待荷马把他的英雄们描绘为那样嗜酒贪杯，每逢精神上感到苦恼，就从酩酊大醉中求安慰呢？以智慧见称的彼里富斯尤其如此〔《奥德赛》8.579—95?〕。这倒是对艺术的好教训，最配得上一个哲学家啊！

785 斯卡里格（Scaliger）在他的《诗学》〔5.3〕里尝试到荷马的全部比譬都是从野兽和野蛮事物中取来的，就感到愤怒。但是纵使我们承认荷马有必要用这类野蛮事物，以便于本来就野蛮村俗的听众更好地理解，他在这方面确实是成功了，他的那些比譬确是高妙无比的，可是这些却不是受过哲学陶冶和开化过的心灵所应有的特征。而荷马在描绘那么多的各种不同的血腥战争，那么多的五花八门的过分残酷的屠杀——《伊利亚特》全部崇高风格都来源于此。这种酷毒野蛮的描绘风格就不可能来自受过任何哲学感染和人道化的心灵。

786 此外，由研究哲学家们的智慧所养成的始终一致的恒心也不可能把神和英雄们描绘成那样飘忽无常，其中有些角色会受深感激动和苦恼，一碰到些微的相反的暗示，便马上风平浪静；还有另外的角色正在盛怒咆哮之中偶然想到一个琐碎事件，马上就号啕大哭起来〔《伊利亚特》24.507行〕。（意大利在复归的野蛮时期①，情况与此也正确的。例如就在这第二个野蛮时期之末号称"塔斯康区域的荷马"的但丁也只歌唱当时历史人物[817]。我们前已提到的当时人写的"前安侯的传记"生动地把前安侯描绘为正如荷马所描绘的一样[野蛮成性][699]，当他谈到当时罗马政权下人民深受大人物的压迫时，随和他的听众都是不住痛哭流涕。）另外有些人物则与此相反，在极端哀伤中如果碰上某种愉快的情景，例如做里密如在阿尔齐娜斯园里的筵席上那样，马上就忘去一切烦恼，变得欢闹起来[《罗维密》5.59行]。另外一些角色本来心平气和，听到一句不真话不合口胃，就翻起脸来，作出粗暴愤怒的反应，威胁要致死对方。阿基琉斯也是如此。他在上述普里阿摩老国王招待他在帐篷里时听到一句不合他口胃的话，马上就勃然大怒，丝毫不顾这位老国王是在宙斯保护之下，深夜只身冒险穿过希腊军营来赎回他儿子的尸首，这是对他完全信任，他毫不体贴这位老国王所曾遭到的许多沉重灾祸，不顾他对老年人应有的尊敬，对人类共同命运应有的同情和怜悯，禁不住野兽般的狂怒，咆哮着要把他大

（维柯是历史循环论的主要代表，西方到了人的时代之末，又回到野蛮时期，即所谓"黑暗时期"（公元四世纪以后），主要指"蛮族入侵"。维柯把它叫做"第二个野蛮时期"或"复归的野蛮时期"——译注）

中国社会科学院哲学研究所　　20×20＝400

贼要砍掉那老人的头〔《伊利亚特》24.555行〕，也就是这位阿喀琉斯为了要报阿伽门农对他的私仇（尽管他受到委屈的伤害，也不应以使祖国和全民族遭毁灭的方式来报复），尽管他自身与特洛伊战争胜负命运的关系，他竟不顾爱国心和民族光荣，欣眼望着全体希腊人在赫克托尔摧残下纷纷，势将覆灭，不但袖手不救，反而觉得开心，后来他给予出兵援助，也只是由于他的爱友帕特洛克罗斯在战场上被赫克托尔打死这种私愤。他对被夺去的女俘到死也不解恨，直到他把本是特洛伊王室的一位姑娘而此后也成了女俘的美丽而不幸的波吕克塞娜杀死在她父亲的墓上献祭，喝干了她的最后一滴血才甘心〔欧里庇得斯：《赫库巴》悲剧37、220行〕。真正不可理解的是：一个诗人如果真具备哲学家的谨严思致，竟能自寻开心，像[illegible]那样讲的让老婆婆讲给孩子们听的寓言故事。（因此塞浦路斯另一部史诗《奥德赛》里）

787 像我们在第二卷里关于英雄本性的玄理部分（666条）所展示的那样一些粗鲁野蛮、飘忽无常、无理固执、轻浮愚蠢的习性完全是幼种人才会有呢？那种人心智薄弱像儿童，想象强烈像妇女，热情奔放像狂暴的青年人。因此，我们应否认荷马有任何[哲学家才有的]玄奥智慧。就是这些现象所引起的一些疑难才使我们感到有必要来寻找出真正的荷马。

[第二章] 荷马的祖国

788 过去人们都把玄奥智慧摆到荷马身上，现在让我们先研究荷马出生的地方。几乎所有的希腊城市都声言荷马就生在它们那里，还有不少的人断言荷马是一个生在意大利的希腊人。里阿·亚拉契（Allacci）在他的"荷马的故乡"一书里枉费了许多气力。但是传到我们的（古代）作家没有一个比荷马更早，像约瑟夫斯强烈反对语法学家阿庇安（见商务印书馆印行的两卷本《罗马史》中译本的作者一节注）的主张所持的论证[438]。既然这些作家们出生都比荷马晚得多，我们就不得不运用我们的玄学方法[348]，把荷马看作一个民族的创造人，从荷马本人著作里去考究荷马的年代和故乡。

789 就荷马是《奥德赛》的作者来说，有确凿的证据使我们相信荷马来自希腊西部偏南的地区。《奥德赛》里有一段著名的叙述可以为证，菲亚细亚（即今Corfu（考府），在地中海的希腊岛）国王阿尔基诺斯在俄底修斯急于登程赶路时，向客人提供一艘装备好的海船由他的家丁们当水手，他告诉客人说这些水手都是航海老手，必要时可以把客人送到里海的黑人岛，这是希腊人的极北岛（Ultima Thule）。这段叙述清楚地证明了创作《奥德赛》的荷马和创作《伊利亚特》的荷马并非同一个人，因为黑人岛离特洛伊并不远，特洛伊正坐落在亚细亚，靠近里海海岸一个窄海峡上，海峡上现在有两座要塞，叫做达达尼尔，这个名称至今仍令人回想起它所从出的Dardania（达旦尼亚，在古代就是特洛伊国的领土。我们从塞涅卡（Seneca）的论"生命的短促"（13.2）一文里获悉知道过去语言学家们对《伊利亚特》和《奥德赛》是否属于同一个作家就曾有过争论。

（优卑亚岛）

790 至于希腊许多城市都争着要把荷马当公民的光荣，这是由于几乎所有这些城市都看到荷马史诗中某些词，词组以至一些完整的诗行诗节都是他们那个地方的。

791 以上这番话可以有助于我们发现真正的荷马。

·

〔第三章〕 荷马的年代

792 从荷马史诗中下列段落，我们可以找到荷马的年代

I:793 阿基里斯为着他的密友帕特洛克罗斯的葬礼，安排了各种游艺，其中一切项目到后来希腊文化达到高峰时都是在奥林匹克运动会中表演的〔《伊利亚特》23·257行〕。

I:794 当时浮雕和金属镂镌两门艺术已经发明了。许多例证之中有阿喀琉斯的盾牌〔611行〕。（这是"伊利亚特"中有名的对一件艺术品的描绘——译注）绘画当时还未发明，因为浮雕把事物的表面抽象出来，镂镌也是如此，只是刻得较深一些，而绘画却要把事物的表面全部抽象出来，这要求最高度的

精巧手艺，因为无论是荷马还是摩西（希伯来人的记载也与此一致证）都未曾提到任何绘画，这就证明了这两人的年代都很古老。

III：795 阿尔喀弩斯国王花园里的各种怡人事物以及宫殿的富丽堂皇和筵席的丰盛［《奥德赛》7.81—144］都显示出当时希腊人已达到欣赏奢侈和华丽排场的阶段。

IV：796 当时腓尼基人输送到希腊海岸的商品已有象牙，紫红染料，一种比葱皮还薄的［《奥德赛》19.232］亚麻，女爱神所爱岩洞里发出香气的阿拉伯香料，以及求婚者们献给珀涅罗珀王后作礼物的绣衣。这种绣衣先在织机上设计好，安上精细的弹簧，使丰满的胸脯突出来，纤细的腰部缩进去［《奥德赛》18.292ff］。这种新发明的手艺配得上我们今天讲究娇艳的时代。

V：797 特洛亚老国王坐着去见阿喀琉斯的车辇［《伊利亚特》24.265ff］是用雪松木做的，而卡吕普索的岩洞［《奥德赛》5.59ff］洒了香料，发出满洞香气，这种感官方面的精细讲究到后来罗马人最爱在奢侈方面花钱的尼禄等皇朝也望尘莫及。

VI：798 再如喀耳刻（Circe）的精美的浴室［《奥德赛》10.360ff］。

Ⅶ：794 跟随成式婚姻的青年伙伴们〔"奥德赛"1.144行〕都很优秀，淡黄头发，鬈发飘飘，简直就像现代社交礼节所要求的那样。

Ⅷ：806 男人们和女人们一样讲究发型。这都是模仿墨伽和赫克托尔都用来谴责女子气的巴里斯的一项罪状〔"伊利亚特"3.54行，11.385〕。

Ⅸ：801. 荷马描绘他的英雄们，确实常说他们总是吃烤肉〔R.404BC〕。烤是烹调肉食的最简单的办法，因为只需要炭火。这种做法在牺牲祭礼中常保存住。罗马人用prosicia这个词来指在祭坛上烤熟的牲料（近似古汉语中的"燔肉"与"燔炙"一起），肉烤熟之后就割开来分享宾客。不过后来无论是作祭供的还是不作祭供的肉都放在烤叉上去烤。例如阿迦琉斯在享宴特洛伊老国王时〔伊利亚特24.621行〕亲自把小羊切开，然后由他的密友〔伊利亚特9.201行〕把肉放在烤叉上烤，放好餐席，把面包放在篮子里摆在桌上。因为英雄们所设的盛宴都带有牺牲献祭礼的性质，他们自己就扮演司祭的角色。在拉丁人中间这种享宴方式还保存在epulae这个词里，这是由大人物在隆重的"閒宴"上宴诸人民的，在这种神圣典礼上司祭们也参加。因此阿迦门农亲自宰了两头小羊，以宗教的仪式来表明他同特洛亚老国王订的战争条约是神圣不可侵犯的〔《伊利亚特》3.271行〕。当时这样隆重的典礼今天不免使人联想到一个屠夫的作用！只有在这个阶段以后，才有煮熟的肉食，因为除火以外还要用水，锅和一个三足鼎。维吉尔也提到过他所写的英雄们吃这种烤肉〔伊1.210行〕。最后才出现调味的食品，这就需要作料。但回头来谈荷马的英雄宴席。他描写过希腊人的最美味的食品是用面粉，奶酪和蜂蜜来做的〔《伊利亚特》·168行起；《奥德赛》10.234行，20.69〕。不过他用的比拟词中有两个是从水产或渔业中来的〔《伊利亚特》16.406行；412行；《奥德赛》5.51行，432行；10.124；12.251行；22.384行〕。还有优里赛斯在修扮乞丐向一个求婚者求施舍时说过，天神们会把鱼产丰盛的海赐给对你慈悲乐善好施的人们〔《奥德赛》19.113行〕。鱼在宴席上通常是最好的美味。

X·802 最后是更切合本题的一点。荷马像是出生在英雄法律在希腊已废弛而平民自由政体已开始交来的时期，因为他所叙述的英雄们已和外方人结婚，而私生子也可以继承王位了。实际上情况也本应如此，因为很久以前，赫拉勒斯被丑恶的人马妖涅苏斯的所污染，就发疯而死，这就已显示英雄传说体制已告终了。（赫拉勒斯携妻子外出，到一条河边，把妻子交给人马妖驮着过河，被人马妖凌辱，这就破坏了英雄传说中正式婚姻制度一说法）

至于说到关于荷马的年代，我们不能完全都认从荷马史诗本身所搜集来的证据（"伊利亚特"以及"奥德赛"所提供的证据那样多，朗吉努斯认为"奥德赛"是荷马晚年的作品［"论崇高"，9.11节］，我们证实了把荷马摆在特洛伊战争之后很近的那些学者们的意见，中间的间隔时间最长至四百六十年，或则说大约百年努玛时代（努玛是罗马的第二代国王一说法］。说实在话，我们相信自己不把荷马摆到甚至更接近我们的年代，只在附和那些学者们让步。他们说在努玛时代以后埃及国王萨麦提卡斯才让埃及向希腊人开放。但是从"奥德赛"里许多段落来看，希腊人早已把希腊向腓尼基人开放，和他们通商了，希腊人爱听腓尼基人的故事不下于爱买他们的商品，正如欧洲人今天对待印度群岛的故事一样。从此可见，荷马上方物从来没有到过埃及，另一方面他却叙述到埃及和利比亚，腓尼基亚和亚细亚，特别是意大利和西西里岛的事物，这二者之间并没有什么矛盾，因为这些事物都是由腓尼基人说给希腊人听过的。

X:804 可是我们仍无法调解另一个矛盾：荷马同时把他的英雄们描绘为既有那么多的文明习俗，又有那么多的野蛮习俗，特别是在《伊利亚特》里是如此。所以为着不把野蛮行为和文明行为混淆在一起，如贺拉斯在《论诗艺》·12〕所说的，我们就必须假设荷马的两部史诗是由先后不同的两个时代中两种不同的诗人创造出来和编在一起的。

X:805 因此，从上文提到的关于荷马的故乡和年代的一些过去的看法来看，种种情况提起了我们的勇气来寻找真正的荷马。

〔第四章〕 荷马在英雄诗方面的无比才能

806 上文已证明的荷马完全没有玄奥哲学

以及对荷马故乡和年代的考证都使我们渐渐地猜想到荷马也许只是人民中的一个人。贺拉斯在《诗艺》[128行]里的一番话使这种猜想得到了证实。他说到在荷马以后极难创造新的悲剧人物性格，因而劝诗人们最好从荷马史诗中借用人物性格。这里所说的"极难"还应联系到另一事实来看，希腊新喜剧中的人物性格全是人为的虚构，雅典就有一条法律，规定新喜剧的人物性格必须是完全虚构的才准上演。希腊人在这一点上做得很成功，使不管多么骄傲自大的拉丁人也无法和希腊人比试，昆体良在《论修辞术》[12.10.38]里就承认过"我们在喜剧方面本体和希腊人悬殊"（《论修辞术》第十卷叙述了希腊和罗马的文学简史——译注）。

807 除贺拉斯所指出的困难之外，我们还要加上两种范围较广的困难。其一是荷马既然出现最早，何以变成了一个不可追攀的英雄诗人？悲剧的出现本来较晚，而始时很粗陋，这是人所熟知的。我们在下文[910]还要详谈这一点。另一困难是：荷马既然出现在哲学以及诗学和批评的研究之前，何以竟成了一切英雄诗人中最崇高的一位，而在想到了诗学和批评的研究既已发明之后，何以竟没有一个诗人能追随荷马之后而和他竞赛呢？我们且暂时把这两种困难放下，先指出贺拉斯所说的困难加上我们关于新喜剧所说的本性曾引起帕特里齐，卡斯特尔维特罗[384]那些论诗学的大师们研讨过上述分别的理由。

如今理由总要从上文"诗性智慧"部分已找到的诗的起源中去找，也就是从已发现的诗的本质即诗性人物性格中去找[376节]。因为新喜剧所描绘的是当前的人类习俗，而苏格拉底派哲学家们所思索的人类习俗，因此，希腊诗人们受过这派哲学关于人类道德的学说的灌输（例如麦南德，和他相比，拉丁人把他们的特伦斯称为"半个麦南德"），因而能创造出一些光辉的范例，显示出一些观念（或理想）中的人物的典型，用来唤醒一般村俗人。这些村俗人最擅长于向说服力很强的具体范例学习，尽管他们不能根据推理所得出的箴规来理解。旧喜剧都从现实生活中取来剧中情节，依所作的剧本就按照事物本来的样子。例如那恶的苏理想化艺术曾这样描绘过老好人苏格拉底，造成这位喜剧角色的身败名裂[906, 911]（指的是亚里斯托芬的喜剧"云"一译注）。但是悲剧展现在剧场上的却是英雄们的愤恨、傲慢、凶怒和复仇，这些都起自英雄们的崇高本性。这些本性自然而然地发泄于情绪、谈吐方式和行动，通常都是野蛮、粗鲁和令人恐怖的。这类情节都带有一种惊奇色彩，而在题材的安排上彼此之间具有紧密的一致性。希腊人只有在英雄体制时代才能创造出这类作品，所以荷马只能出现在这个时代的末期。这一点可以用本书所用的玄学批判来说明。这类神话故事在初产生时原是直截了当的，到荷马手里时就已经过歪曲和颠倒了[221]，从上文"诗性智慧"部分始终都提到的一些公理中就可以看出[514, 708]：这些神话故事起初原是真实的历史，后来就逐渐遭到修改和歪曲，最后才以歪曲的形式传到荷马手里。因此荷马应摆在英雄诗人的第三个时期(905)。第一个时期创造出作为真实叙述的一些神话，"真实的叙述"是希腊人自对神话(mythos)一词所下的定义(401, 814)。第二个时期是这些神话故事遭到修改和歪曲的时期，第三个最后时期就是荷马接受到这样经过修改和歪曲的神话故事的时期。

809 不过现在且回到我们的本题，以便指出下面一个理由。亚理斯多德在“诗学”里[24.15.1460a,19]说，只有荷马才会创造诗性的谎言（“把谎说得圆”一译注）。因为荷马的诗性人物性格具有贺拉斯所称赞的[806]无比崇高而妥帖的特征。他们都是些想像性的共性（Imaginative universals）如上文“诗性玄学”部分所下的定义[381]。希腊各族人民把凡是属于同一类的各种不同的个别具体事物都归到这类想像性的共性上去[209, 402, 412 ff, 934]（这里说的就是“典型”一译注）。例如阿喀琉斯原是“伊利亚特”这部史诗的主角，希腊人把英雄所有的一切勇敢属性以及这些属性所产生的一切情感和习俗，例如暴躁，拘泥繁文细节，易恼怒，顽强到不饶人，狂暴，~~顽强到毒不饶人~~，凭武力僭夺一切权利（就像贺拉斯在“诗艺”[121 ff]里替他所总结的）这些特征都归到阿喀琉斯一个身上。再如俄底修斯是“奥德赛”这部史诗的主角，希腊人也把来自英雄

“典型”不是抽象的共相(概念)，而是以“想像的共相”，即用形象形成的共相，代表某一类人的人物性格。

智慧的—情感和习惯，例如英雄性格、勇敢、机警、口是心非、诈骗，老是说漂亮话而不能采取行动，诱骗人自陷圈套，自然这些特性都体现到攸里赛斯一人身上。希腊人总是把个别具体人物的各种行动（情节）按类别分属于上述两种人物性格上去，只要这些行动（情节）足够突出到能引起仍然还很愚笨的希腊人都注意到而且按到上述两类中去。这两种人物性格由于都是全民族所创造出来的，就只能被认为自然具有一致性（这种一致性对全民族的共同意识（常识）都是愉快的，只有它才形成一种神话故事的魔力和美）；而且由于这些神话故事都是以生动强烈的想像创造出来的，它们就必然是崇高的〔142，144〕。从此就产生出诗的两种永恒特性，一种是诗的崇高性和诗的通俗性（人人喜闻乐见）是分不开的，另一种是各族人民既然首先为自己创造出这些英雄人物性格，后来就只用由一些光辉范例使其著名的那些人物性格来理解人类习俗（就像根据阿喀琉斯和攸里赛斯来理解希腊社会习俗，在我国曹操和诸葛亮，李逵和宋江，薛宝钗和林黛玉等著名人物也起着同样的作用——译注）。

〔第五章〕 发现真正荷马的一些哲学证据

Ⅰ：§810 根据以上所述，可以把下列一些哲学证据搜集在一起。

§811 首先就是列在上文"公理"中的第一条[201]：人们自然而然地被引导到保存促使他们团结在他们所属的社会中的那些制度和法律的记忆。

Ⅱ：§812 卡斯特尔维特罗所理解的那条真理是：最先出现的必然是历史，然后才是诗，因为历史是真实事物的简单叙述，而诗除此以外还是一种摹仿。但是这位学者在其它方面尽管眼光最锐敏，还不能利用这条真理作为发现真正荷马的钥匙，也还没有把这条真理和下列一些其它哲学证据合在一起来看。

Ⅲ：§813 由于诗人们当然出生在村俗史学家们之前，最初的历史必然是诗性的（即神话故事性的——译注）。

Ⅳ：§814 神话故事在起源时都是些真实而严肃的叙述，因此mythos（神话故事）的定义就是"真实的叙述"[401, 408]。但是由于神话故事本来大部分都很粗疏，它们后来流传到荷马家，遭到了歪曲，因而变成不大可能，暧昧不明，荒谬，以至于不可信[221，708]。这些功劳就是神话故事中的难以索解的七个来源，在本书第二卷中就已看出。

§815 如第二卷所已说明的，神话故事是以衰败歪曲的形式传到荷马手里的[808]。

§816 神话故事的精华在于诗性人物性格，产生这种诗性人物性格的需要在于当时人按本性还不能把事物的具体形状和属性从事物本身抽象出来。因此诗性人物性格必然是按当时全民族的思维方式（即形象思维——译注）创造出来的，这种民族在极端野蛮时期自然就有运用这种思维方式的必要[209]。神话故事都有一种永恒特征，就是经常要放大个别具体事物的印象。关于这一点，亚理斯多德在《修词学》[2·21，1395b1—10]就说过，心眼窄狭的人爱把每一种特殊事例抬高成为一种模范。其原因必然是人的心智还不明确，受到强烈感觉的压缩作用，除非在想象中把个别具体事物加以放大，就无法表达人类心智的神圣本性。也许就是由于这个缘故，在希腊诗人和拉丁诗人的作品里神和人的形像都比一般人的形像较大。到了复归的野蛮时期，特别是上帝、天使和圣母的画像都特别高大，也是由于上述缘故。

四：817 野蛮人既缺乏反思能力，反思力用不好，就会成为谬误之母。最初的拉丁时代的拉丁诗人们都歌唱真实的历史故事，即关于罗马人的战争的故事。到了复归的野蛮时期，由于这种野蛮的本性，一些拉丁诗人例如贡特（Gunther）和阿普里亚（Apulia）的威廉等人都还只歌唱历史故事[471]，同时期罗曼斯（或传奇故事）的作者们也都自以为在写真实的历史故事。就连薄雅多（Boiardo）和阿里奥斯陀（Ariosto）虽出现在受哲学教养的时代，也都还取材于巴黎主教杜尔邦（Turpin）主教所著的历史书中[159]。由于处于同样野蛮时代的本性，他们也都还缺乏反思的能力，不会虚构杜撰（因此，他们的作品自然真实，开朗，忠实，宽弘[516，708]。就连但丁尽管有博大精深的玄奥哲学，也还是用真人真事来塞满“神曲”的各种场面[786]，因此把他的史诗命名为喜剧（“喜曲”）（Comedy），因为希腊人的旧喜剧也描绘真人[808]。在这一点上但丁还是像“伊利亚特”中的荷马，朗吉弩斯曾指出过“伊利亚特”全是戏剧性的或再现性的，至于“奥德赛”则全是叙述性的。彼特拉克(Petrarca)尽管是一位渊博的学者，仍然用拉丁语歌唱第二次迦太基战争，至于他的“凯旋”是用塔斯康语写的，虽然有英雄诗的色彩，却只是一部历史故事辑录。从这里可以看出最初的神话故事都是历史这一事实的最鲜明的证据。因为讽刺诗所讽刺的人物不仅是真实的而且还是人所熟知的；悲剧则取这些人物性格放到情节里；旧喜剧把这些活着的著名人物放进情节里，新喜剧则由于出现在反思能力最活跃的时代，终于创造出一些虚构的人物性格（正如在意大利语言中新喜剧是随着学问渊博的十五世纪而重新出现的）。无论希腊人还是拉丁人都没有用过完全虚构的人物性格作悲剧的主角。群众趣味也有力地证实了这种分别。群众趣味不肯接受写悲剧情节的喜剧，除非所用的悲剧性情节来自历史。但是群众趣味会容忍喜剧中的虚构情节，因为所用的不是人所共知的私人生活，群众就容易信以为真。

区：819 既然诗性人物性格具有上述性质，必写他们的诗性寓言故事就必然要对希腊最早期才有历史意义，如我们在上文“诗性智慧”部分一直在证明的[403]。

ⅩⅨ：819 根据上文第一条哲学证据[811]，这类历史故事必然是在各民族中各社团的记忆中自然保存住的，因为作为民族的婴儿，他们必然具有惊人的坚强记忆力。而这也不是未经天意安排的，因为直到荷马时代甚至更晚的时代尚未发明出共同的字母。（据约瑟夫斯反对阿庇安时所提的论据[66]），在人类还那样贫穷的时代情况下，各族人民几乎只有肉体而没有反思能力[375]，在看到个别具体事物时必然浑身都是生动的感觉，用强烈的想象力去领会和放大那些事物，用尖锐的巧智（wit）把它们归到想象性的类概念中去，用坚强的记忆力把它们保存住。这几种功能固然也属于心灵，不过都植根于肉体，从肉体中吸取力量。因此，记忆和想象是一回事，所以想象在拉丁文里就叫做memoria（记忆）。（例如在特伦斯的喜剧《安德罗斯夫人》里我们就看到“可记忆的”（memorabile）是作为“可想象的”意思来用的，我们还常见到comminisci这个词用作“虚构”的意思，所以一个虚构的故事就叫做commentum）。

想像也有"机伶"或"创造发明"的意思。(在复归的野蛮时期，一个机伶人也叫做fantastic(擅长想像的)人，例如芮恩佐(Cola di Rienzo)就被当时传记家这样称呼他[699]。因此，记忆有三个不同的作用，当记住事物时就是记忆，当改变或摹仿时就是想像，当把记住事物的各部分给以恰当的安排时就是发明或创造。由于这些理由，神学诗人们把记忆的女神称为各种女诗神(muses)的母亲。(这里所说的想像(imagination或fantasia)就是我们近来常说的"形象思维"，维柯认为在人类心理功能发展中形象思维先于抽象思维一段程)。

X：820 所以诗人们必然是各民族的最初的历史家[464—471]。所以卡斯特尔维屈罗没有能运用他的历史先于诗的箴言去寻找诗的真正、真正根源[812]，因为他和所有其他讨论过这个问题的人们(从柏拉图和亚理斯多德起)本应很容易看出：凡是异教的历史都起源于神话故事，如我们在公理[202]中所提出的，在"诗性智慧"部分所证明的。

XI：821 按照诗的本性，任何人都不可能同时既是高明的诗人，又是高明的哲学家，因为玄学要把心智从各种感官方面抽开，而诗的功能却把整个心灵沉浸到感官里去；玄学飞向共相，而诗的功能却要深深地沉浸到殊相里去（共相是抽象的共同属性，殊相是个别具体事物的形象。——译注）。

维柯所说的"玄学"就是哲学。

XXII §822 根据公理[213]，谁没有自然资禀都可以坚持勤奋在其它各种行业中获得成功，但是在诗方面，谁如果没有自然资禀，就不可能单凭勤奋去获得成功；诗和批评这两门艺术（指诗学和批评理论——译注）可以使心灵得到教养，但不能使心灵伟大。因为精细只是一种小品德，而伟大却自然地蔑视一切微小事物。说实在话，这正如滚滚洪流在它的流驶的过程中夹带着泥浑水浊，使一些大石头和大树干随流翻转，荷马的诗篇也是如此，他的伟大就说明了我们在他的诗篇中所以经常遇到一些粗俗的表达方式。

XXIII §823 但是这并不妨碍荷马成为一切崇高诗人的父亲和国王。

XXIV §824 我们已看到亚理斯多德认为没有人能比得上荷马那样会把谎说得圆；贺拉斯称赞荷马的人物性格没有人能摹仿，这两人的意思是相同的。

XV：825　荷马在他的诗的语句的优美是空前的崇高。诗的语句必须是真实热情的表现，或者说，必须是一种烈火似的想像力，使我们的真正受到感动，所以在受感动者心中必须是个性化的。因此，我们把一般化的生活格言称为哲学家们的语句，凡是对热情本身进行反思的作品只能是出于出于虚伪而又枯燥的诗人之手[703—704]。

（维柯所用的"语句"(sentence)不单指语言，兼有"判断"的意义——译注）

XVI：826　荷马史诗中取自野蛮事物的一些比譬就实是无比高明的[785]。

XVII：827　荷马所描绘的那些战争和死亡之令人恐怖，就使"伊利亚特"具有它的全部神奇性。

XVIII：828　但是上述那些语句，比譬和描绘不可能是一个冷静的，有修养，温和的哲学家的自然产品。

XIX：829　因为荷马所写的英雄们在心情轻浮上像儿童，在想像力强烈上像妇女，在烈火般的情感上像莽撞的青年，所以一个哲学家不可能自然轻易地把他们构思出来[786]。

XX：830　有些欠妥帖和不文雅的表达方式是由于希腊语言正在形成时期极端贫乏，用它来表达很费大力，我不免显得笨拙。

XXI：831 所传荷马的诗篇含有玄奥智慧的最崇高的秘密教义（这是我们在"诗性智慧"中已证明绝对不确实的），这些秘密教义的表达方式也不可能由一个哲学家的直截了当、按部就班的清晰的心灵所能构思出来的[384]。

XXII：832 英雄时代的语言是一种由显喻、意象和譬喻来组成的语言[456]，这些成分的产生是由于当时还缺乏对事物加以明确界定所必需的种和类的概念，所以还是全民族的共同性的一种必然结果。

XXIII：833 各原始民族用英雄诗律来说话，这也是自然本性的必然结果[463 ff]。这里我们也应赞赏天意安排，在共同的书写文字还未发明以前，就安排好各族人民用诗律来说话，使他们的记忆借音步和节奏的帮助较容易地把他们的宗族和城市的历史保存下来。

XXIV 834 这些神话故事、语句、习俗以及这种语言和诗都叫做"英雄的"，都流行于历史所划定的英雄时代，如"诗性智慧"部分所已详细说明的[634 ff]。（注意：维柯的"英雄"指原始民族中强人或贵族，与一般人所了解的"英雄"不同，就按会昏及传统把历史分为神，英雄和人的三个时代，属于英雄时代的人就叫做英雄，涉及英雄时代的制度，习俗乃至文艺，语言和斗争都叫做“英雄的”。

所以在“新科学”里“英雄的”这种形容词一般就等于“野蛮的”，或“野蛮时代的”。

XXV：835 所以上文所说的都是全体人民的一些特征，也是其中每个人都共有的特征。

XXVI：836 由于上述各种特征都来自本性，就是这些特征使荷马成为最伟大的诗人，所以我们否定了荷马是哲学家这种看法。

XXVII：837 此外，我们在上文“诗性智慧”部分也已证明过：凡是所谓玄秘智慧的意义都是后来哲学家们强加于荷马的神话故事里去的〔515，780f〕。

XXVIII：838 但是正因为玄秘智慧只属于少数个人，所以我们刚才看到：英雄的神话故事精华所在的那种英雄的诗性人物性格的那种合身合式（Decorum）决不是今天擅长哲学，诗学和批评技艺的学者们所能达到的。就是根据这种合身合式，亚理斯多德和贺拉斯，才都把锦标交给荷马，前者称赞荷马把谎说得圆，绝不是其他诗人所能相比，后者称赞荷马的人物性格是旁人摹仿不到的。这两种说法也完全一致的〔809〕。

[第六章] 发现真正荷马的一些语言学的证据

§839 上述大量哲学证据都是从对异教诸民族的创建人进行玄学批判得来的。我们应把荷马摆在这些民族创建人之列，因为我们确实找不到其中哪一个世俗作家比荷马还更古老（如犹太人约瑟夫斯所坚持的）[476]。我们还可以加上下列一些语言学的证据。

I：§840 一切古代世俗历史都起源于神话故事[202]。

II：§841 和世界一切其他民族都隔绝的一些野蛮民族，例如日耳曼人和美洲印第安人，都已被发现把他们的历史保存在诗篇里[470]（中国的"诗经"和"楚辞"也可以为这一证实）。

III：§842 开始写罗马史的就是些诗人[471, 871]。

IV：§843 在复归的野蛮时期，一些历史都是一些用拉丁文写作的诗人们写的。

V：§844 埃及的高级司祭曼涅陀（Manetho）把用象形文字写的古代埃及史解释为一种崇高的自然神学[222]。

VI：§845 我们在"诗性智慧"部分已说明了希腊哲

学家们也曾对在神话故事中叙述的古代希腊史进行了类似的解释[361]。

VII：846　因此，在上文"诗性智慧"部分[384，403]，我们不得不把曼涅陀的程序倒转过来，删去了那些神秘的解释，把神话故事还原到它们本来的历史意义，这样做既自然而又容易，不带任何强词夺理，遁词或歪曲。我们能这样做，就说明了那些作品里所包含的历史神话故事是符合当时历史特性的。

VIII：847　以上一切都有力地证明了斯特拉博（Strabo）的肯定的一番话[1.2.6]，他说在希罗多德以前，希腊各族人民的历史都是由他们的诗人们写的。

IX：848　我们在第二卷里还说明了无论在古代还是在近代，各民族中最初的作家们都是些诗人[664-471]。

X：849　"奥德赛"里有两段名言[11.367ff]，在赞美一位说书人把故事说得好时，说他讲故事就像一位音乐家或歌唱家。用荷马史诗来说书的人正是如此。他们都是些村俗汉，每人只记忆保存了荷马史诗中某一部分。

XI：850　根据犹太人约瑟夫斯反对语法学家阿庇安~~（即中译本"罗马史"的作者——译注）~~时所坚持的意见：

荷马不曾用文字写下任何一篇诗[66]。

XII:851 说书人周游希腊各城市，在集市或宴会上歌唱荷马史诗，这个人歌唱这一段，另一个人歌唱另一段。

XIII:852 Rhapsodes（说书人）这个词的字源是由两个词合成的，意思是把一些歌编织在一起，而这些歌是从他们本族人民中搜集来的。与此类似的普通词homeros据说也是由homou（在一起）和eirein（联系）合成的；这样就指一个保证人，把债主和债户联系在一起。这种派生过程［应用在一个保证人身上］就有些牵强附会，而应用在荷马身上作为神话故事的编织者，却是很自然的顺当的。（Homeros在希腊文中就是荷马一词］。

XIV:853 庇西斯特拉图王朝雅典暴君们自己或是让旁人把荷马的诗篇加以划分和编排，成为两部："伊利亚特"和"奥德赛"。所以我们可以想到前此荷马的诗篇原是一堆混乱的材料，我们现在还看得出这两部史诗在风格上大不相同。

XV:854 庇西斯特拉图王朝还下令，从此以后荷马史诗应由说书人在雅典全国性的宴会或庆祝会上歌唱，据西塞罗的《论神性》（实即“论演说家”〔3.34.137〕和柏拉图的对话录《希巴库斯》228b〕等著作。

XVII：855 但是庇西斯特拉图王朝就放逐出雅典，只比塔昆尼阿斯王朝被放逐出罗马早几年。所以我们如果假定荷马生在努玛国王那样晚的时期〔803〕，而在庇西斯特拉图王朝以后一定还过一段很长时间才让说书人们继续把荷马的诗篇保存在记忆里。这个传说就使另一个传说毫不可靠。据另一传说，在庇西斯特拉图王朝时代是由亚理斯塔球斯把荷马的诗篇加以清洗、划分和编排的。因这个传说不可靠，因为这种工作没有书写用的俗文字就做不成，而且如果做成了，以后就不再需要说书人们凭记忆来歌唱各章各节了。

XVII：856 根据这个理由，曾用文字写出作品的赫希阿德就应在庇西斯特拉图王朝之后，因为没有证据使我们相信赫希阿德像荷马一样是由说书人凭记忆把他的作品保存下来的，可是编年纪事史家们却白费力地把赫希阿德摆在荷马之前三十年。可是像荷马的说书人那样的“圈子诗人”竟能把全部希腊神话史从诸天神的起源到尤里西斯回到故乡伊

按：此下原稿闕第三五、三六兩頁。

上题跳很大，朗吉弩斯就说，荷马在少年时代编出《伊利亚特》而到晚年时代才编出《奥德赛》[880]，这倒是一件怪事，对于一个人生在何时何地毫不知道，而历史在这两点上在叙述最晴的一段最光辉的明亮时却把我们瞒在鼓里。

XXVIII：867 这种考虑理应打消我们对希罗多德或任何其他人所写的《荷马传记》的信任，其中叙述了那么多的次要细节，竟塞满了一整部书。对普鲁塔克的《荷马传》也应如此看待。由于他是一个哲学家，谈荷马时比较清醒[780]。

XXIX：868 不过朗吉弩斯的揣测也许是根据这样一个事实：荷马在《伊利亚特》里描绘的阿喀琉斯的狂怒和骄横都是青年人的特征；而在《奥德赛》里所叙述的尤里塞斯的诡诈和谨慎，都是老年人的特征。

XXX：870 据传说，荷马是个盲人，因此他才叫做荷马，Homeros在伊阿尼亚土语里意思就是"盲人"。

XXXI：871 荷马自己曾称在贵人宴席上歌唱的诗人们为盲人，例如在阿尔岂弩斯招待尤里塞斯的宴席上歌唱的[奥：8.64]以及在求婚者款宴中歌唱的[奥.1:153ff]都是盲人。

XXXII:871 盲人们一般有惊人的持久的记忆力，这是人类本性的一种特征。

XXXIII:872 最后，[据传说]荷马很穷，在希腊各地市场上流浪，歌唱自己的诗篇。[按我国古代说书人和算命先生以及瞽妓也大半既穷而又盲目，浪迹集市卖技，也可作为旁证。——译注]。 41

[第二部分]

发现真正的荷马

[导言]

873 关于荷马和他的诗篇，由我们凭推理得出的或是由旁人叙述过的以上一切事实，都不是我们原先就着意要达到这样结果的—说实在话，我们原先并没有想到：本书第一版（用的并不是和本版一样的方法研究出来的）的某些读者们，都是些思想敏锐和学问高超的学者们，就曾疑心到前此人们一直在置信的那个荷马并不是真实的。这一切情况现在迫使我们要肯定：不仅只荷马，就连特洛伊战争的经过也不是真实的。现在就连最审慎的批评家们也都认为：尽管特洛伊战争标志着历史上一个著名的时代，而实际上它在世界上并不曾发生过。就特洛伊战争来说，假如荷马不曾在诗篇里留下一些重大的遗迹，有许多重大难题就会迫使我们下结论说：荷马纯粹是一位仅存于理想中的诗人，并不曾作为具体的个人在自然界存在过。但是一方面有许多重大难题，而另一方面又有留传下来的诗篇，都似会迫使我们採取一种中间立场：荷马是希腊人民中的一个理想或英雄人物性格，单就希腊人民在诗歌中叙述了他们的历史来说。

〔第一章〕前此置信的那个荷马所表现出的许多不恰当和不可解的事情在本书所发现到的那个荷马身上就成了既是恰当的，又是必然的。

874 从这种发现来看，前此所置信的那个荷马在他的叙述里一切不恰当的和不可能的事物和语言在现在发现的那个荷马里就都变成恰当的和必然的了。首先，我们原先还得将信将疑的那些重大事物迫使我们要说下列意见：

I：875 为什么希腊各族人民都争着要取得荷马故乡的荣誉呢？理由就在于希腊各族人民自己就是荷马[第48节，861节]。

II：876 为什么关于荷马年代有那么多的意见分歧呢？理由就在于特洛伊战争从开始一直到努马时代有四百六十年之久，我们的荷马确实都活在各族希腊人民的口头上和记忆里[803]。

III：877 他的盲目[869节]，

IV：878 他的贫穷[872]，都是一般说书人或唱诗人的特征。他们都盲目，所以都叫做荷马（homeros这个词义就是盲人）。他们有特别持久的记忆力。由于贫穷，他们要流浪在希腊全境各城市里歌唱荷马诗篇来糊口。他们就是这些诗篇的作者，因为他们就是这些人民中用诗编制历史故事的那一部分人。

V：879 由此可见，荷马作出《伊利亚特》是在少年时代，当时希腊还年轻，因而胸中沸腾着崇高的热情，例如骄傲，狂怒，报仇雪恨，这类热情不容许弄虚作伪而爱好弘大气派。因此，这样的希腊爱赞阿迦琉斯那样的狂暴的英雄。但是他写《奥德赛》是在暮年，当时希腊的血气仿佛已为反思所冷却，而反思是审慎之母。因此这样老成的希腊爱慕像尤里塞斯那样的英雄（以智慧擅长）。从此可见，在荷马的少年时期，希腊人崇尚粗鲁，邪恶，狂暴，野蛮和残酷。到了荷马的暮年时期，希腊人就喜欢阿尔喀努斯国王的奢侈品，卡吕普索的那些欢乐，塞壬女妖们的歌声，求婚者们的那些吃喝玩乐和对珀涅罗珀王后贞操的围攻和侵犯。像以上这两类习俗和习性竟曾被人认为同时存在，而在我们看来，二者是互不相容的[803f，866]。这个难点曾足以使神明的柏拉图[780]宣称荷马原是凭灵感预见到这些令人作呕的病态的和淫的习俗风尚将来会到来，他想借此来解决上述难点，可是他只是把荷马弄成希腊文明腐化的一个愚笨的创造人[《理想国》606E]，因为尽管他谴责这种腐败颓废的习俗风尚，却也同时教导了这种习俗风尚终于要到来，这就会加速人类制度的自然过程，使希腊人更快地走向腐化。

Ⅵ：880　我们这样就说明了"伊利亚特"的作者荷马要比"奥德赛"的作者荷马早许多世纪。

Ⅶ：881　我们还说明了歌唱在他本国发生的特洛伊战争的那位荷马来自希腊的东北部，而歌唱攸里赛斯的那位荷马却来自希腊的西南部，攸里赛斯的统治的王国就坐落在希腊的西南部〔789〕。

Ⅷ：882　这样，迷失在希腊人民群众中的荷马被批评家们横加给他的种种指责，特别是如下列各点的指责，就可以得到昭雪了：

Ⅸ：883　他的卑劣语句，

Ⅹ：884　他的村俗习俗，

Ⅺ：885　他的粗陋譬喻，

Ⅻ：886　他的地方俗语，

ⅩⅢ：887　他的音节失调，

ⅩⅣ：888　他的土腔前后不一致，

ⅩⅤ：889　他把神变成人，把人变成神，

890　关于这最后提到的神话故事，朗吉

吉弩斯本人并不置信，除非有些哲学性的神话故事本可以作证［“论崇高”9.7］，这就等于承认当时把这类神话教给希腊人听时，那样来就不能使荷马获得希腊文明体制创造者的荣誉［899］。这个不利于荷马的难点也就是我们在上文提出过的不利于把奥辅斯当作希腊人这创造者的那个难点［79—81］。但是上述那些特征，特别是其中最后的一个，本来都是希腊各族人民所共有的，因为在创造时期希腊人本身就是虔诚信宗教的，贞洁的，强壮的，公正的，宽弘大量的［516］，他们就认为神也有这些品德，如我们在上文讨论自然神谱时所已证明的。后来随着岁月的推移，上述神话故事就渐暗淡起来了，宗教也衰败了，希腊人于是凭他们自己的性格来判定他们的神也和他们自己一样放肆邪淫了，如我们在上文“诗性智慧”部分已详论的。这是由于［220］那条公理：人们自然地凭依一些暧昧不明确的法律屈就人们自己的情欲和利益。因为人们害怕神在宗教上如果和人不同，神对人的愿望就会不利［221］（注意：维柯在费尔巴哈之前就已提出神是人造出来的这一重要学说。——译注）。

仿佛希伯来人的“[illegible]神创造世界”说还是容许。

维柯实际上是个无神论者，他不敢触犯天主教的忌讳，特地标明他所说的異教民族不包括希伯来人在内。

按自己的本性创

只限于

XVI：891　但是由此荷马就更有权利具有两大特优点（其实还是一个特优点），即亚里士多德所称赞的诗性谎言（把谎说得圆）和贺拉斯所称赞的善于创造英雄人物性格[809]。贺拉斯因此承认自己不是诗人，因为他缺乏才或能去把握住他所称的Colores operum（作品的色彩）[《论诗艺》86]。这其实也就是亚里士多德所说的“诗性谎言”，因为罗马喜剧家普劳图斯(Plautus)在他的剧本《吹牛的战士》中就把obtinere Coloren（把握住色彩）用作“把谎说得完全像真的”这个意义。一个好的神话故事本来就应如此。

892　此外，还有些诗学专家称赞过荷马具有许多其它优点，例如

XVII：893　他的粗俗野蛮的譬喻[785，826]，

XVIII：894　他把战争和死亡描绘得残酷可怖[827]，

XIX：895　他的充满崇高热情的语句[825]，

XX：896　他的富于表现力的堂皇典丽的风格。

这一切优点都是希腊人英雄时代的特征。荷马在这种英雄时代始终都是一位高明无比的诗人，正因为生在记忆力特强，想像力奔放而创造力高明的时代，荷马决不是一个哲学家[781—787]。

45页

XXI：897 因此，後来的一切哲学家、语言学家和批评家们都不能创造出一个可以比荷马稍差的诗人。

898 还不仅此，荷马还配得以下三种对他的赞词：

XXII：899 一、他是希腊政治体制或文化的创建人[783，879，890]；

XXIII：900 二、他是一切其他诗人的祖宗；

XXIV：901 三、他是一切流派的希腊哲学的源泉[779]。

这三种赞词中没有哪一种可以授给前此人们所置信的那个荷马。第一种赞词不相称，因为从杜卡良和庇娜时代算起[523]，荷马出现在我们已在“诗性智慧”部分说明的正式婚姻制度奠定希腊文明社会之后八百年。第二种赞词不相称，因为在荷马时代之前，神学诗人们就已很繁荣，例如奥菲斯，安菲翁，缪少斯等人，编年纪事史家们把赫西俄德摆得比荷马还早三十年。西塞罗在他的“布鲁塔斯传”[18.71]里也肯定了有些英雄诗人比荷马还早。优色布斯在他的“为福音书准备”一书[10.11.495 bc]里还举过一些名字，例如菲拉蒙，塔茂理斯等等。最后，第三种赞词也不相称，因为哲学家们并不是从荷马神话故事里发现到他们的哲学，而是把他们的哲学硬塞进荷马神话故事里去的，如我们在“诗性智慧”部分已详谈过的。而

（维柯把宗教、正式婚姻和埋葬死人看作各族人民文化的三大起源——译注）

中国社会科学院哲学研究所　　20×20＝400

实是诗性智慧本身用神话故事向哲学家们提供机缘去思索其中所含的真理，如我们在本书第二卷为实现卷首的诺言时就已证明过的[361ff，779]。

[第二章]从荷马史诗里发现到希腊部落自然法的两大宝库

902 但是最重要的还是跟我们的发现，我们还应当把另一种更光辉的荣誉归给荷马：

XXV：903 荷马是流传到现在的整个异教世界的最早的历史家。

XXVI：904 因此，他的两部史诗此后应作为古希腊习俗两大宝库而受到高度珍视。但是荷马史诗却遭到十二铜版法（罗马法的最初根源，条文刻在十二块铜版上的——译注）所遭到的同样命运。正如十二铜版法曾被人认为是由梭伦为雅典人制定的法律而后来由罗马接受过去的，从此就把拉丁部落自然法的历史一直掩藏住不让我们知道，荷马史诗也被人认为由某一个人，一位罕见的高度完美的诗人，所抛出来的作品，从此也一直把把希腊部落自然法的历史也掩藏住不让我们知道一样。（罗马的法是由各部落习俗自然形成的，刻为十二铜版法——译注）

[附编]

戏剧诗和抒情诗作者们的理性历史

905 上文已说明过，荷马以前已有三个诗人时代[808]。首先是神学诗人们的时代，神学诗人们自己就是些英雄，歌唱着真实而严峻的神话故事[901]，其次是英雄诗人们的时代，英雄诗人们把这些神话故事篡改和歪曲了[901]，第三才是荷马时代，荷马接受了这样经过篡改和歪曲的神话故事。现在对远古历史运用玄学批判的方法，即对最初各民族自然形成的一些观念进行解释，也可以用来说明和分辨戏剧诗人们和抒情诗人们的历史，而过去哲学家们所写的这方面历史都很暧昧而混乱。

906 这些哲学家们把安菲翁这位英雄时代最古的诗人（据传说，安菲翁（Amphion）曾建立忒拜，弹着文艺神授给他的竖琴，许多大石头就自动地移动起来，砌成了忒拜的城墙——译注）列入抒情诗人一类，说他发明了酒神赞歌和有关的合唱，还说他先引进了用诗来歌唱的林神（Satyrs），而酒神颂就是一个由合唱队载歌载舞地赞颂酒神的。他们还说有些值得注意的悲剧诗人们在抒情诗人时代还很繁荣，而第阿根尼斯·拉尔提斯还说[3.56]，在悲剧里，合唱队是唯一的演员，而最早的悲剧诗人是埃斯库罗斯。据伯沙尼阿斯的叙述(1.21,2)，命令埃斯库罗斯写悲剧的是酒神迪奥斯，而贺拉斯在《诗艺》里有一段却说[275行]，悲剧的创始人是特斯庇斯(Thespis)。贺拉斯在这里是从林神剧(Satyr)开始来讨论悲剧，说特斯庇斯首先用林神剧在收葡萄酒季节在板车上表演。

他们还说，後来出现了索福克勒斯，巴勒门(Palaemon)把他称为悲剧诗人中的荷马。这一辈悲剧诗人以欧里庇得斯为殿军，亚理斯多德把他称为悲剧诗人中悲剧性最强的一位[“诗学”,13.10,1453a 29]。他们说，在同一时期出现了亚理斯陀芬。他发明了老喜剧，为新喜剧開闢了道路(即後来麦南得(Menander)所走的道路)。他的喜剧“云”造成了苏格拉底的身败名裂[848,911]。（“云”把这位哲学家写得滑稽万分一说法）(後来有些人把希波克拉特(Hippocrates)擺在悲剧诗人时代，另一些人把他擺在抒情诗人时代。但是索福克勒和欧里庇得斯都明早于十了铜假说的时代，而抒情诗人们则在其后才出现。这个事实似乎要推翻把希波克拉特摆在希腊七贤人时代的那种时历表了。

909 为着解决这一困难，我们必须假定，有两种悲剧诗人，也有两种喜剧诗人。

910 古代抒情诗人们想必首先是颂神歌的作者们，例如据说集中有些据说是荷马用英雄体诗体的那类颂神歌。后来就应是另一类抒情诗人，用像阿迦琉斯弹竖琴来歌唱过去英雄们的那样抒情的调子〔"伊利亚特"9.186行〕。与此类似，在拉丁人中最早的诗人是用萨利（Salien）诗律的那些作者。这种诗是由叫做萨利阿（Sallio）的司祭们在祭神节日所歌唱的颂神歌。（Sallic 的原义是"跳"或"蹦跃"，因为最初的希腊合唱队在一个圆圈里蹦跃"）（也正如我国少数民族"跳月"，"跳秧歌"之类歌舞——译注）。这类颂神歌的断简残篇是古拉丁语留到现在的一些最古的遗迹（我们的"诗经"和少数民族的歌谣也可以从这种语言学观点来看——译注）。它们都有一种英雄诗的情调〔438，469〕。这一切都符合各民族人道想像时的情况。各民族在最初时期，而宗教时期，诗人当然只向天神献颂歌（正当在复归的野蛮时期，这种宗教习俗也复活了。当时司祭们是唯一的识字人，只作出宗教性的颂神歌）。到了后来的英雄时期，他们就理应只歌颂和庆祝英雄们的丰功伟绩，当阿迦琉斯所歌唱的。上文提到的安菲翁就属于这类宗教性的抒情诗人[906]。他也是林神剧即最初的简陋的悲剧的创始人，是用英雄诗律（希腊人最早用来歌唱的一种诗律[463]）。所以安菲翁的酒神赞歌就是最早的林神剧，而贺拉斯《诗论》论悲剧就从林神剧开始［《诗艺》，220行］。（中间这句要删也是为什一记记）

909　新抒情诗人们是些甜美的诗人，其中最高首领是品达（Pindar）。他所用的诗律是现代意大利人所称呼的arie per musica，即用来配乐的曲调。这种诗律的出现应早于爱慕奥林匹克运动会上所表现的那种希腊式壮丽英勇气概的时期。抒情诗人们就在奥林匹克运动会上歌唱。与此类似，贺拉斯也出现在罗马最讲究阔绰排场的时期，即奥古斯都大帝时期，而在意大利人中间甜美的抒情诗也出现在温柔和娇气风尚盛行的时期。

910　悲剧和喜剧诗人们是在下列两种年代极

限之内走完了他们的过程的。特斯庇斯在希腊的一部分，而安菲翁在希腊的另一部分，在收葡萄酒季节创造了林神歌或林神剧这种雏形悲剧，用林神为角色。在当时粗俗情况之下，他们理应首创造出原始的面具或伪装，用兽皮做的山羊皮来掩盖脚和大小腿，用酒糟来涂抹胸部和面部，在前额上安上角（或许因此今天收葡萄酒的人还叫做"头上长角的人"（Cornuti））。在这个意义上埃斯库罗斯受酒神之命写悲剧的传说也许是真实的。这一切都符合当时情况，当时英雄们都声称平民们是半人半山羊的人兽两性混合的怪物[566f., 906]。从此可见，有充足的根据来推测悲剧起源于这种林神剧的合唱队。悲剧这个名称来自上文所描绘的面具，而不是来自用山羊来酬劳这种诗赛会中的锦标手。（贺拉斯在《论诗艺》[220ff.]里看到这一种习俗，却没有看出它的意义，只说山羊微不足道）（希腊文的"悲剧"意思是"山羊歌"，因此对悲剧的起源有种种揣测——译注）。林神剧保存了它起源时的永恒特性：即表示讥刺的特性；因为用这种粗糙的面具化装而坐在载葡萄的板车上的农民们都享有特权，可以讥刺在他们上面的贵人们，

解題

徐清白

朱光潛（1897—1986），字孟實，安徽桐城人。著名美學家、文藝理論家和教育家。

朱光潛早年在香港接受高等教育，畢業後在上海、浙江的中學任教。1925 年起，先後留學於英國、法國的多所大學，主修語言和文學，取得博士學位後回國任北京大學西語系教授。1955 年當選中國科學院哲學社會科學學部委員。另外兼任中國文聯、中國作協、中國美學會、中國外國文學學會等團體的相關職務。

朱先生學貫中西，筆耕不輟，著有《給青年的十二封信》《文藝心理學》《悲劇心理學》《西方美學史》《談美書簡》等，從西方古典美學到馬克思主義美學都頗有創見。朱先生還將柏拉圖、萊辛、艾克曼、黑格爾等西方學者的美學名著譯爲中文，晚年仍不辭辛苦地完成了維柯《新科學》的譯稿，身後皆收録於《朱光潛全集》。

《新科學》（*Scienza Nuova*）是 18 世紀意大利著名啓蒙運動學者維柯（Giambattista Vico 或 Giovanni Battista Vico，又譯作維科）的代表作。維柯對哲學、美學、法學、歷史學、修辭學等諸多領域的學術貢獻，在身後逐漸引人注目。曾以《關於各民族的共同性的新科學的一些原則》爲題的劃時代巨著《新科學》，内容龐雜而艱深，從法學和人類學的論題出發，集中闡發了維柯對人類社會歷史發展規律的科學性思辨，極具開創性和先驅性，引起後世長久的追問與争鳴，至今依然是研究歐洲啓蒙運動所應了解和參照的思想原典之一。

《新科學》朱光潛譯本最早於 1986 年由人民文學出版社出版，包括英譯者的前言、引論和作者維柯的自傳等在内，近 40 萬字。對於如此長篇巨製，已入耄耋之年的朱先生毅然決定動筆翻譯，於去世前幾年完稿交付出版社，只可惜生前未及見到此書面世。朱先生起初譯介過維柯的學生克羅齊（Croce）的著作，因而關注到維柯，繼而發現《新科學》涉及人類發展的共性，提出了人創造歷史的實踐觀點，對黑格爾美學思想和馬克思主義產生過重要影響，具有不可低估的思想價值和學術價值。然而，昔時國内學界對此仍缺乏認識。職是之故，朱先生身爲國内美學的前輩方家，勇挑重擔，鞠躬盡瘁，憑借嚴謹、扎實的譯文，附帶有助於讀者理解的新增譯注，以及翻譯該書期間所總結的階段性研究成果，踐行將翻譯、注釋與評價研究緊密結合在一起的學術路徑，降低了同行後輩鑽研維柯思想學理的門檻，也推動了改革開放以後中國美學從更高起點加力攀升的步伐。其眼光之獨到，用心之刻苦，乃至身體力行、永不服老的昂揚心態，無不令人感佩，堪爲後學楷模。

《新科學》原文爲意大利文，朱先生主要根據英譯本並參考其他語種譯本轉譯。爲儘可能消弭轉譯的偏誤，朱先生從北大圖書館和西語系資料室借閲了大量參考書，竭力研讀，求全責備。三十多年後的今天，朱先生譯作依然是《新科學》在中文學術界的權威譯本，圖書館中藏有多個新舊版本，部分手稿也得以妥善保存。

本書影印收録原著五卷當中第三卷《發現真正的荷馬》的中譯手稿，大致對應 1986 年人民文學版第 411—454 頁，結尾不完整。手稿爲鋼筆字迹，書寫在 20×20 字的「中國社會科學院哲學研究所」稿紙上，共 51 頁，第 35—36 頁暫時缺失，頁眉均有手寫的頁碼。第 1 頁於頁眉著録「維柯的《新科學》第三卷」，下書卷題「發現真正的荷馬」。正文包括「第一部分　尋找真正的荷馬」，含導言和 6 章正文；「第二部分　發現真正的荷馬」（第 38 頁起），含導言和兩章正文；又全卷的「附編　戲劇詩和抒情詩作者們的理性歷史」（第 47 頁起）。

根據第 1 頁右邊空白「譯注」可知，《新科學》書中每段起始位置的阿拉伯數字編號爲段落流水號，「爲着找尋本段與上文或下文某些段的前後呼應的關係」（見第 1 頁譯注），但參照全書可知，這套編號其實源自英譯本，爲全書標出了總共 1112 段，而中譯本沿用。手稿頁邊的「譯注」整段畫上了删節標記，文字亦未見於人民文學版譯本的該卷及其他位置，所以這些文字應當還是中譯者的譯注，最終删略不印了。采用絶對段號標引，可避免相對頁碼標引隨修訂而引起的錯位，而此手稿中仍存有較多校改印記，今人或可對照最終版本，探查、勘驗翻譯路徑的蛛絲馬迹，留心體味蕩漾於大師筆墨之間的細微心念。

唯物主義與道德理想

張岱年

唯物主义与道德理想

哲学唯物主义肯定"物质的、可以感知的世界是唯一的客观实在"，是否不重视道德理想呢？其实不然。在历史上，唯物主义哲学家往往具有崇高的道德理想，并且积极地为实现理想而献身。在理论上，哲学唯物主义决不忽视道德理想的重要意义，而是将崇高的道德理想建立于唯物主义的坚实基础之上。

(一)哲学唯物主义与崇高的道德理想

恩格斯在《路德维希.费尔巴哈和德国古典哲学的终结》中说过："有一种偏见，认为哲学唯心主义的中心就是对道德理想即对社会理想的信仰，这种偏见是在哲学之外产生的，……

唯物主义与道德理想

哲学唯物主义肯定"物质的、可以感知的世界是唯一的客观实在"，是否不重视道德理想呢？其实不然。在历史上，唯物主义哲学家往往具有崇高的道德理想，并且积极地为实现理想而献身。在理论上，哲学唯物主义决不忽视道德理想的重要意义，而是将崇高的道德理想建立于唯物主义的坚实基础之上。

(一)哲学唯物主义与崇高的道德理想

恩格斯在《路德维希·费尔巴哈和德国古典哲学的终结》中说过："有一种偏见，认为哲学唯心主义的中心就是对道德理想即对社会理想的信仰，这种偏见是在哲学之外产生的，……

北京市电车公司印刷厂出品 七八·十

20×15=300 (1507)

认为人类（至少在现时）总的说来是沿着进步方向运动的这种信念，是同唯物主义和唯心主义的对立绝对不相干的。法国唯物主义者同自然神论者伏尔泰和卢梭一样，几乎狂热地抱有这种信念，并且往往为它付出最大的个人牺牲。如果说，有谁为了"对真理和正义的热诚"（就这句话的正面意思说）而献出了整个生命，那末，例如狄德罗就是这样的人"。（《马克思恩格斯选集》第4卷第227页至第228页）唯物主义者追求崇高理想的热忱，决不亚于唯心主义者。在西方哲学史上是如此。在中国哲学史上也是如此。

試从中国哲学史上举几个例证。荀况是先秦时代最大的唯物主义哲学家，他肯定自然界有其不以人类意志为转移的客观规律，而他更认为人类的优越之处就在于有道德。荀况说："水

北京市电车公司印刷厂出品 七八·十

20×15=300 (1507)

火有气而无生，草木有生而无知，禽兽有知而无义。人有气有生有知，亦且有义，故最为天下贵也"（《荀子．王制》）。这里从物质存在（气）说到人类，指出人类之所以贵于禽兽就在于有道德（义）。荀况虽然主张性恶，然而他认为应该改变本来的恶性（"化性"）而实行"礼义"，人生之道就是积累善行，养成崇高的品德。他说："积善成德，而神明自得，圣心备焉"（《荀子．劝学》）。荀子要求在现实生活中实现崇高的道德理想。

汉代最大的唯物主义思想家王充，宣扬天道自然，给当时的天人感应的唯心主义以强有力的批判，摧毁了当时流行的宗教迷信，但是王充也强调礼义的重要。他说："国之所以存者，礼义也。……治国之道，所养有二：一曰养德，二曰养力。此所谓文武张设，德力且足

P.4

北京市电车公司印刷厂出品 七八·十
20×15=300 (1507)

者也。"(《论衡·非韩》)王充认为德力不可偏废，而二者相较，德是更重要的。王充充分估计了道德教育的重要性。

近古时代最大的唯物主义思想家是王夫之。王夫之深刻地批判了道家和程朱学派的客观唯心论，又尖锐地批判了佛家和陆王学派的主观唯心论，达到了中国朴素唯物主义的最高峰。而王夫之对于道德理想的重视，也超过以往的唯心主义者。王夫之以他的坚贞的节操、坚忍不拔的意志，在个人生活上也体现了他自己的崇高的道德信念。王夫之肯定了生命的可贵，他说："圣人者人之徒，人者生之徒。既以有是人矣，则不得不珍其生"。(《周易外传》)又说："圣人尽人道以合天德。合德者，健以存生之理；尽人道者，动以顺生之几"。(同上) 人是生物，就应当珍贵

北京市电车公司印刷厂出品 七八·十

20×15=300 (1507)

自己的生命，应该保持生之本性而顺遂生机。但王夫之更说："将贵其生，生非不可贵也。将舍其生，生非不可舍也。……生以载义，生可贵；义以立生，生可舍。"（《尚书引义》）那体现了道德理想的生命是可贵的，而为了实现道德理想，也可以牺牲自己的生命。固然封建时代思想家所谓"义"是有阶级性的，但王夫之所强调的主要是民族大义。他曾论述"处患难之道"说："诚于患者，利不能歆而害亦不能距。诚于劳者，名不能歆而实亦不争，诚有之也。知天下之险阻荼毒皆命之所必受，知物情之刻覈残忍皆道之所解格。……志之所至，而气以凝。……行夷狄，素患难，而行之以其坚贞之志与日月争光"。（同上）在民族危难的时期，要不顾个人的利害，进行艰苦卓绝的斗争。这种为民族独立而坚持斗争的志操，在历史上是有进步意义的。

如上所说，唯物主义哲学家并不忽视道德理想，而一些卓越的唯物主义者，他们的"对真理和正义的热诚"，甚至超过了一般的唯心主义者。谁能说哲学唯物主义仅仅肯定人的物质利益呢？

北京市电车公司印刷厂用
北京市电车公司印刷厂出品 七八·十
20×15=300 (1507)

个人与社会，公与私

（二）矛盾和统一

为什么卓越的唯物主义思想家重视道德理想呢？这是因为，这些思想家对于人类生活的实际情况，对于道德的实际作用，有比较正确的认识。

唯物主义主张从实际出发，因而重视人们的物质利益，然而人们之间，彼此的物质利益经常发生矛盾的。个人与个人之间，个人与社会之间，阶级与阶级之间，个人与阶级之间，民族与民族之间，个人与民族之间，在物质利益上，必然或者往往发生矛盾。这些矛盾，必须得到一定的解决，然后人类社会才能继续存在和发展。道德就是调整人与人之间的关系、解决人与人之间的矛盾的原则。

所以，道德是人类的社会生活所必需。

第　页

集体（社会、阶级、民族）利益可谓之公，个人利益可谓之私。脱离了所有个人的私，也就无所谓公。然而公与私之间往往有矛盾。道德的基本原则是公利高于私利，可以为公舍私，不能以私害公。

北京市电车公司印刷厂出

首先，道德是关于个人与个人之间相互关系的原则。保持个人的独立人格，尊重别人的独立人格，是道德的出发点。屈从别人意志，甘受别人奴役，谈不上道德。强迫别人服从自己的意志，奴役别人，更是反道德的行为。我们肯定道德，必须反对奴隶主义，必须反对权力意志。

道德的基本原则是，对于人民来说，不但追求个人利益，而且追求别人的利益，不但利己，而且利人。由此更前进一步，在一定条件下，为了别人的利益而牺牲自己的利益，忘己济人，舍己救人，这是崇高的道德行为。从利己而且利人，到专门利人毫不利己，这是一个德行的飞跃，这里表现出超卓越的崇高精神。在人我利益不能两全的时候，要舍己为人，这是道德的一个基本原则。

道德的最主要的原则是：在个人利益与最大多数人的利益或民族利益不能两全的时候，要为最大多数人的利益或民族利益而牺牲个人利益以至牺牲个人的生命。为公舍生取义，为国捐躯，这是道德的最高要求。自我牺牲精神，是道德行为之独特的表现。

为什么要如此？因为这是社会发展的要求，这是民族生存的要求，这是历史的客观规律所决定的。如果在个人利益与最大多数人的利益不能两全的时候，人们都追求个人利益，置最大多数人的利益于不顾，社会就必然崩溃了；如果在个人利益与民族利益不能两全的时候，人们只追求个人利益，民族的独立必然不能维持了，亡国灭族将不可避免。历史发展的客观规律既

北京市电车公司印刷厂出品 七八·十

20×15=300 (1507)

第 9 页

示我们：最大多数人的利益高于个人利益，民族的利益高于个人利益。

在阶级社会中，不同的阶级有不同的道德。封建统治阶级的道德，地主阶级思想家所标榜的"天下之公义"，实际上是维持封建统治的精神工具。资产阶级的道德，资产阶级思想家所标榜的超阶级的永恒道德，实际上只体现了资产阶级的利益。封建统治阶级和资产阶级也都讲"公"，他们所讲的"公"只是封建统治阶级之"公"或资产阶级的"公"。虽然如此，在封建时代，在资本主义社会中，仍有社会公益可言。如开发自然，兴修水利等，对于社会的发展是有促进作用的。在民族矛盾激化的时期，民族矛盾成为当时社会的主要矛盾。为保卫民族独立而斗争，是各阶层的人民的共同的义务。

北京市电车公司印刷厂出品 七八・十

20×15=300 (1507)

第10页

在历史的任何时期，"社会发展的利益"是分别是非善恶的最高标准。列宁说："我们绝对必须承认，反对专制制度，争取政治自由的斗争是工人政党的首要政治任务，但是我们认为要说清楚这项任务，首先应该说明现代俄国专制制度的阶级性质，说明推翻这个制度不仅是为了工人阶级的利益，也是为了整个社会发展的利益。指出这一点在理论上是必要的，因为根据马克思主义的基本思想，社会发展的利益高于无产阶级的利益，整个工人运动的利益高于工人个别部分或运动个别阶段的利益"。（《我们党的纲领草案》，《列宁全集》第4卷第206页—第207页）社会发展的利益高于任何阶级的阶级利益。因此，我们可以根据社会发展的利益来判定不同阶级的道德之间进步与反动的区别。如果一个阶级

北京市电车公司印刷厂出品 六八·十

20×15=300 (1507)

的道德是与社会发展的利益相反的，那末它就是反动的道德。

社会发展的利益也即是最大多数人民的最大利益。最大多数人民的最大利益，即是道德的最高标准。

古往今来，无数民族英雄、革命烈士，为了最大多数人民的最大利益而自我牺牲，他们壮烈的事迹，将炳耀史册，发放灿烂的光辉，照耀着人们前进的道路。

但在任何时期，都可能有人为了图谋私利，却借"公"的名义，强迫群众为他们作出自我牺牲，对于这类"假公济私"的行为，必须彻底揭穿。要求别人自我牺牲的人必须自己首先作到自我牺牲。

道德基于物质利益，而要求人们在一定条件下做到自我牺牲，这是道德的辩证法。

第12页

(三)精神生活与物质生活

"饮食男女，人之大欲存焉"(《礼记·　　》)。这是基本事实。人有一些物质需要，必须满足这些物质需要，人的生命才能保持和发展。为满足物质需要的活动，这是人类的物质生活。唯心主义轻视人类的基本欲望，提倡禁欲主义，是根本错误的。

然而人类生活不仅是谋求物质需要之满足而已，除了物质需要而外，人还有精神的需要，即比饱食暖衣更高一级的兴趣。满足精神需要的活动，可称为精神生活。

人类的精神需要，即对于真、善、美的要求。追求真理、追求至善、追求完美，这就是精神生活的内容。从事哲学、自然科学及社会科学的研究，从事文学、艺术的创作与鉴赏，这是

北京市电车公司印刷厂出品 七八·十

20×15=300 (1507)

都属于精神生活。

可能有人会说：追求真理，探索自然界的奥秘，最终还是为了掌握自然规律以提高物质生活；追求至善，最终也就是"使人之欲无不遂，人之情无不达"，使人人的基本欲望都得到满足；追求粹美，也不过是美衣美食而已。真善美终究以物质生活的提高为归宿。

这种看法是不正确的。

我们认为，追求真理，固然有提高物质生活的作用，而主要是为了达到更高的自觉。了解自然的奥秘，才能了解人生的奥秘，才能真正自己认识自己。认识真理，达到较高的自我认识，这本身就是具有内在价值。追求至善，固然要"使人之欲无不遂，人之情无不达"，但不止于此，更重要的是使人人的精神要求都有所

北京市电车公司印刷厂出品 七八·十

20×15=300 (1507)

满足，使人人都达到崇高的精神境界。追求粹美，更有广阔的天地，绝非追求衣食的精美而已。

我们可以看看古代哲人的精神生活。例如荀子提出"解蔽"的主张。解蔽即解除偏蔽。如何解蔽呢？这就要"兼陈万物，而中悬衡焉"。什么是衡？"何谓衡？曰道"。怎样才能知道呢？"人何以知道？曰心。心何以知，曰虚一而静"。虚是虚心，一是专心，静是静心。"虚一而静，谓之大清明"，就能够认识真理了。荀子又说："仁者之思也恭，圣人之思也乐，此治心之道也"。（以上所引俱见《荀子·解蔽》）能够思而乐，就是最高的精神境界了。虚一而静，思而恭，思而乐，就是荀子所宣扬的精神生活。

又如晋代大诗人陶渊明，他用诗句来表述

北京市电车公司印刷厂出品 七八·十

20×15=300 (1507)

他的精神生活。试举他的两首诗。其一："弱龄寄事外，委怀在琴书。被褐欣自得，屡空常晏如。时来苟冥会，婉娈憩通衢。投策命晨装，暂与园田疏。……目倦川途异，心念山泽居。望云惭高鸟，临水愧游鱼。真想初在襟，谁谓形迹拘！"（《始作镇军参军经曲阿作》）其二："袁安困积雪，邈然不可干。阮公见钱入，即日弃其官。刍藁有常温，采莒足朝餐。岂不实辛苦，所惧非饥寒。贫富常交战，道胜无戚颜。"（《咏贫士》七之四）这些诗句表示：所追求的是精神自由，所畏惧的并不是饥寒。在物质生活上不免辛苦，在精神生活却是"欣然自得"。陶渊明是精神生活卓越的典型。

历史上许多思想家、科学家、艺术家等等，都有高尚的精神生活。

北京市电车公司印刷厂出品 七八·十

20×15=300 (1597)

精神生活基于物质生活，而高于物质生活。物质生活是基础，精神生活是人类优于其它动物的特点，表现出人类的优越性。

辩证唯物主义区别于机械唯物主义，将精神生活的提高建立于物质生活的改进之上。

我们一方面要改进物质生活，一方面要提高精神生活。

马克思、恩格斯在《共产党宣言》中说："资产阶级，由于开拓了世界市场，使一切国家的生产和消费都成为世界性的了。……物质的生产是如此，精神的生产也是如此。各民族的精神产品成了公共的财产。"（《马克思恩格斯选集》第1卷第254—255页）既有物质的生产，又有精神的生产。精神的生产就精神生活的全部内容之一。

北京市电车公司印刷厂出品 七八·十

20×15=300 (1507)

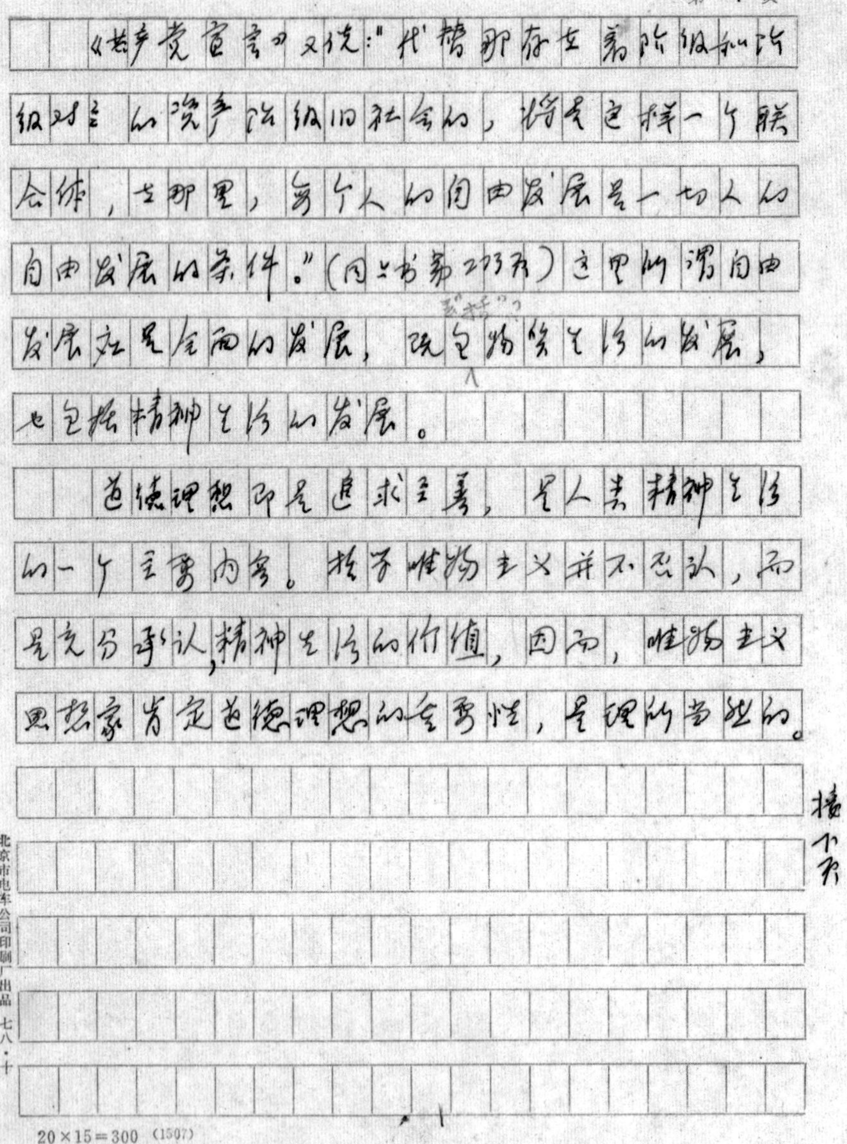
第17页

《共产党宣言》又说："代替那存在着阶级和阶级对立的资产阶级旧社会的，将是这样一个联合体，在那里，每个人的自由发展是一切人的自由发展的条件。"（同上书第273页）这里所谓自由发展就是全面的发展，既包括物质生活的发展，也包括精神生活的发展。

道德理想即是追求至善，是人类精神生活的一个主要内容。辩证唯物主义并不否认，而是充分承认精神生活的价值，因而，唯物主义思想家肯定道德理想的重要性，是理所当然的。

接下页

北京市电车公司印刷厂出品 七八·十

20×15=300 (1507)

(四)现实生活与理想境界

唯心主义者和宗教家，把道德建立在对于上帝的信仰上，从所谓上帝的意志引申出道德的原则来。

唯物主义者不承认上帝的存在。

唯心主义者和宗教家，把道德建立于灵魂不灭的信仰上，追求来世来生的幸福，追求彼岸的极乐世界。

唯物主义者不承认灵魂不灭。

唯心主义者宣扬先验的道德原则，以为道德原则是内心固有的。

唯物主义者不承认先验的道德原则。

唯物主义者否认上帝，否认来世，而仍然可以抱有崇高的道德理想。

唯物主义者不需要上帝，不需要灵魂不灭

的信仰，而仍然可以摆脱庸俗习气，在现实生活中表现出坚定卓绝的独立精神，为崇高的道德理想而献身。

唯物主义的这种观点和态度，是唯心主义和宗教家所不能理解的，然而这是关于道德的唯一的科学态度。

唯物主义的道德理想植根于现实生活之中。按唯物主义哲学观点看来，道德的根据在于社会生活的需要。

关于道德的起源问题，中国古代唯物主义哲学家荀况已经提出了比较正确的解答。荀子论人之所以为人的特点说："人有气有生有知亦且有义，故最为天下贵也。力不若牛，走不若马，而牛马为用，何也？曰：人能群，彼不能群也。人何以能群？曰分。分何以能行？曰义。"（《荀子·

王制》）又说："故人生不能无群，群而无分则争，争则乱，乱则离，离则弱，弱则不能胜物。…………不可少顷舍礼义之谓也。……群道当，则万物皆得其宜，六畜皆得其长，群生皆得其命。"（同上）荀子认为，礼义正是合群之道。他又论礼的起源说："礼起于何也？曰：人生而有欲，欲而不得则不能无求，求而无度量分界，则不能不争，争则乱，乱则穷。先王恶其乱也，故制礼义以分之，以养人之欲，给人之求，使欲必不穷乎物，物必不屈于欲，两者相持而长，是礼之所以起也。"（同书《礼论》）又说："况夫先王之道，仁义之统，诗书礼乐之分乎！彼固天下之大虑也，将为天下生民之属长虑顾后而保万世也。"（同书《荣辱》）荀子认为，道德乃是考虑人民的长久利益而建立起来的，是"为天下生民

北京市电车公司印刷厂出品 七八·十

20×15=300 (1507)

長虑顾后"而必须创立的。当然，荀子所谓人还只是抽象的人；荀子讲礼义是圣人制定的，表现了唯心史观；荀子讲"分"的必要，更包含地主阶级的偏见。但他从社会生活的需要来讲道德的起源，确实是从唯物主义观点立论的。

其次，中国古代哲学有一个优良传统，即不重视死后问题，不追求来世幸福，不将道德建立在灵魂不灭的信仰之上。春秋时代的孔子，即已有此态度。《论语》记载："子路问事鬼神，子曰：未能事人，焉能事鬼！敢问死，子曰：未知生，焉知死！"（《先进》）孔子认为重要的是知生，而不是知死。《论语》又载："叶公问孔子于子路，子路不对。子曰：汝奚不曰：其为人也，发愤忘食，乐以忘忧，不知老之将至云尔。"（《述而》）重视实生活，積极努力，充满乐观精神，忘了

北京市电车公司印刷厂出品 七八·十
20×15=300 (1507)

应当怎样生，更不会考虑死了。孔子基本上是一个唯心主义思想家，但他这种积极乐观的人生态度和宗教家是截然不同的。

先秦儒家不考虑死后问题的态度有深远的影响。晋代诗人陶渊明有诗句云："三皇大圣人，今复在何处？彭祖爱永年，欲留不得住。老少同一死，贤愚无复数。日醉或能忘，将非促龄具？立善常所欣，谁当为汝誉？甚念伤吾生，正宜委运去。纵浪大化中，不喜亦不惧。应尽便须尽，无复独多虑。"（《形影神》）有生必有死，死是不可避免的，正宜任其自然，不必多所考虑。宋代唯心主义者程颐曾论死生之道说："以理言之，盛必有衰，始必有终，常道也。达者顺理为乐。……人之终尽，达者则知其常理，乐天而已。……不达者则恐，恒有将尽之悲，

20×15=300 （1507）

北京市电车公司印刷厂出品 七八·十

乃大耋之嗟，为其凶也。此处死生之道也。”（《周易程传·离卦》）程颐是宣扬先验道德的，而在生死问题，却是肯定生必有死、顺从自然的无神论观点。在这一点上他是正确的。宋明理学虽然是唯心主义，却也表现了一定的反宗教的倾向。在这里，显出了唯物主义对于唯心主义的影响，这是一个值得注意的重要事实。

科学的伦理学，应建立在哲学唯物主义之上。哲学的基本问题是“思维和存在的关系问题”，也就是“精神对自然的关系问题”，但是伦理学的基本问题不能归结为“思维和存在的关系问题”，因而，伦理学范围内的斗争也不能简单地归结为唯物主义和唯心主义的斗争。伦理学的基本问题乃是道德的性质、起源与标准的问题。马克思主义以前的唯物主义，在伦理学方面，大都陷入了唯心主义。恩格斯说："我们一接触到费尔巴哈的宗教哲学和伦理学，他的真正的唯心主义就显露出来了"。(《马克思恩格斯选集》第4卷第229页) 克服旧唯物论的缺欠，不但要坚持唯物主义的观点，而且要运用辩证法的对立统一规律来研究道德问题，要全面地考察生活与精神生活的辩证关系，全面认识现实与理想的关系，把伦理学建立在辩证唯物主义和历史唯物主义的基础之上。

接下页

北京市电车公司印刷厂出品 七八·十

20×15＝300 (1597)

(五)? ~~(四)~~ 革命的道德与道德的革命

共产主义道德是人类有史以来最高尚的道德。共产主义道德的建立和发扬，是无产阶级的革命的道德；共产主义道德的建立和发扬，是也实现了道德的革命。

在阶级社会中，道德具有阶级性。每一阶级都把本阶级的根本利益作为道德的最高原则。剥削阶级的思想家往往宣扬"人类之爱"，而又认为阶级剥削是合理的。如孟子主张"亲亲而仁民，仁民而爱物"(《孟子·尽心》)，但又认为"劳心者治人，劳力者治于人，天下之通义也"(同上书《滕文公》)。董仲舒论人类的特点说："人受命于天，固超然异于群生。入有父子兄弟之亲，出有君臣上下之谊；会聚相遇，则有耆老长幼之施，粲然有文以相接，欢然有恩以相爱，此人之所以贵也。"(《汉书·董仲

北京市电车公司印刷厂出品 七八·十
20×15=300 (1507)

舒传》）董仲舒以为人的可贵之处在于“有文以相接，有恩以相爱”，而这“有文”“有恩”相互的关系中，却包含着“君臣上下之谊”，包含着阶级对抗与等级差别。封建统治阶级的道德为巩固封建统治秩序是天经地义。

资产阶级思想家也讲“博爱”，十九世纪的唯物主义哲学家费尔巴哈也宣扬爱的道德。正如恩格斯所说：“对己以合理的自我节制，对人以爱，这就是费尔巴哈的道德的基本准则”。（《马克思恩格斯选集》第4卷第234页）恩格斯批评这种道德经说：“至于那种把一切人都联合起来的爱，则表现在战争、争吵、诉讼、家庭纠纷、离婚以及一些人对另一些人的最高限度的剥削中”。（同上书第236页）剥削阶级的道德是宣扬人对人的剥削的道德。

北京市电车公司印刷厂出品 七八·十

20×15=300 (1507)

共产主义道德以反剥削为前提。共产主义道德反对任何种的人剥削人的制度，不允许任何特权。在这个意义上说，共产主义道德的建立，是人类道德的一个伟大的革命。

发扬共产主义道德，对于建设社会主义，对于将来的社会主义前进到共产主义社会，都具有重大的意义。

历史上有些唯心主义哲学家把道德看成最重要的，以为社会中人们的道德提高了，一切问题都可迎刃而解。这种思想可称之为"道德决定论"。先秦时代孔丘、孟轲以至荀况，都有这样的见解。宋明时代的理学家，不论程朱学派或陆王学派，更都强调道德的重要性，以为道德是解决一切问题的钥匙。朱熹曾向当时封建皇帝进言，专讲"正心诚意"，就是认为，只要思

北京市电车公司印刷厂出品 七八·十

思端正了，德行提高了，一切别的问题就都可以解决了。这种学说，过去就被称为"迂阔"之谈，实际上是于事情无补的。

但是，历史上，还有另一派思想家，完全否认道德的作用，这种观点可称为"道德无用论"。先秦时代的商鞅、韩非就是主张这种观点的。商鞅以"礼乐"、"诗书"、"修善孝悌"、"诚信贞廉"、"仁义"、"非兵羞战"为"六虱"，（《商君书·靳令》），以为道德不但无益而且有害。韩非强调"仁义爱惠之不足用"（《韩非子·奸劫弑臣》），以为"先王之仁义无益于治"，"故明主举实事，去无用，不道仁义者故，不听学者之言"（同上书《显学》）。韩非完全否定了道德学问的价值。商鞅韩非为什么如此排斥道德学问呢？因为他们认为道德学问是不利于君主专制的，他们是为了维护专制主义而排斥道德教育的。商鞅韩非的政治学说有其进步的一面，

北京市电车公司印刷厂出品 七八·十

20×15=300 (1507)

但他们完全忽视道德文化，这是对于春秋战国时代文化繁荣、学术昌盛的反动。

十九世纪末出现的尼采超人哲学，鼓吹权力意志，摈弃以往思想家所提倡的道德，妄图扩张个人的权力以征服全人类，乃是一种极端反动的反理性的疯狂哲学，是道德无用论的极端形式，可称为反道德主义，这是法西斯主义的哲学基础，是与人类为敌的荒谬理论，是对人类的侮辱，我们必须坚决地反对法西斯主义的反道德主义思想。

我们反对宣扬权力意志的超人哲学，同时也要反对屈服于权力意志的奴才道德。卑躬屈膝，匍伏于别人的权力之下，甘作权势者的驯服工具，这是奴才的道德，这是最可耻的卑鄙行径。我们需要的是维护人类尊严的道德。

北京市电车公司印刷厂出品 七八·十

20×15=300 (1507)

第30页

进行社会主义现代化建设，是我们当前的伟大的历史任务。实现社会主义现代化建设，必须提高共产主义道德觉悟，必须发扬共产主义道德精神。经济是基础，而属于上层建筑的道德也会对于基础发生重要的作用。如果我们没有为最大多数人民的最大利益而进行艰苦斗争的精神，没有为革命利益而自我牺牲的坚强意志，我们的社会主义现代化建设恐怕是不易实现的。让我们努力提高共产主义道德觉悟，加强对于共产主义道德的信心，为把祖国建设成为伟大的社会主义强国而作出应有的贡献。

北京市电车公司印刷厂出品 七八·十

20×15=300 (1507)

解題

吴冕

張岱年（1909—2004），字季同，别署宇同，原籍河北省獻縣（今屬滄州），生於北京。著名哲學家、中國哲學史家，張申府（崧年）之弟。

張岱年1933年畢業於北平師範大學，先後任教清華大學、中國大學。1952年全國院系調整，任北京大學哲學系教授，後兼任清華大學思想文化研究所所長，又任中國社會科學院哲學研究所兼職研究員。曾任中國哲學史學會會長、名譽會長，中華孔子學會會長等職。

張岱年的學術活動圍繞三個方面：哲學理論、中國哲學、文化問題，其治學深受辯證唯物主義影響，著有《中國哲學大綱》《中國哲學史方法論發凡》《中國哲學史史料學》《文化與哲學》《中國唯物主義思想簡史》等，生平著述輯爲《張岱年文集》《張岱年全集》。

此稿共31頁，分爲五部分：（一）哲學唯物主義與崇高的道德理想；（二）個人與社會，公與私（手稿此節標題原作「公與私的矛盾和統一」，後修改）；（三）精神生活與物質生活；（四）現實生活與理想境界；（五）革命的道德與道德的革命。此稿原名《唯物主義與道德理想》，後以《物質利益與道德理想》爲題，發表於上海人民出版社1981年2月出版的《道德與道德教育》一書，又據此收入《張岱年文集》第5卷和《張岱年全集》第5卷。

此稿主要討論的是：「保持個人的獨立人格，尊重別人的獨立人格，是道德的出發點，必須反對奴才主義，反對權力意志。『倫理學的基本問題應是道德的性質、起源與標準問題。……不但要貫徹唯物主義的觀點，而且要運用辯證法的對立統一規律來觀察道德問題，要重視物質生活與精神生活的辯證關係，重視現實與理想的辯證關係，把倫理學建立在辯證唯物主義和歷史唯物主義的基礎之上。』我們既要反對道德決定論，也要批判道德無用論。實現社會主義現代化建設，必須提高共産主義道德覺悟，必須發揚共産主義道德精神。如果我們没有爲最大多數人民的最大利益而進行艱苦鬥争的精神，没有爲革命利益而自我犧牲的堅强意志，我們的社會主義現代化建設恐怕會受到很大的影響。」（《張岱年先生學譜》，第183頁）

將手稿與正式出版的《物質利益與道德理想》一文對照，可以發現，整體上内容一致，但是個別字句上還是有些出入。兩相對照，可以了解張岱年在文字表述上的斟酌與取捨，以及在學術觀點上的一些細微變化。此外，手稿全文圈劃修改之處頗多，在電腦寫作、手稿不存的今日，爲我們提供了前輩學者精益求精、嚴謹治學的範例。

海淀園林區的開發與北京大學校園

侯仁之

文中公尺改成米

海淀园林区的开发与北京大学校园

——一个历史地理的考察——

侯仁之

(一) 海淀附近的地理特点

北京大学校园所在，正是首都西北郊旧日有名的园林区，校园南面与海淀镇紧相毗连，北面就是一世纪前惨遭英法侵略者焚毁的圆明园。⊖这一带地方的开发——包括北京大学校园在内——已有很久的历史，而海淀镇则是开发这一地区的最早的中心。

早在十三世纪中叶，远在北京今城尚未奠址之前，海淀镇的名称就已经见于文字的记载了。⊜那时它正当中都城通往居庸关的大路上，去中都北门二十里，是来往行旅经常憩息的地方（参看图二）。但是海淀镇的起源与这条大路并没有直接的关系。我们有充分的理由相信它乃是从一个农业聚落开始发展起来的，这虽然缺乏直接的文献资料可证，而历史地理的研究却提供了无可置辩的事实。为了说明这一点，进一步了解海淀镇的地理特点是十分必要的。

海淀镇的地理特点，首先表现在微地形的变化上。镇

文中公尺改成米

第 1 頁

海淀园林区的開發与北京大学校园

——一個历史地理的考察——

侯仁之

(一)海淀附近的地理特点

北京大学校园所在，正是首都西北郊旧日有名的园林区，校园南面与海淀镇紧相毗连，北面就是一世纪前惨遭英法侵略者焚毁的圆明园。(一)这一带地方的開發——包括北京大学校园在内——已有很久的历史，而海淀镇则是開發这一地区的最早的中心。

早在十三世纪中叶，远在北京今城尚未奠址之前，海淀镇的名称就已经见於文字的记载了。(二)那时它正当中都城通往居庸关的大路上，去中都北门二十里，是来往行旅经常憩息的地方(参看注三)。但是海淀镇的起源与这条大路並没有直接的关係。我们有充分的理由相信它乃是从一个农业聚落開始發展起来的，这虽然缺乏直接的文献足资印证，而历史地理的研究却提供了無可置辩的事实。為了说明这一点，進一步了解海淀镇的地理特点是十分必要的。

海淀镇的地理特点，首先表现在微地形的变化上。镇

25×20=500

北京大學人文科學學報專用稿紙

之东南，地形微々隆起，一直向南延续到西直门外的古河(也叫玉河，当时院以下的高梁河故道)河谷。这片高地叫做海淀台地。镇之西北，一片低地，自南而北，逐渐倾斜，其西北直抵玉泉山和万寿山脚下。这就是巴沟低地。⑪这台地与低地之间的重要的分界线，大可以海拔50公尺的等高线为代表。海淀镇正当台地西北的边缘上，站在镇的西端叫做西上坡的地方向西北望去，就有居高临下的感觉。自东南而西北经过海淀镇的公路，在这里呈现了一种平缓下降但又是十分明显的坡度(图一、海淀附近地形图)。在坡度以上的台地上，地势高亢，所有农田，都是旱作，因而形成了华北平原上的典型景色。但是坡度以下的低地上，渠道纵横，水田错列，又俨然是青翠秀丽的江南风光。海淀镇正好处于这一分界线上，从而构成了一种鲜明的地理特点。

图一、

海淀镇的这一地理特点，又具体而微地反映在北京大学的校园里。校园紧傍海淀镇的北墙，也恰好位于海淀台地从东南向西北平缓下降的斜坡上。校园的东南隅则々上升为海拔50公尺以上的台地，但是校园的西北部则已下降为海拔45公尺左右的低地(图一)。因此，校园的东南部平旷高爽，而西北部则湖泊连属，细流潆洄，仍然保留了旧日园林的特色。

这一带微地形的变化之所以形成如此鲜明的地理景观

排版时要注意把图一(海淀附近地形图)与图二(海淀附近水道图)要并列，以便对照参考。

上的差异，又和附近水源的分佈有着密切的关係。这一带流水的上源主要来自玉泉山。玉泉山诸泉出水口的海拔高度也只有51公尺，其下游经过昆明湖东堤二龙闸南出地下之後，就流入了巴沟低地，同时其水程高度也下降了约四五公尺，从此以后，便再没有引上海淀台地的可能，只有沿着自然地形向东北流入清河。在入清河之处，其海拔高度已经下降到40公尺。此外，巴沟低地又适当北京西郊的潜水溢出带，低地南端万泉庄附近泉流连续，形成另一水系。诸泉之出水口，约在海拔47公尺左右，顺自然坡度迤逦而北流，在海淀镇以西，与昆明湖泄出之水，合而东北，同注清河（图二、海淀附近水道图）。巴沟低地上正是有这两条水系的灌溉，因此才有可能开辟水田。同时，低地之上，还在这里凿了不少自流井，以补给地面流水的不足。由于这一带水田的开辟，就使得巴沟低地与海淀台地在地理景观上，形成了鲜明的对照。

图二

在明确了上述的地理特点之後，就可进一步探讨海淀镇的起源，从而为研究这一带园林的开发寻求道路。

(二)海淀聚落的起源和发展

海淀镇的起源和发展与巴沟低地的开发，有着十分密切的关係，关于这一点，海淀地名的研究提供了非常重要的线索。

“海淀”二字原本並不是一个聚落的名称，寻究字义，所指应是湖泊。华北平原北部旧日有很多浅湖（或积水之地），通称叫“淀”。这些浅湖多已干涸，但是也有保留到现在的如白洋淀、三角淀等。[五]现今海淀镇以西的巴沟低地上，本来也有一片湖泊，如今已经完全开辟为稻田。在这一带稻田中下掘一公尺左右，仍可发现有分布很广的泥炭层，这便是过去湖泊或沼泽遗留的证明。另外根据文献，也可知道这里的湖泊，原来就叫做“海淀”。如明蒋一葵“长安客话”中就有如下的记载：

“水所聚曰淀。高梁桥西北十里，平地有泉，滮洒四出，淙汩草木之间，潴为小溪，凡数十处，北为北海淀，南为南海淀。远树参差，高下攒簇，间以水田，町塍相接，盖神皋之佳丽，郊居之胜选也。北淀之水，来自南淀，或云巴沟即南淀也。”[六]

这里明确指出，淀就是湖泊的意思。高梁桥在今西直门以北，由此西北十里，正是今海淀镇一带地方。从这里流出的泉水，汇而为南北两个湖泊，分别叫做南海淀和北海淀（参看图五）。在这里“海淀”是湖泊的名称而非聚落，这是丝毫不容置疑的。但是上文又曾提到远在十二世纪中叶，作为聚落的"海淀"就已经存在了，这又是怎么一回事呢？

根据这一带地理情况以及编田中的记载可以知道作为湖泊的"海淀"，远在这一地区未经大规模开发以前就存在了，那时玉泉山和万泉庄附近的泉水，大都顺自然地势汇集在这里，由于地形低下，排水不畅，形成了一片的沼泽和湖泊，既没有生产上的价值，也没有什么风景可言。其后由于抵抗旱灾的威胁，劳动人民就利用这一带积水地区，开辟水田，进行耕作，于是展开了一系列的改造自然的活动。可以设想在漫长的岁月里，世代相继的劳动人民，濬治湖泊，开凿渠道，把沼泽地区逐渐开辟为水田，并在田塘中培植荷花，在湖泊渠道的边缘上栽植菱芡，经久不懈的劳动，终于使这一带低地，不但获得了经济上的价值，而且呈现出华北平原上所十分罕见的江南景色，从而招致了封建时代寄生于此京城中的文人墨客，络绎流连，吟咏歌唱。从此以后，这一带地区就逐渐进入了园林开发的新阶段。

而就在上述的这一过程中，海淀镇的聚落开始发展起来。有理由相信，最初开辟低地上的海淀湖田的劳动人民，正是选择了今天海淀镇所在的高地作为他们栖息居住之所的，因为这里不但离开低地上的劳动场所十分近便，而且地势高爽，也是建立聚落的良好地点。可以想像最初还是在高地上居住的劳动人民，日出而作，从高地下到低地；日入而息，又从低地回到高地。其后湖田的开辟愈来愈多，湖泊的面积愈来愈小，或者竟被分割为一些小湖，（上文所记南海淀与北海淀，只是其中保留了旧日名称的两个）而从事开辟这一带湖田的劳动人民所建立的聚落，却格外地日益扩大起来。聚落的名称可能是从最初起就借用了湖泊的名称。湖泊叫做海淀，以湖泊为中心从而经营这一带水田的劳动人民所建立的聚落，也就叫做海淀了。因此，在这一带地区的开发过程中，有一时期，作为湖泊的"海淀"与作为聚落的"海淀"是同时并存的。例如上文所引"长安客话"的记载可以为证。明人的诗文中，常常把作为湖泊的"海淀"与作为聚落的"海淀"互相混淆的。但是到了后来，作为湖泊的"海淀"不只是因为水田的开辟，更重要的还是由于相继而来的园林的点缀，终于逐渐消失。其结果，原始湖泊的名称，竟为后起的聚落所独专，于是作为湖泊的"海淀"渐为人所遗忘，而作为聚落的"海淀"反而~~在借用的名称~~逐渐发展起来。后世因为忘记了这一名称的起源，才有人把"海淀"写作"海店"、"海殿"或"海甸"，严格说来，这都是错误的。

"海淀"这一名称的演变过程，在以上所引"长安客话"中提供了有趣的左证。这段记载明确指出有南北两个"海淀"，这两个海淀原来是在开发过程中由人为的堤岸分割而成。但无论如何，这南北两个海淀的名称都是作为聚落而发展的海

北京大學圖書館藏學術名家手稿（一）

第 7 頁

淀镇上留下了它们转移的痕迹。现在镇的西南部有一条街道就叫"南海淀"。"北海淀"的名称现在虽已失传，但是在邻近校园入北京大学南墙之内的天仙庙中，却有一通明隆庆六年(1572)所立的重修天仙庙记石碑，碑文称庙地所在就是北海淀㊈。又根据燕南园1925年出土的明吕志伊墓志，也称其地为北海淀㊉。这都是把湖泊名称转移为聚落名称的旁证㊁。

~~湖泊名称之转移于聚落，海淀并不是唯一的例子。现在北京东部去高碑店约四公里有大郊亭村，又东约四公里有小郊亭村。这大小两郊亭村所在的地方，在宋朝时候还是一片洼湖名叫郊亭淀，其后日渐干涸，辟为农田。现在的大小郊亭村的名称，正是从旧日湖泊的名称转移而来。又如通州市以东约二十余公里，有地名夏店（或写作垫），根据水经注的记载，这里古代也有一片小湖名叫夏泽，所以我试以为夏店就是因古代夏泽而得名。~~

从以上地名的研究足以说明海淀聚落的起源和发展与巴沟低地的开发，是血肉相连的。它最初只是一个农业聚落，并且是开发这一地区的中心。金朝在北京(中都)建都之后，它因适当前往居庸关的大路上(图三)，遂成为来往行旅憩息之所，并因此而获得了一些商业上的性质，可能就是因为这个原因，才有人把"淀"改写为"店"。

25×20=500　　北京大學人文科學學報專用稿紙

侯仁之　海淀園林區的開發與北京大學校園

从海淀地名的研究所揭示的事实，就是这样。

(三)海淀园林的开发

现在必须进一步探讨的问题，就是巴沟低地农业的开发又如何进一步导致了园林的兴建。上文已经讲到，在巴沟低地上由于水田稻塘的经营，同时也就出现了华北平原上偏于十分罕见的江南景色。至少到元朝时候，这里已是大都城外的一个风景中心。这时由于新城的建立，城址去海淀的距离较之中都旧城已大为缩短，这在当时的交通情况下，自然也是促进这一地区作为风景中心而得进一步开发的有利条件（注三、金中都、元大都以及明清北京城与海淀位置比较图）。根据明时所发见的元朝碑刻，我们知道作为湖泊的"海淀"，当时已有"丹棱沜"之称（注四），丹棱沜这一十分典雅的名称本身，就是这一地区已经逐渐成为风景中心的标志，它肯定是出于封建剥削阶级的文人墨客之手，对于当地的劳动人民来说，自然是毫无意义的。在这里，一个地理名称的演变，也反映了封建时代剥削阶级与劳动人民在趣味上的根本对立。"海淀"这一名称，是富有充分的写实意义的。"海"字在这里乃是一个形容辞，生活在海淀湖上的劳动人民，把他们朝夕经营的这一片湖泊，把它叫做"海淀"，意在说明其大如海，这好像带有几分夸张的意味，却

第 9 頁

实在反映了他们对于自己辛勤劳动的一种自豪感。至于剥削阶级的文人墨客把它叫做"丹棱沜"，在他们自己看来也许较之"海淀"一名高雅可爱，但在劳动人民看来，却是没有意义的，是他们所完全不能理解的。㉓这在海淀如此，在海淀以西二公里的六郎庄的情形也是这样。六郎庄在明朝时候原本叫做牛栏庄，牛栏庄仍是一个农业聚落的名称，也是有着充分的写实意义的。但是剥削阶级的文人墨客，偏偏不喜欢这样的名称，以为鄙不雅驯，不堪入诗，因此竟有人擅自把它改作"柳浪庄"，㉔至于六郎庄则是传讹加上随着附近华家屯之改称挂甲屯，百望山之改称望儿山，㉕一并附会了杨家将的故事，从旧名音转而来。

以上所说海淀之别称丹棱沜、牛栏庄之改名柳浪庄，都说明了一个事实，那就是元明以来巴沟低地上类似江南的绮丽风光，已经成为文人墨客吟咏嬉游的胜地，这在明人的诗文中，记录所见，不一而足。㉖又如上文所引"长安客话"更明确指出这一带地方乃是近郊风景最为优美而且也是楼馆园[illegible]居

25×20=500　　北京大學人文科學學報專用稿紙

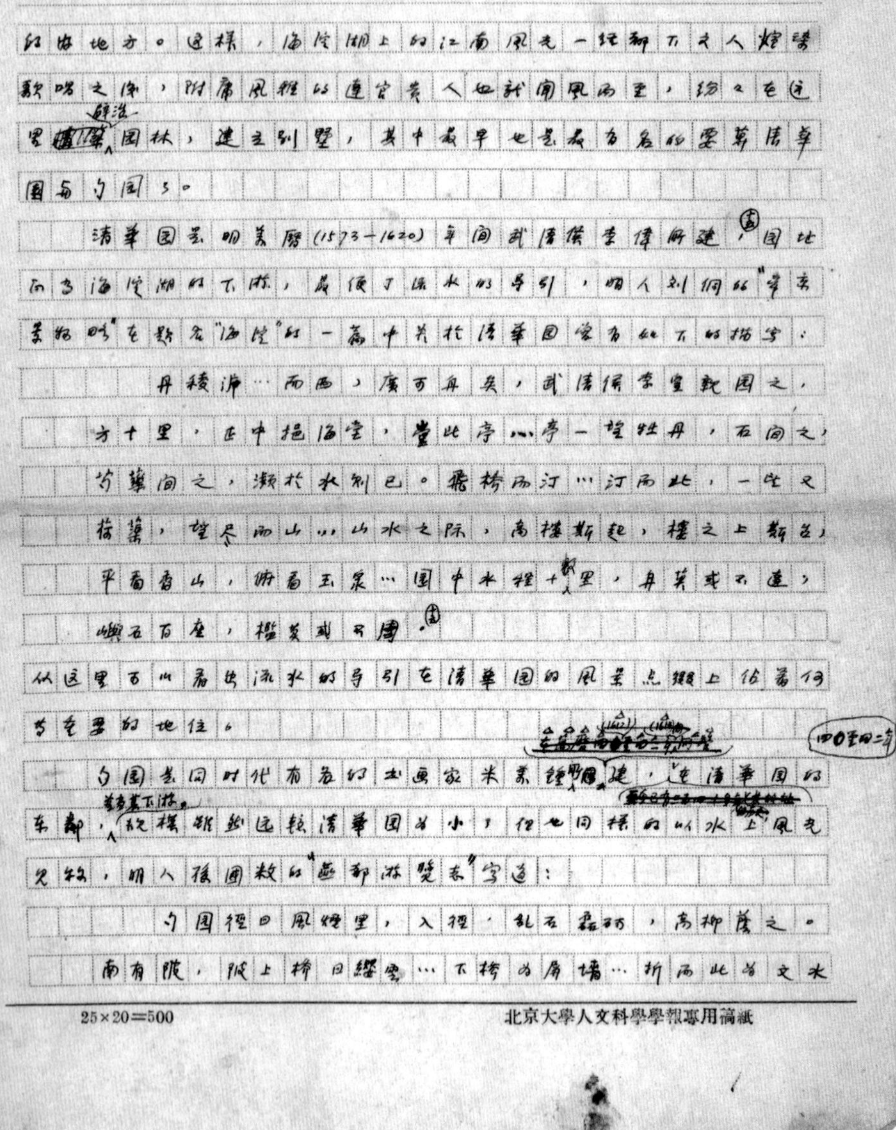

第 10 页

的好地方。这样，海淀湖上的江南风光一经那些文人墨客歌咏之余，附庸风雅的达官贵人也就闻风而至，纷纷在这里辟治园林，建立别墅，其中最早也是最有名的要算清华园与勺园了。

清华园是明万历(1573—1620)年间武清侯李伟所建，园址正当海淀湖的下游，最便于流水的导引，明人刘侗的"帝京景物略"在题名"海淀"的一篇中关于清华园曾有如下的描写：

丹棱沜……而西，广可舟矣，武清侯李皇亲园之，方十里，正中挹海堂，堂北亭，亭一望牡丹，石间之，芍药间之，濒于水则已。飞桥而汀，汀而北，一望又荷蕖，望尽而山，山水之际，高楼斯起，楼之上斯台，平看香山，俯看玉泉……园中水程十数里，舟莫或不达，屿石百座，槛莫或不周。

从这里可以看出流水的导引在清华园的风景点缀上占着何等重要的地位。

勺园是同时代有名的书画家米万钟所建，在清华园的东邻，当其下游。规模虽然远较清华园为小，但也同样的以水上风光见称，明人孙国敉的"燕都游览志"写道：

勺园径曰风烟里，入径，乱石磊砢，高柳荫之。南有陂，陂上桥曰缨云……下桥为屏墙……折而北为文水

25×20=500　　北京大學人文科學學報專用稿紙

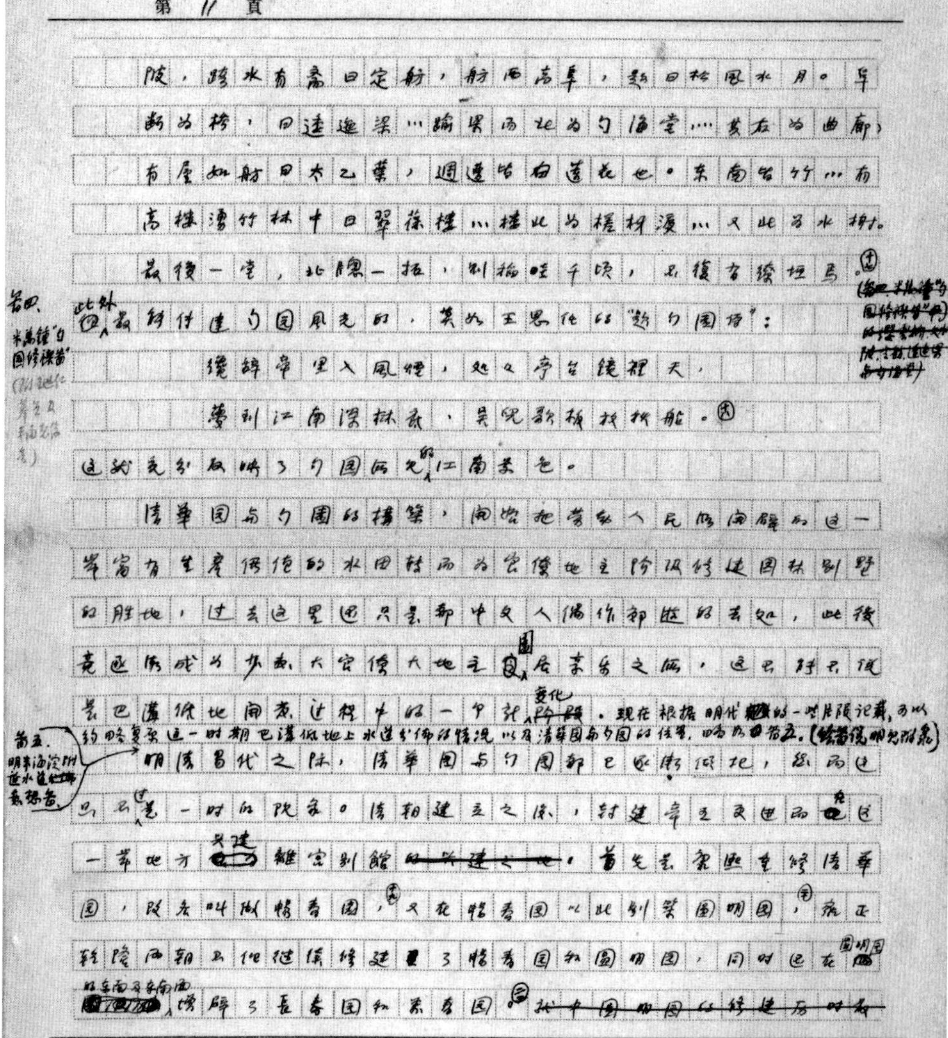
第 11 頁

陂，跨水有斋曰定舫，舫西高阜，题曰松风水月。阜断为桥，曰逶迤梁。逾梁而北为勺海堂……其右为曲廊，有屋如舫曰太乙叶，周遭皆白莲花也。东南皆竹，有高楼湧竹林中曰翠葆楼。楼北为槎枒渡，又北为水榭。最後一堂，北腰一拓，则稻畦千顷，不复有缕垣焉。[十四]

图四、米万钟"勺园修禊图"（附说明见附录）

此外，最能体现勺园风光的，莫如王思任的"题勺园诗"：

才辞帝里入风烟，处处亭台镜里天，

梦到江南深树底，吴儿歌板放秋船。[十五]

这就充分反映了勺园所具有的江南景色。

清华园与勺园的修筑，开始把劳动人民所开辟的这一带富有生产价值的水田村落化为官僚地主阶级修建园林别墅的胜地，过去这里还只是都中文人偶作郊游的去处，此後竟逐渐成为少数大官僚大地主园居享乐之所，这也标志着巴沟低地开发过程中的一个新变化。现在根据明代的一些片段记载，可以约略复原这一时期巴沟低地上水道分布的情况以及清华园与勺园的位置，略如图五。（绘图说明见附录）

图五、明末海淀附近水道略图

明清易代之际，清华园与勺园都已渐次衰圮，然而也只不过是一时的现象。清朝建立之後，封建帝王更进而在这一带地方兴建离宫别馆。首先是康熙重修清华园，改名叫做畅春园，[十六]又在畅春园以北别筑圆明园，[十七]雍正、乾隆两朝又继续修建了畅春园和圆明园，同时还在圆明园的东面及东南面增辟了长春园和绮春园。[十八]

25×20=500　北京大學人文科學學報專用稿紙

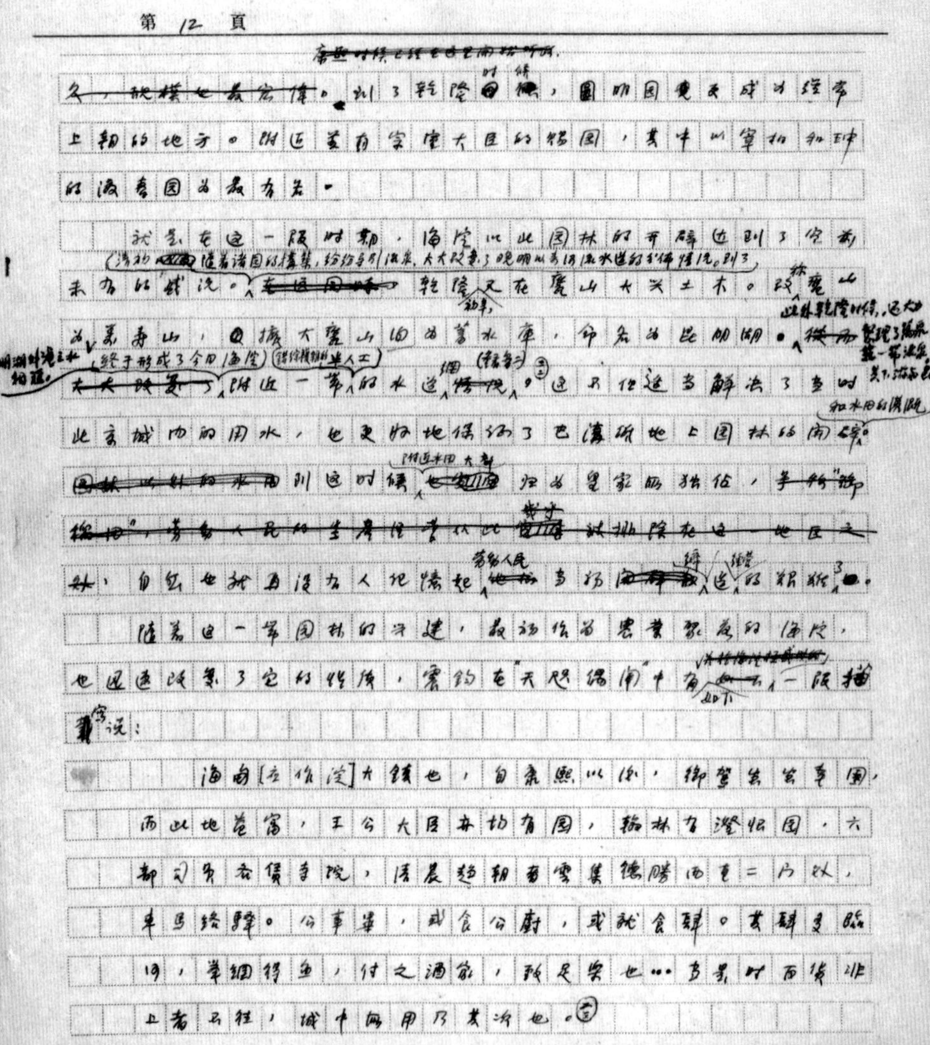

久。到了乾隆时候，圆明园更成为经常上朝的地方。附近并有宗室大臣的赐园，其中以勺园和和珅的淑春园为最有名。

就是在这一段时期，海淀以北园林的开辟达到了空前未有的盛况。（清初以来随着诸园的扩建，纷纷导引流泉，大大改变了晚明以前河流水道的自然情况。到了）乾隆初年，乾隆又在瓮山大兴土木，改称瓮山为万寿山，又扩大瓮山泊为蓄水库，命名为昆明湖。此外乾隆时候，还加整理了玉泉一带泉流，[illegible]。终于形成了今日海淀附近一带错综横斜的半人工的水道细流（错综）。这不但适当解决了当时北京城内的用水，也更好地保证了这一带地上园林的用水和水田的灌溉。附近水田大部则这时候归为皇家所独占，自然也就再没有人记起劳动人民当初缔造经营的艰辛了。

随着这一带园林的兴建，最初作为农业聚落的海淀，也迅速改变了它的性质，震钧在"天咫偶闻"中有如下一段描写说：

海甸[应作淀]大镇也，自康熙以来，御驾驻跸畅春园，而此地益富，王公大臣亦均有园，翰林有澄怀园，六部司员各赁寺院，清晨趋朝者云集德胜门外，车马络绎。公事毕，或食公厨，或就食肆。其肆多临河，举网得鱼，付之酒家，致足乐也……而此时百货非上者不往，城中所用乃其次也。㊂

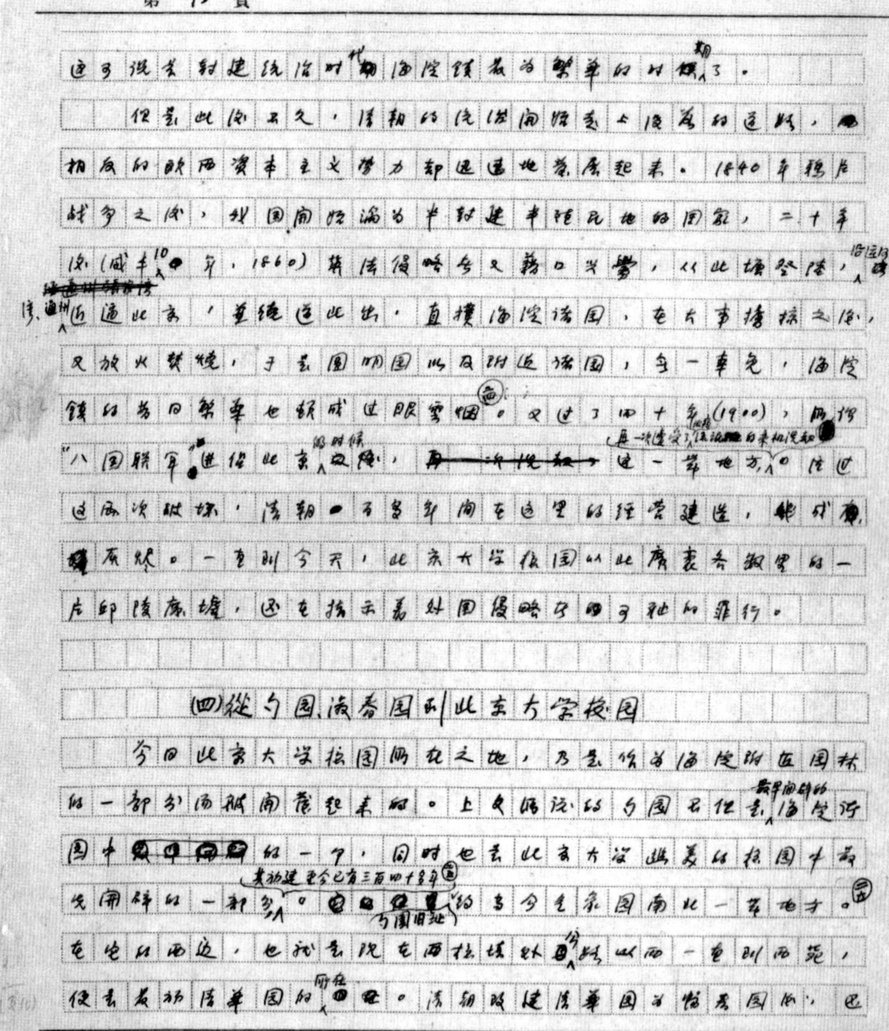

第 13 頁

这可说是封建统治时代海淀镇最为繁华的时期了。

但是此后不久，清朝的统治开始走上没落的道路，相反的欧西资本主义势力却迅速地发展起来。1840年鸦片战争之后，我国开始沦为半封建半殖民地的国家，二十年后（咸丰十年，1860）英法侵略军又藉口挑衅，从北塘登陆，沿运河北上，经通州进逼北京，并绕道北出，直扑海淀诸园，在大事掳掠之后，又放火焚烧，于是圆明园以及附近诸园，无一幸免，海淀镇的昔日繁华也顿成过眼云烟。又过了四十年（1900），所谓“八国联军”进犯北京的时候，这一带地方，再一次遭受了侵略者的蹂躏和洗劫。经过两次破坏，清朝二百多年间在这里的经营建造，终成废墟原状。一直到今天，北京大学校园以北广袤数里的一片邱陵废墟，还在指示着外国侵略者所犯下的罪行。

(四)从勺园、淑春园到北京大学校园

今日北京大学校园所在之地，乃是作为海淀附近园林的一部分而发展起来的。上文所说的勺园已经是最早开辟的海淀诸园中的一个，同时也是北京大学燕园校园中最先开辟的一部分，其始建距今已有三百四十多年。勺园旧址约当今农园南北一带地方。在它的西边，也就是现在西校门以外公路以西一直到西苑，便是最初清华园的所在。清朝改建清华园为畅春园，也

25×20=500　　北京大學人文科學學報專用稿紙

当下在东北一隅所修建的西宿舍的南门一直保存到今天，这就是北京大学西校门外迤南被称作"思诚斋"和"思义斋"的两座琉璃瓦朱墙的小建筑。勺园旧址以东，今有米家坟地。1929年夏在今第二体育馆西南掘得米万钟父米玉（嵩）的墓志，确定了这就是勺园东界以外的地方。勺园的面积虽然不大，但是善于流水的导引以及山石亭台楼榭的堆叠布置，使园中道路曲折地环绕，在有限的空间内创造了多层深邃的境界，赢得了当时文人的吟咏赞赏。北京大学图书馆原藏有米万钟于万历丁巳（1617）亲笔所绘的"勺园修禊图"画卷一轴（另有摹本藏北京大学图书馆），保存了园中当时风光。到了清初，随着畅春园圆明园的修建，勺园旧址改称弘雅园，嘉庆6年（1801）以后又叫做集贤院，是圆明园值班文武各衙门官员的公寓。这里值得纪念的是在乾隆58年（1793），中国接待了外国第一次正式派遣来华要求通商的使节，这就是英国的马戛尔尼（Lord Macartney）。为了在圆明园朝觐清帝，他就被安顿在弘雅园里。后来英法侵略军焚掠海淀诸园，也和集贤院有联系关系，因为据说英法侵略军的通事巴夏礼（Harry Parkes）等九人在通州被逮之后，曾经囚禁在这里，以后敌人为了报复，这才引兵从通州绕道北京北郊，直扑诸园。在旧日勺园这片狭小的土地上，竟有过这许多变迁，似乎早就从个人留传的一[illegible]到了现在，由于长期破坏後的荒芜，旧日景象渐无可寻，就是残留下来的一片地块，也早就在拆坟的倒填而化为平地了。这[西侧是在北京大学]校园的整理上最为筹策的一件事。

现在北京大学校园中风景最为优美之处，已不是勺园旧址，而是现在叫做未名湖的周围一带地方。在这里环绕着曲折蜿蜒的湖岸，岗峦起伏，迴环如带，说明了这乃是人工开凿与堆积的结果，相当完整地保存了人造园林的风格。这里实际就是上文所提到的淑春园的旧址。

淑春园是乾隆年间和珅的赐园，始建年代已不可考，但在未赐和珅以前已有淑春园之名，(三)和珅也曾呼它为十笏园。(三)和珅以乾清门侍卫起家，相位前后二十余年，极为乾隆所宠信。嘉庆4年乾隆死后未旬日，和珅也因罪赐死。他被罪名之一，就是在淑春园的经营建筑中，逾越规制，竟敢与帝王宫苑相比拟，例如[illegible]良"游淑相园感赋"一诗就有"绮纷环绕驰中禁，壮丽楼台拟上林"的句子，原注说："园中楼阁均仿圆明园内规模建造"。(四)又如（醇贤亲王）奕譞"中秋后遊舒[亦作淑]春园四律"一诗中，有描写"孤屿"的一章说：

杰阁凌云久渺茫，御墙绝峙水中央，
断垣残礎踪犹认，新株披榛失古径，
未观蓬瀛仙景里，已成解缚传三章，

从来养气惊涛幻，多事风帆世宦隔。(注)

原诗也有注文一条说："闻玄嵝楼阁，有仿圆明园蓬岛瑶台，后向时列入大雅之一。"此处所写的孤屿，就是现在未名湖中的小岛，岛上楼阁早已倾圮，现在只剩下东岸一只残破的石舫，算是淑春园遗留下来的唯一遗物了。淑春园的建筑比拟御苑到何程度，已经无从印证，但是这只石舫据了解竟模仿了昆明湖的石舫而造的。乾隆在昆明湖中造大石舫，意在象征他的帝国统治坚固安全，犹如驾石船于海洋中，不怕风吹浪打，永无破船的危险。(注) 和珅自以为佐治天下，身在一人之下，億万人之上，皇帝既在御园的大湖中造了一只大石舫，那么他也就可以在他赐园的小湖中造一只小石舫了。现在未名湖中石舫的来历，大约就是这样。

无论作法如何，淑春园中建筑的侈靡是可以想像的。根据故宫档案中所见查抄和珅赐园的清单，(注) 得知园中房舍共有一千三百六十间，到了同治年间多已拆除，(注) 残留的"临风待月楼"也见于时人诗文中。

和珅败后，淑春园被划分为东西两部，东部赐以书法闻名的成亲王永瑆，西部仍归和珅子丰绅殷德居住。据清制赐园不能作为私产传授，丰绅殷德因系乾隆驸马，所以还得留住半个淑春园。(注) 后来这东西两部分又合归睿亲王仁寿，因此也叫做"睿王园"。"睿"字满语为"墨尔根"，因此又别称墨尔根园。1919年墨尔根园由仁寿后人出售与当时的军阀陕西督军陈树藩，转年陈以统归美帝国主义道赠予燕京大学作为校地。淑春园旧地主权的转移，从封建贵族的没落户到北洋军阀再到帝国主义的这一过程，十分形象地说明了晚清以来旧中国统治势力的交替。淑春园中残余的建筑，在这一转移过程中，已经荡然无存，只剩下一些湖泊池塘的遗迹，环绕以冈峦起伏，依稀可见当日园林的景象。现在我们从旧燕京大学的档案里，找到了这一时期所实测的一付地图，图中淑春园旧址明显可辨（图六 淑春园遗址图）。把这一付地图和今日校园中西门以内以至未名湖畔一带地方加以比较，可以看出旧日造园的格局基本上得到了保留，只是湖面较之此前略有缩小，以致原来孤立湖心如奕譞所描写的"印壤宛峙水中央"的小岛，现在已与北岸一桥相接。此外为了扩大建筑面积，部分的池塘和水道，有的被填为平地，有的被筑为暗渠。看了这付校园未辟以前的旧图，足以使我们在欣赏流连于今日校园中湖光塔影的时候，不得不回想起历史上劳动人民在开辟这一旧园林的过程中所付出的血汗的代价。

图六

燕京大学在取得了淑春园的所有权以后，又把附近一些地方，包括勺园旧址以及开辟较晚的蔚如园，采用收买或长期租赁的方式，

25×20=500　　北京大學人文科學學報專用稿紙

陆续会集过来。在这些开辟较晚的园子中，最有名的当推澂春园西墙以外的蔚秀园和北墙以外的镜春园与朗润园（旧名春和园）。蔚秀园所在的地方原为定（永锡）（亲王）园，咸丰年间归于奕譞，才改为了蔚秀园的名称。正是从蔚秀园里乘船到对园宫中的澂春园时，奕譞写下了"云墙一抹隐墙外，偏是临风待月楼"的怀旧诗句。奕譞是道光第七子，因此旧日地方上的人也把蔚秀园叫做"七爷园"。在澂春园北墙以外的镜春园是嘉庆帝四女庄静固伦公主的赐园，其东原来也有嘉庆帝五子惠王绵愉的鸣鹤园。两园在清末都已荒芜，民国初年归为曾任大总统的徐世昌，因为地当海淀之北，改称淀北园。淀北园以北紧相毗连的，就是（贝勒）载涛的朗润园。载涛与德宗光绪（载湉）为兄弟，都是奕譞的儿子。清末为敷衍民意，伪言立宪。光绪32年（1906）七月在预备立宪的谕旨中曾经写道："廓清积弊，明定责成，必从官制入手，亟应先将官制分别议定。"随后这议定官制一事，就是在朗润园里进行的。这些园子和澂春园一样，都分布在海拔50公尺等高线以下的低地上，虽曾久经荒芜，却保存了十分难能可贵的园林景色，其曲折有致且在澂春园之上。现在作为住宅区，唯一不便，就是夏季过于潮湿。

除上述诸园以外，还有位于澂春园旧址东南的载治的别墅（俗称治贝子园）以及附近一些寺田村落与旧家坟地，也都先后归并于燕京大学，于是封建社会中这一帝王贵族官僚的园林别墅，到了半封建半殖民地时代，遂又变成了美帝国主义在中国进行文化侵略的一个重要据点。一直到解放之后，经过了伟大的抗美援

第19頁

朝与三反思想改造，这个文化侵略的据点才被彻底摧毁，随后又经过了院系调整，属于新民主主义性质的新北京大学终于在这里建立起来。

(五)建设中的北京大学新校园

49

五、建设中的北京大学新校园

北京大学自1952年迁校以来，随着教学任务的迅速发展和学生人数的急剧增加，校舍的扩建就成了十分迫切的问题。由于党和政府的积极关怀，自迁校至国庆十周年的前夕，七年之间，校园面积的扩大虽然还不到一倍，而建筑面积则几乎增加了三倍有奇。（参七、北京大学校园附图）新建筑已基本上是向着东南方向发展，不只是因为这里有较多的空地，更重要的是因为这里地势较高，从地形来说正是逐步登上了海淀台地。这在旧日虽不宜于园林的开辟，在今天却适合于大规模建筑工程的进行。例如适当这一发展方向的燕农园，旧日虽然也有一些人造的池塘和邱陵，意在点缀园林，但由于引水不易，同时又因为地下水位较深，凿泉无效，始终未能形成一个

（参七）

風景区。其地虽早归前燕京大学，但一直未有进行任何建筑，只是一度作為农事试验场（故称燕农園）。現在則已成為楼房林立的区域。从此向西，沿着燕南園南墙以外一直到軍机处胡同，都已开辟為学生宿舍区。其间叫做"娘娘庙西岔"的石板道，原是通往圆明園的大路。現在無復遺迹可見，而且軍机处胡同，也已被新建成的宿舍大楼截断。其名称不久也就要湮没無聞了。按"軍机处"原是清雍正中叶以後国家大政所从出，其作為地名而出現在海淀，与清朝皇帝在圆明園临朝听政有关。那时紫禁城隆宗门内原設有軍机堂，軍机大臣每日入值，都在这裡办公。圆明園也設有軍机堂，在左如意门内，而軍机处公所宿舍則設在海淀镇今軍机处胡同所在之地。現在这些残餘的、还帶有

40×15=600

20

封建统治意味的地名，很快地就要被一一泯灭，象征了新时代光辉的人民学府在这里已经迅速地成長起来。

以上所说是校園开拓的方向。

其次，從校園内部的远景规划来看，一个新教学区已经被确定下来，並且正在积极兴建中，其位置适当未名湖与燕农園之间，从此向東延長，一直到藍旗营，这就是将来正校门所在的地方。这一新教学区，東西長一千米，南北宽约五百米，不过其西部略狭而東部略阔。現在西部的哲学楼，教室楼，高级神经试验馆，化学楼，地学楼，文史楼，生物楼等都已建成，東部的物理楼也已近完工，今後还将有若干新的教学大楼，继续兴建。在東西部之间，将是校園的中心广场所在之地。广场的西边将有莊严雄偉的主楼，坐西向東，与未来的正校门，遥々相望。在新教学区的西端（今哲学楼与教室楼之间，附属小学佔用的地方），则计划为规模宏偉的大学图书館。从正校门向西，穿过广场主楼到大学图书館，这是新教学区的中軸線，所有教学大楼都採取对称的形势排列在中軸線的两边。中軸線的尽头，即大学图书館的館址所在，恰好是東西间地形較高之处，过此向西、向北，地势都逐渐傾斜，这就进入了旧日风景秀丽的園林区，也就是前燕京大学主要建筑物分佈的地方。前燕京大学的平面设计，在教学中心区也有一条中軸線，起自西校门，止於办公楼，总長一百米。过此中心，就来到了未名湖畔的风景区，使人有渐入幽深的感觉，这对旧日園林基础的利用，是有一定考慮而且

22

也是相当成功的。但其规模与建筑，已远不能适应今日的要求。建设中的新校园，从平面设计来看，恰好掉转了一个方向，把新教学区建筑在東南方的較高之处，佈局宏偉。新(東)校门内中軸線之長，五倍於旧(西)校门至办公楼的距离，而旧日校園包括西北一带的鏡春園朗润園和蔚秀園等，就都可以看作是後部的園林区了。这样，在新建的校園中，自東而西，自台地而低地，自宏偉莊丽的教学区而秀丽深邃的園林区，可以說是充分利用了这一带地形的特点和旧日造園的基礎。可以設想，在校园内沿着这一方向前进时，还可以遥見西山崛起，如屏如障，冬日晴雪，晚夏巧云，都会增加无限美丽的自然风光。

环绕新旧教学区的北、西、南三面，则就已有

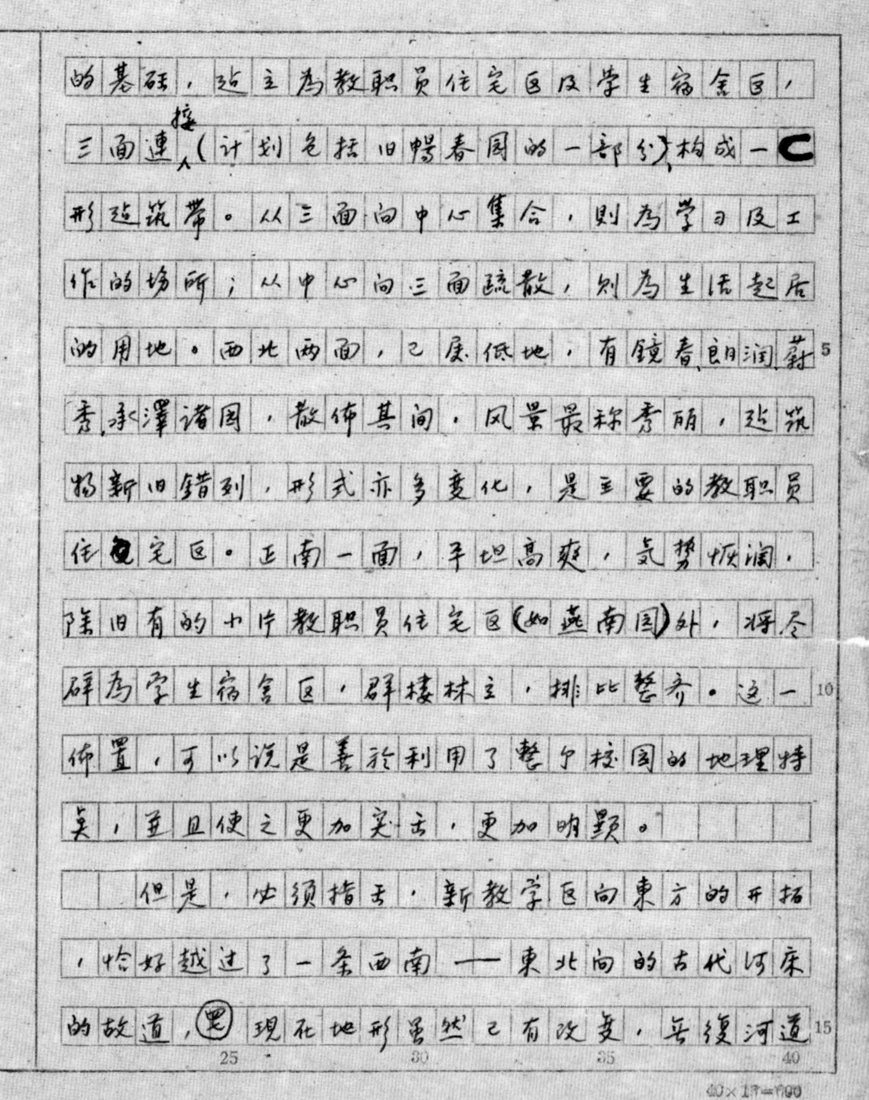

的基础，这里為教职员住宅区及学生宿舍区，三面連接（计划包括旧暢春园的一部分），构成一C形建筑带。从三面向中心集合，则為学习及工作的场所；从中心向三面疏散，则為生活起居的用地。西北两面，已属低地，有镜春、朗润、蔚秀、承澤诸园，散佈其间，风景最称秀丽，建筑物新旧错列，形式亦多变化，是主要的教职员住宅区。正南一面，平坦高爽，气势恢阔，除旧有的小片教职员住宅区（如燕南园）外，将尽辟為学生宿舍区，群楼林立，排比整齐。这一佈置，可以说是善於利用了整个校园的地理特点，并且使之更加突出，更加明显。

但是，必须指出，新教学区向東方的开拓，恰好越过了一条西南——東北向的古代河床的故道，[illegible]現在地形虽然已有改变，無復河道

22
23

遗迹可见，但在新辟的東南部校園之内，这里还是比较低下的地方。特别值得注意的是沿着校園旧界東墙之外(即今東南门外)，有一条排水沟，自南向北，正好穿行新开拓的教学区的中部(即未来广场主楼的後方)。(图八、横穿新教学区的排水沟道图)在这里沟身两岸，地形低下，有如漫洼，每当雨季，海淀镇以東与京颐公路以西的三角形洼地上所汇集的陂水，都要经由这一条排水沟集中下泄，过去雨大之年，校園旧界東墙之外，每多泛滥。今年七八两月特大暴雨，不但洪水溢出沟渠之外，且将下游大路(今東门外)，冲刷不堪，洪水过後，满目疮痍，有人称之为"北大龙须沟"，实不为过。今後新教学区的成長，也必然要受到它的威胁。因此，为了整理和美化新教学区，这条排水沟必须加以整治；为了预防陂水的泛

(图八)

溢，更有未雨绸缪的必要。如只寄托希望於下水道的敷设，並不足以解决这一问题，必须从上游海淀镇的三角形洼地着手整理。这应该作为校园水道整理计划的一部分，（四九）与校园的远景规划相结合，及早进行处理。

（六）结束语

海淀一带，原是北京西北郊最有名的园林区，其早年的开发，首当归功於劳动人民的缔造经营。其後，官僚地主以及封建帝王，相继占有，从营造园林别墅，一直到建筑规模宏伟的离宫。在这其间，历代劳动人民所付出的血汗，也是难以计算的。清朝後期，当我国开始沦为半封建半殖民地的悲残境地时，这一带地方又残遭外国侵略者的摧残和破坏，明年将

23
24

是圆明园被焚的一百周年（1860—1960）。正是在海淀园林的旧基上，帝国主义者又建立起实行文化侵略的堡垒。但是随着人民革命的胜利，随着新中国的诞生，这一切都已经永远成为历史的陈迹。现在，仅仅经过十周年，我国人民，在伟大的中国共产党和毛主席的领导下已经迈开极其雄伟的步伐，以史无前例的速度，沿着社会主义建设的道路，昂首前进了！正是在这一前提下，海淀一带作为首都高等学校与科学研究机关林立的地区，也开始进入了一个完全新的发展时期，并且大大扩大了它的范围。十年以来，它的面貌已经发生了根本的变化，过去残破凋零的没落景象不但一去不复返了，而且它已成为祖国大地上万紫千红中一座芬芳瑰丽的科学文化的大花园。在这里，来自祖国各个角落的青年们将受到党的栽培和教育，在这里将开放出中国人民值得骄傲的最光辉最灿烂的花朵。这是当初开辟海淀园林的劳动人民，再也梦想不到的事。他们的辛勤劳苦将永远受到後人的尊敬和怀念。

1959年秋学期之始 燕南园

附注 ㈠ 普通所指圆明园，实际上也包括了相毗连的长春园和万春园，也叫做圆明三园。

㈡ 王恽，"中堂事记"："中统元年赴開平，三月五日發燕京，宿通玄北郭，六日早憇海店，距京城二十里。"（日下旧闻考卷37，页17—18引） 按中统元年当公元1260年，燕京当时中都的别称，城址东半约与今北京外城西部相重叠。通玄门是燕京城北面三门的正中一門，故址当在今白云观附近。海店即今海淀。

㈢ 海淀台地和巴沟低地的分界，见侯仁之"北京海淀附近的地形水道與聚落"（地理学报18卷，1-2期，页1—18，1951年6月）。这里有关海淀镇地理特点及其聚落形成的基本论点，俱见该文。

㈣ 清高宗"万泉庄记"（文集卷10，页12—14）（详记万泉庄附近诸泉，并命立名标，可资参证。）又参看日下旧闻考按语（卷79，页11—12）。按巴沟低地因适当潜水溢出带，不但有天然泉流，且极便于人工水井的开凿，见下文。这一潜水溢出带的成因，见周慕林，"首都建设中的地质问题"（地质知识1956年，第7期，页1—7）。

㈤ （北京及其附近地区，旧有九十九淀之称。）"风庭扫叶录"："左思魏都赋有掘鲤之淀，或云即猪狸淀。广韵淀泊属，音殿，是也。今京师有南淀北淀，近畿则有方淀、三角淀、大淀、小淀、清淀、洄淀、劳淀、滟淀、回青淀、延芳淀、小兰淀、大兰淀、得胜淀、高桥淀、金盏儿淀、草淀、大莲花淀、小莲花淀、汪鸭淀、白羊淀、黑羊淀、黄颡淀、燕巢淀、中桥淀、火烧淀、下光淀、大光淀、粘料淀、破船淀、水纹淀、百水淀、五官淀、东池淀、广平淀、陈人淀、武盍淀、洛阳淀、齐女淀、边吴淀、燕丹淀、赵黄子淀、西宫淀。其他不能悉记，凡九十九淀。按说文無淀字，傅写者或作淘，或作澱，或作垫者，皆非。"（朱彝尊日下旧闻卷22补遗，页1引）。所记南淀北淀，可能即是南海淀北海淀。

㈥ 卷4，页1。引文中"藉神皋之佳丽，卸居之胜区"二句，直接袭用王嘉谟丹棱沜记中语〔并记出处〕（见注十）。

㈦ 明隆庆6年重修天仙庙记："北海店在都城西，去城二十里许，故有天仙庙，不审创自何代，岁久倾圮……"

第 25 頁

⑧ 该文首句曰："维德堪吕氏，逍遥于北海甸，乐彼葱郁，乃鸠工筑之。"又该文称吕某伊葬于明万历辛丑（29年，1601），先于下文所叙勺园之构筑十一、二年（见注二五）。墓碣系出土地上在今燕南园59号宅下，该石现存北京大学。洪业有"明吕乾斋吕宇衡祖孙二墓志铭考"（燕京学报卷3，页527-536，1928年6月）。

⑨ 湖泊名称之转称于聚落，海淀并不是唯一的例子。现在北京东郊去广渠门约4公里有大郊亭村，又东约4公里有小郊亭村。这大小两郊亭村所在的地方，在宋朝时候还有一片叫做郊亭淀的湖泊（见宋史卷264宋琪传），其后因淤塞干涸，辟为农田。现在的大小郊亭村的名称，正是从旧日湖泊的名称转嫁而来。又如固安县东北约20公里，有地名夏村（本作垡），根据水经注的记载，这里原来也有一片大湖，名叫夏泽（四部丛刊本卷14，页9）。顾炎武以为夏村就是因古代夏泽而得名。（日知录，"夏谦泽"条，黄汝成本页47）

⑩ 王嘉谟"丹棱沜记"："出西直门十五里曰海淀……有古祠一，断碑，题云上郡路副使吴思真撰文云丹棱沜，而余数行，余皆磨灭。"（孙承泽春明梦余录卷65，页24-26，又日下旧闻考卷22，页5-6，引自蓟丘集）。作者自称记文作于万历癸未（11年，1583），早于勺园的构筑三十年。当时嘉谟读书于海淀，字作郊游（见记末自叙），这一篇丹棱沜记是关于海淀乡土地理最早的而且是最有价值的记述之一。

⑪ 丹棱沜的名称虽然一直保留到明朝，但始终未能代替海淀二字，最多亦不过把它当做海淀一名的别称，或者作为雅称罢了，把丹棱沜说成是这一带湖泊中的一个，但这都是不妥当的。

⑫ 李园之名见明张爵"京师五城坊巷胡同集"（北平图书馆刊本页13），柳园之名见清博明"西斋偶得"（光绪庚子杭州重刊本页23）。

⑬ 奉宽"妙峰山琐记"（1929），页7、又页15-16。

25×20=500　　北京大學人文科學學報專用稿紙

⑭ 洪業"勺园图录考"(1933)考录最详。

⑮ 王嘉谟"丹棱泮記"谓傍湖有"李戚人别業"，即清华园，见吴若溪拾遗，可知清华园的修建早于勺园至少三十年（参看注十）。

又高道素明水轩日记："清華园前后重湖，一望漾渺，在都下为名园第一。若以水论，江淮以北亦当第一也。"（日下旧闻卷22補遗，页4引），也写出了清華园的特点。

⑯ 古典文学出版社1957年重印本，页91。

⑰ "日下旧闻"卷22，页8—9引。关于勺園的造园艺術，参看王世仁"勺园仿模若中所见的一些中国庭园布置手法"（文物参考资料，1957年第六期）。

⑱ 仝上卷79引王季重集。

⑲ 清圣祖"暢春园記"（文集第二集，卷33，页11—12）。

⑳ 清世宗"圓明园記"（文集卷5，页13—14）。

㉑ 清史稿職官志，乾隆16年長春园建成。景春园建成年代不详，只記乾隆37年置總領一人。

㉒ 日下旧闻考卷84，页1—2，並参校附录：明末及乾隆时海淀附近水道意想图若干说明。

㉓ 卷9，页12。又十明記澄怀园，在圓明园南墙外，初为大学士張廷玉賜园，后来称澄怀园（見宸垣识略卷14，页16），故址即今北大东北之文园一带。

㉔ 圓明园之被毁，参看王威：圓明园（1957北京出版社）。

诸园被毁之后，海淀镇的冷落情况，震鈞在所记述："自庚申（1860）秋御园被燹，翠輦不来，湖上諸园及園鎮長衢，日就零落。旧日士大夫居第多在灯籠库一带，朱门碧瓦，累棟連甍，与城中無異，今漸見頹廢，非復旧时王謝矣。"（天咫偶闻卷9，页12）。

㉕ 勺園最初的構築，根据洪業勺园图录考的考订（页21），应在明萬曆壬子（40年，1612）与甲寅（42年，1614）之间。

㉖ 許地山"燕京大学校址小史"（燕京学报第6期，1929年12月，页147—153），以今未名湖畔一带为勺园故址，是完全錯误的。

㉗ 恩佑寺康熙时建，恩慕寺乾隆时建，详看日下旧闻考卷76，页18—19。又韓良佐"燕京大学校友门外恩佑恩慕二寺考"（史学年報第2期）。

㉘ 著者现今在北京大学办公楼走廊。按日下旧闻考13"海淀之东有米家坟在焉"（卷79，页19），实在海淀之北。

㉙ 吴長垣宸垣识略卷14，页10。又嘉慶东華录卷11，六年五月癸卯条。弘雅园当时亦作宏雅园，避乾隆讳。

（二十）英使马戛尔尼来聘案（掌故丛编本）页31—34。又马戛尔尼出使日记与其秘书巴罗中国旅行记、私人安德生随使中国记、卫兵侯而谟日记以及荷使团秘书斯当东出使中国记，皆有关于圆明园的记载，与圆明园资料专辑都有介绍（页58—59）。

（二十一）集贤院被毁后，未曾再建，其地后由溥伦于1925年出售予燕京大学，（与圆明园资料专辑页61—62）。

（二十二）会典事例："乾隆二十八年内务府奏准圆明园所有淑春园最北楼门外各处水田……"（商务印书馆石印小字本卷1194，页2）。

（二十三）昭梿，啸亭杂录（商务印书馆铅印本）页163。

（二十四）抱冲斋诗集卷34，页9。

（二十五）九思堂诗稿卷7，页13。

（二十六）清高宗咏石舫诗："雪棹烟篷何碍冻，春风秋月不惊澜，载舟昔喻存深慎，镜水因思鉴永安。"（诗二集，卷60，页20）。

（二十七）故宫博物院史料旬刊第14期。

（二十八）奕譞游淑春园诗序："其园乾隆年间归和相珅，籍没后入官。后分赐园二处，分柳材于稀，只恒亭台之修之能，后赐睿邸园寓，跳楼宇何存，山水之奥美固自若也。"（九思堂诗稿卷7，页13）。

（二十九）同见史料旬刊所载谕文。

（三十）旧燕京大学时朗润园系只是长期租赁，北京大学迁校之后，才于1953年7月正式收买。同时由北京大学购买的还有蔚秀园以西相隔一水的承泽园。按承泽园原为奕劻（庆亲王）园寓，后分为东西二院，东院即今园址，"曾"为旧燕京大学所租赁。以上都见档案。

（三十一）九思堂诗稿续编卷6，页19。

（三十二）十朝诗乘载："光绪丙午[32年]设立大臣议官制于朗润园，如尽裁九卿。……是年八月，旋改巡警部为民政，户部为度支，兵部为陆军，刑部为法部，工部并商部为农工商，理藩院改部，大理寺为院，即朗润园所定也。"（卷24，页2）

(四三) 在归併入校园的村落中，保存的名称一直保留到今天，也就是现在二○院西边的几家住宅所在的地方。这几家门牌仍称佟府。据传为当由清朝皇亲佟国维府得名。佟家在康熙年间，显赫一时。康熙的母亲，以及他的一后一妃，都是出自佟家。佟府之南原有佟家坟，已不可考。又今东一条校园道路北端，原叫书铺胡同，东边则是成府大成坊的一部分，这里原本都有一些民房店铺，早已拆除。成府也将陆续拆除。前者据说因明亲王府得名，后者所指不详，已不可考。至于校园内併入的墓地很多，至今尚有遗迹可知，只有俄文楼南土山后面的杭家坟。山南有墓，1954年新建六院时被削平，土山亦削去大半。据墓主墓前二碑，知是康熙间曾任四川巡抚杭爱墓，二碑现在今址。这带地方，自俄文楼旧址以南，与园旧址以东，地形渐高，旧日多有墓葬。就所知，最早的墓是1953年在地学楼西端土坡上拆移的辽金时代的一座古墓。

(四四) 抗日战争期间，自1941年12月至1945年8月，燕京大学校园为日本帝国主义侵占，一部分作为军医院，一部分用以设立了所谓"华北综合调查研究所"，还有一部分作为营建工厂之用。并从清华园车站设有铁路支线，一直向西，经由今中关园，而止于地学楼与化学楼之间。抗战胜利后，随即拆除。

~~(四五) 旧燕京大学校园面积共计93.91公顷，所有建筑面积共计79,630平方米。至1958年春，北京大学校园面积扩展至137.35公顷，1952年以来新建房屋建筑面积148,571平方米，购入建筑面积5,964平方米，合计154535平方公尺。~~

(四五) 所谓姑姑庵，即是上文中之天仙庵。石板大道从此以北，经旧佟府村（已入校园）西，循蔚秀园之南而西，以达圆明园。佟府村西一段，旧併入燕京大学，早被拆除。

(四六) 参看光绪清会典（商务再版石印本卷3，页1）及邓文如"谈军机处"（燕京大学史学年报二卷，4期，页193–198，1937年12月）。

(四七) 参看明末海淀附近水道意想图。这些古河道，诸如多已断流。其西端约当今第二体育館至第二教学楼一带，由于早已划归校园之内，经过屡次建筑工事的进行，地形多已改变，已无踪迹可寻。但是它的东部，在两三年以前，还是明显可见的。以后由于开辟运动场，才加以平整，这就是现在物理大楼兴建的地方。从此往东再转而东北，至今也还有一道残余的旱河床，通向清华大学校园之内，其下游在新林院之北，与今河道相接连。

这一古河道本来还可排除涨水的，但是由于中关园以西宿舍的修建，已经阻绝了一部分涨水的来源；另一部分经过中关园由平河沟北泄以入古河道的涨水，由于上述一带中国科学院建筑工事的进行，也已基本断流。

（四八）这一地区的涨水，按照自然地势，应由东南流向西北，从今海淀镇北部一带，排入巴沟低地。但是由于海淀镇的新房屋与房屋的兴建，已经完全截断了这一方向上的一切天然排泄路线，以而使汇集在三角形洼地上的涨水，只有集中北泄，终于在旧燕京园东墙之外，形成一条大沟。

（四九）校园水道的整理，除去新开辟的地区之外，还应该注意到整个的河湖系统。这些旧有的河湖系统，因为多年以来未经疏浚，淤塞残形，十分严重，这不但有损于自然风景，而且对于环境卫生也产生了不良的影响。特别是校园的西北部，多由旧日园林合併而成。这些旧日园林，各有自己的水道系统，彼此之间缺乏应有的联系。这种情况，也须改变。又镜春园及朗润园东部出水之口，地势低下，每当雨季，校园以外的涨水，常有倒灌的情况，极易形成校墙内外的阻塞泛滥之患。其地也应整治的地区，因此也必须及早加以整治。总之，校园以内的水道整理，不容再缓；这也应该看作是学校基本建设的一部分。提出计划之后，可以实现计划，组织师生参加劳动，美化和改造自己的生活环境。

附录：明末海淀附近水道参考图的说明

这付草图的拟绘，主要有下列文献根据：

(一) 瓮山泊

瓮山泊在明朝则称西湖、西湖景、大泊湖、七里泊等，也就是现在昆明湖的前身。其面积远较今日为小，清乾隆8年(1743)加以疏浚扩大，改称今名。乾隆"万寿山昆明湖记"说："…因命就瓮山前，芟苇茭之丛杂，浚沙泥之隘塞，汇西湖之水，都为一区，经始之时，司事者咸以为新湖之廓与深，两倍于旧，踟蹰虑水之不足。及湖成而水通，则汪洋漭沆，较旧倍盛。"（碑在万寿山佛香阁东转轮藏）

明人有关瓮山的记载很多，姑举三例如下：

(1) 李东阳"游西山记"记西湖曰："湖方十余里，有山趾其涯，曰瓮山，其寺曰圆静寺，左田右湖，近山之境，於为始胜。"（怀麓堂集，文稿卷10，页1）（引文着点作者加，下同。）按所谓"左田右湖"係指在圆静寺前而言。圆静寺旧址，为今排云殿所在。明时寺前之东(左)为田，寺前之西(右)为湖，西南有长堤，直至今龙王庙，详议下。

(2) 宋彦"山行杂记"（记瓮山之游览）："步西湖堤右小龙王庙，坐门阁，望湖，湖修三倍于广，面多其衢，得湖胜最全。"（宝颜堂秘笈本，页2。按此处係在小龙王庙，与下文所称堤上龙王庙有别。）

(3) 蒋一葵"长安客话"："西湖去玉泉山仅里许，即玉泉龙泉所潴。此地最低，受诸泉之委，汇为巨浸，土名大泊湖……近为南人兴水田之利，尽决诸洼，筑堤列塍，为菑为畬，菱芡莲菰，靡不毕具，绝似江南风景，而长波澄碧则少减矣。"（日下旧闻卷22，页9引）

[illegible]

根据前二条，略知湖的发展与形状。根据后一条，可以知道湖水上源及明末湖的缩小的一些情况。应该指出说明的，即元郭守敬曾引昌平白浮泉，西转而南，经瓮山泊以入大都城（侯仁之"北京都市发展过程中的水源问题"，北京大学学报，人文科学版，1955年第1期，页152-154），所以那时瓮山泊的西受玉泉龙泉之水（春明梦余录卷69，页18："龙泉自金山西山下涌出，汇而为池，甃石为暗渠，引水伏流约五里许，南经功德寺前入西湖。按其遗久废，功德寺今尚存，在玉泉山东，青龙桥西南。）。可是到了明朝，白浮泉引水故道已废，只后方此来之水注入瓮山泊（相反的，青龙桥下涌水北流，素为清河上源）。但古由瓮山泊而东南入城的水道，即今长河的前身，则始终未变。因此自瓮山泊东岸一直向南延长到今蓝靛厂长春桥的长堤，以防湖水南行，所以也保留下来。这道长堤，在明时叫做西堤，又叫西湖堤、龙泉堤等，也就是现在从昆明湖东岸到长春桥的大堤的前身。

(二)西堤

上述明时西堤傍湖东岸一段，在清乾隆初扩大昆明湖时，已有改变。乾隆29年（1764）所作西堤诗有："西堤此日是东堤"之句（诗刻于碑，今昆明湖东岸铜牛之北）。意思是说从前所说的西堤，现在大变成东堤了。实际上，这一段堤，已非明时所谓西堤之旧。

这是当时城中游人前往西山的大道。

明人关于西堤的记述也很多，摘举数例如下：

(1)李流芳记："出西直门过高梁桥，可十余里，至元君祠，折而北，有平堤十里，夹道皆古柳，参差掩映，澄湖百顷，一望渺然，西山匌匒，与波光上下，远见功德古刹及玉泉亭榭，朱门碧瓦，青林翠嶂，互相缀发，湖中菰蒲零乱，鸥鹭翩翻，如在江南画中。"（春明梦余录卷66引） 按这里所说元君祠即是今蓝靛厂之碧霞元君祠，所谓"平堤十里"正从这里开始，与今日情形无异。

(2)刘侗《帝京景物略》："水从高梁桥西又西，以傍极乐、真觉诸寺临之，前者广源闸节之，上麦庄桥越之，以过桥，水亦已深，偏得渟衍，遂湖焉。界之长堤，湖在堤南，堤则北；稻田且塘在堤北，堤则南。曰西堤者，城西堤也。堤，官堤，人无敢亭，无敢射，无敢渔，犹年年成一湖，以堤行八九里，龙王庙，庙之傍黑龙潭，隔湖一堤，而看若水。又行一里，堤始尾，湖始微，荇香始回。"（古典文学出版社重印本，1957，页106） 按（广源闸元郭守敬建，今仍其旧，已见本章前注。）麦庄桥在今蓝靛厂长春桥之南，原已圮废，当近重建桥路。桥东端隔路有乾隆"麦庄桥记"石碑，卧埋地中，作者曾掘得之。西堤之得名，据此处解释，以在城西之故。而西湖之称则往里有关，当是沿袭元人的旧称。所说堤岸宫墙，确实可信。因为元都北，为了引水入都城，修筑此堤，非私家所经营，所以堤上不准修建房屋，湖中也不许行船捕鱼。更可注意的是所记堤上北行八九里，有龙王庙，庙旁有黑龙潭。潭在堤之东，与西湖不相连属，所以说"西湖一堤，而分为水"。"从龙王庙向北再走一里，西堤就到了尽头，西湖也就到了边缘。这里所谓龙王庙，与确定当时西堤位置很有关系，值得注意。明人记述中提到西堤龙王庙的，这里举两个例子：宋彦"山行杂记"："西湖北[青龙桥]筑长堤五六里，两面皆绝无人家，夹堤烟柳，绿荫参天，树多合抱者。龙王庙据其中，仅之一屋耳。……夏月行堤上，向视平畴千顷，绿雪扑地；北望波光十里，空濛际天，诸峰皆在眉睫间，绝与武陵有脂粉气。"又袁宗道"潇碧堂集"："西湖莲花千亩，以宫禁系，故花事特盛。出青堤，至龙王庙，兜风绕袖，至功德寺，水渐少，花亦减矣。"（日下旧闻考卷22，页9引）于此可知明时西堤上有龙王庙，是毫不置疑的。又有人把西堤叫做龙潭堤，则是因为龙王庙旁有黑龙潭之故，如袁中道"珂雪斋集"说："出西直门，过高梁桥，杨柳夹道，带以清溪，……过响水闸，听水声汹汹，至龙潭堤，树益茂，水益阔，是为西湖也。"（春明梦余录卷68，页?引）

至龙潭，堤树益茂

所记响水闸，当即广源闸。这里值得注意的是现在昆明湖东岸长堤上并无龙王庙的踪迹可寻。倒是十七孔桥西端的小岛却被俗称为龙王庙，这是什么原因呢？原来岛上有一座广润灵雨祠，本来就叫做龙王庙，乾隆15年（1750）重修之后，这才改称今名。乾隆"广润祠诗"有序说："昆明湖上旧有龙神祠，岁祀荐之，而名之曰广润云。"（日下旧闻考卷84，页22引）这龙神祠就是俗称的龙王庙。但当乾隆重修之后，又给它起了一个迂为典雅的新名字，而原来龙王庙的俗称却都仍被保留下来，而且变成了全岛的名称。据此可以得出结论：龙王庙明时实在西堤之上，今则处于湖中，不是庙址迁移，而是湖面扩大。明时堤之东原为稻田，今则已成为湖。而庙址所在，则被留为湖中之岛。这都是乾隆15年开拓昆明湖东岸的结果。由此推，可以知道明时西堤，自南而北，直经今昆明湖中龙王庙岛，而止于其北约一里之处。据此可以比较准确的复原明时这一段西堤的位置和走向。

（三）圆静寺

上引李东阳"怀麓堂集"，记瓮山之阳有圆静寺。乾隆15年就其遗址建大报恩延寿寺，并改称瓮山为万寿山。（日下旧闻考卷84，页1，按语）清末又就延寿寺旧址建筑了现在的排云殿。排云殿南去湖岸不远，但在明时这一带山湖之间的狭隘陆地却较今日为宽广。宋彦"山行杂记"述记他到圆静寺西邻之仁慈庵前，沿西湖北岸，过台水田，他曾写道："瓮山前仁慈庵，菜畦有古意，入门三石蹬，西有楼，松桧夹之。登石磴二十级，有堂三楹，两翼廊之，西庑为前楼，看山下水田，绿映北壁。数百步外即西湖。凭楼望之则多稻水，波十里澄光，若镜带耳。"(见1.) 那时这里背山面湖之处还有一个叫做瓮山的村落，(日下旧闻考卷22，页20引明一统志) 大约有百余户人家。(参看[illegible]页106，"西堤"条) 今日排云殿西临昆明湖北岸之正中，而那时的圆静寺却正当西湖的东北角方。因此寺前向东(南)为稻田，向右(西)才是湖面。故上引李东阳记有"右田左湖"之说。又宋启明"长安可游记"也写道："瓮山圆静寺左俯绿畴，右临碧浸，近山之胜，于是乎始。"(日下旧闻考卷22，页18引) 这都足以证明今昆明湖东北一角，在明朝时候，也为陆地。

此外可为左证的，还有元耶律楚材的墓地。墓在今颐和园仁寿殿南，西去湖岸甚近，当时选择墓地不宜如此。王崇简"青箱堂集"谓："瓮山下有广南约十亩，旧为耶律丞相祠，堂楹中尚存公及夫人二石像，端坐陌头，尤前二翁仲，一像已高身刻甚古，迄今三十年，断陷已平，问之土人，鲜有知公墓者。墓西半里圆静寺僧犹能言其处。"(日下旧闻考卷22补遗，页21—3上) 此称"陌头"，故"墓西半里圆静寺"，皆不言近湖。其后沈德符"野获编"又记道："近日一太人治别业于京师之西山，忽发一塚……不知为何人葬地……未几掘得碣石，则楚材墓也。"(续道光丁亥刻本，卷28，页10) 其地应湖既足以营别业，可知去湖岸还有一段距离。

(四)圆静寺前石桥

宋彦"山行杂记"还曾记道："瓮山前，仁慈庵，……左为圆静寺，寺门度石桥，大道通湖堤。"(页1.) 湖堤即今西堤，所记石桥应指圆静寺门前临近西堤的北端，为来往行人所必经。又刘侗"帝京景物略"曰："瓮山……童童无草木，……度山前小桥而南，人家傍山临西湖，水田棋布，……山上一元寺，……有敕曰圆静。"(页109) 按这里所记山前小桥，应当就是"山行杂记"中的石桥。山前既有桥，桥下也当有流水自西湖西出，这在顾绍芳"游西山记"中可以得到印证："丙戌[1586]三月，……谋以归道游海淀庄，乃益缘瓮山而北〔自西山来，今依缘瓮山而来〕，泉自西湖别出为小溪，垂柳覆之，其前皆成江南稻畦，即湖堤上所见也。过桥入……小息。"(宝庵集，北京图书馆藏旧抄本，卷13，页11) 按作者自西山游归，缘瓮山经西堤至海淀，圆静寺前石桥，也其所经，而记中所谓"泉自西湖别出为小溪"，当是桥下流出的小河。河出之水，专于灌溉稻田。当时西堤以东，尽是稻田，与今日情况，大体相似。参看"日下旧闻"也记道："西湖堤东，稻畦千顷，接瓮山之麓，有寺曰圆静。"(日下旧闻卷22，页13) 这与顾绍芳记完全相同。

(五)岣嵝河

王嘉谟"丹棱沜记"记有小河自西湖东出，名叫岣嵝河，应该就是圆静寺前石桥下流出的小河。记曰："京西十五里为海淀，淀凡二，南淀则稍于白龙庵；又南注于湖，北淀斜隅岣嵝河。又西五里为瓮山，又五里为青龙桥。[岣嵝]河东南流入于淀之夕阳，北而南者五里，旁为巴沟隅，曰丹棱沜。……沜而北，自岣嵝而北，入于西湖。"(春明梦余录卷65，页24—25引)这里明确指出岣嵝河上游分西湖之水，下游自西端注入淀。自此而南，一片溪流陂塘与稻田相间，即当时文人墨客所称为丹棱沜的湖泊故地。清初随着海淀御园的修筑，水道大变，岣嵝河的名称因而失传。

(六)清华园

王嘉谟"丹棱沜记"又写道："沜之大以百顷，十亩潴为湖，二十亩沈洒种稻，厥田上上。湖圜而缺于西，可以舟。其地虚敞，西阳有贵人别业在焉。木益盛，最后为楼一区，沜自垣以西，入于楼之滑，为小湖，……登楼，则沜多其腹以贯于南，荧曜如银。其十亩外，有大垂[闸]，铁锁缆之以度行者。度而南则为官道，东入海淀[镇]。循沜而西，南或西，町疃相连。有石梁一，左曰西句。后游为小溪，……溪中倒映，见西山诸峰如镜……又南为陂者五六，〔泄水再流为溪，有村一，土曰东桂，土人汲焉，始入地中，出于巴沟，〕自沟达于白石[桥]，以入於高梁[河]。……西向[按疑是东向]（此句有字误）之东，有古祠一，断碑，延元上都转运使某里某撰文，云丹棱沜，由役而行，余皆磨灭。沜虽小，忽隐忽现，逶迤数里，可舟可钓，足容数口。"~~（参明蒋一葵长安客话卷5，页24—25，日下旧闻卷22，页5—6有节文，误作自前兵集）~~记中所谓贵人别业，就是武清侯李伟的清华园，园在此泉之北而南向，泉水一部流入其中。按〔清初〕怡春园系就清华园遗址所建而略有缩小。现在根据怡春园遗址推求，则明时清华园位置约略可得。清华园位置既定，则其他水渠、古道、石桥等都可依照记文而加以安排如意。惟记中所谓丹棱沜水或隐或现，终则"达於白石，以入〔於〕高梁"者不可了解。丹棱沜所在位於白石桥以西约三四公里，地面流水不可能由"丹棱沜"达於白石，以入於高梁"。可能是作者误将丹棱沜水为潜出者，入高梁河。今紫竹院湖泊之前身，可为高梁河之上源，〔或许〕作者因以为〔这就〕是隐而复出的丹棱沜水。~~王嘉谟记末自题："癸未春三月，余饮于海淀，与佳客之游，主人仅有僧者，暇日以游其处，故为之记。"因此，他这篇记大约借游之作而已，可靠性很大，正是有关海淀的〔文献〕材料。~~

（七）勺园

勺园也当清華园之东，且居清華园引水的下游。沈光裕"璆谭"："海淀清華园，戚畹李侍之别业也。…淀之水滥觞一勺，都人米仲诏[万钟字]浚之，筑为勺园，李乃构园于上游，而工制有加。"（日下旧闻卷22补遗，页6引）又冯元仲"为米友石[万钟别字]太仆题勺园邨舍"一诗亦有："京国园林趋海淀，游人多集米家园。引来戚畹横流潺，减得涟漪细浪翻"的句子。（天益山堂诗集，卷4，页12）这都足以证明勺园是在清華园引水的下游。现在勺园旧址既已考定（见本文），其水道来去，根据以上记述，并参考北京大学校园未拓以前的附近地形以及旧时残迹水渠多处实测等一些判断，可以推断明末此淀之水，自南面巴沟与北岭峪河之际，经清華园东南隅，转而东北，绕勺园之南面东流（参看本文第五部"建设中的北京大学新校园"及附图），勺园之水从此引入。至于今西校墙外北绕蔚秀园而东流之水道，当是清朝初年在此修建园时所开凿。

海淀附近水道自金元以来屡有变迁，至明末人为水道系统大致定型。清初兴建海淀诸园，水流来去颇有改变。乾隆年间开拓昆明湖，又对东北流的泄水也有调整，于是今日海淀附近水道系统的基本情况终于形成。

解題

徐清白

侯仁之（1911—2013），原籍山東恩縣，生於河北棗强。著名歷史地理學家。1936年在燕京大學歷史系獲文學士學位，留校任職並兼作研究生，1940年獲碩士學位。1946年留學英國利物浦大學地理系，師從歷史地理名家達比（H. C. Darby）教授。1949年獲哲學博士學位後回國任教於燕京大學、清華大學、北京大學。侯先生對於中國現代歷史地理學的創立和發展做出了傑出貢獻，無論是對中國西北乾旱、半乾旱地區環境變遷的研究，還是對北京城市發展史的關注，始終堅持文獻分析與實地考察並重，探索出歷史地理與生態學、地貌學研究相結合的方法範式，開創了歷史地理學科的治學新方向。主要著作包括《歷史地理學的理論與實踐》、《歷史地理學四論》、《侯仁之文集》、《北京歷史地圖集》（一、二集）等。

本書收録的侯仁之撰《海淀園林區的開發與北京大學校園——一個歷史地理的考察》手稿，於 2007 年隨其他收藏資料捐贈給北京大學圖書館，同屬於侯老的第三批珍貴捐贈文獻。鋼筆字迹，先用 25×20 字「北京大學人文科學學報專用稿紙」書寫了前 19 頁，第 19 頁殘缺，除前文結尾一段外，新章節起筆僅見標題，遂改在下一頁重新書寫，换用 20×15×2 字的雙欄稿紙，寫了 5 頁，又换成原 25×20 字稿紙寫了 6 頁。接下去還是同樣稿紙，重編頁碼，另書「附録：明末海淀附近水道意想圖的説明」共 10 頁。總計 40 頁稿紙。

稿紙的第 1 頁文題位置有粘貼修改，透過紙條可見原題爲《北京大學校園——一個歷史地理的考察》，下又附題注「爲北京大學六十週年校慶作」的字迹，被劃去了。北大 60 週年校慶，也就是 1958 年。

文章分以下幾部分：

（一）海淀附近的地理特點

（二）海淀聚落的起源和發展

（三）海淀園林的開發

（四）從勺園、淑春園到北京大學校園

（五）建設中的北京大學新校園

（六）結束語

落款「1959 年秋學期之始，燕南園」，可知成文晚於甲子校慶之期，或許因此改題。文中有關海淀聚落與園林區的内容，早在 1950 年秋曾見於作者的工作報告，次年 6 月載於《地理學報》第 18 卷第 1—2 期合刊，題爲《北京海淀附近的地形水道與聚落——首都都市計劃中新定文化教育區的地理條件和它的發展過程》，文字差異較多。幾十年後，部分内容經過更新、補訂，又見於作者與岳升陽合撰《海淀鎮與北京城——歷史發展過程中的地理關系與文化淵源》（分兩期刊載在《北京規劃建設》，2000年）。本書收録的此篇手稿，並未見有公開發表或出版。

手稿中的附録所針對的《明末海淀附近水道意想圖》也是侯先生的手繪地圖作品，采用萬分之一比例尺，在1.0米等高綫地形圖上，描繪了明朝末年從京師西郊玉泉山到西直門外高梁橋之間的河湖水道。這份附録無疑有助於理解和使用這一地圖作品。圖稿不在該手稿中，其藍圖收藏於北京大學圖書館名家閲覽室書庫，亦可於圖書館自建的「北京歷史地理」在綫數據庫平臺中賞讀。

坷坎略記

王瑶

A ②

4000字

坷坎畧記

三十一年三月初六日（原稿）

即四月廿日　于銘賢

笑譚

1942年

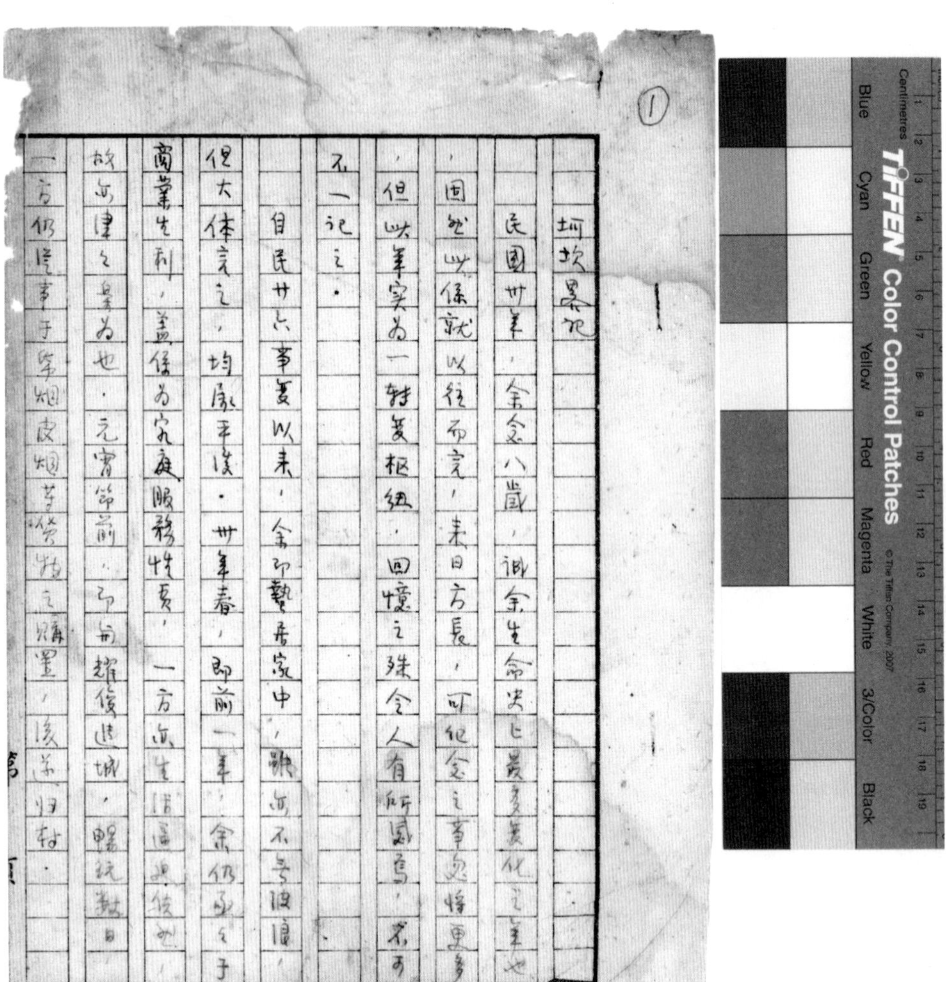

坷坎畧記

民國卅年，余年八歲，誠余生命史上最多變化之年也，固然此係就以往而言，未來日方長，可紀念之事必將更多，但此年實為一轉變樞紐，回憶之殊令人有所感焉，不可不一記之。

自民廿六事變以來，余即蟄居家中，眼見不免被侵，但大体言之，均屬平淡。卅年春，即前一年，余仍承父子商業生利，蓋係為家庭服務性質，一方亦生活適與彼此，故亦律之是為也。元宵節前，即與擁後進城，暢玩數日一方仍從事于紙烟皮烟等貨物之購置，後遂歸村。

北京大學圖書館藏學術名家手稿（一）

A ②

4000字

坷坎畧记

三十一年三月初六日（原稿）

即四月廿日 于铭贤

笑谭

1942年

第 页
15×20=300
文学研究所稿纸

(1)

坷坎略記

民國卅年，余念八歲，謂余生命史上最多變化之年也，因此此係就以往而言，未日方長，可紀念之事忽將更多，但此年實為一轉變樞紐，回憶之殊令人有所感焉，不可不一記之。

自民廿六事變以來，余即蟄居家中，雖亦不無波浪，但大体言之，均屬平淡。卅年春，即前一年，余仍承之子商業生利，蓋係為家庭服務性質，一方亦生活逼迫使然，故亦津津樂為也。元宵節前，即向離後進城，暢玩數日，一方仍從事于紙烟皮烟等貨物之購置，後遂歸村。

第　頁

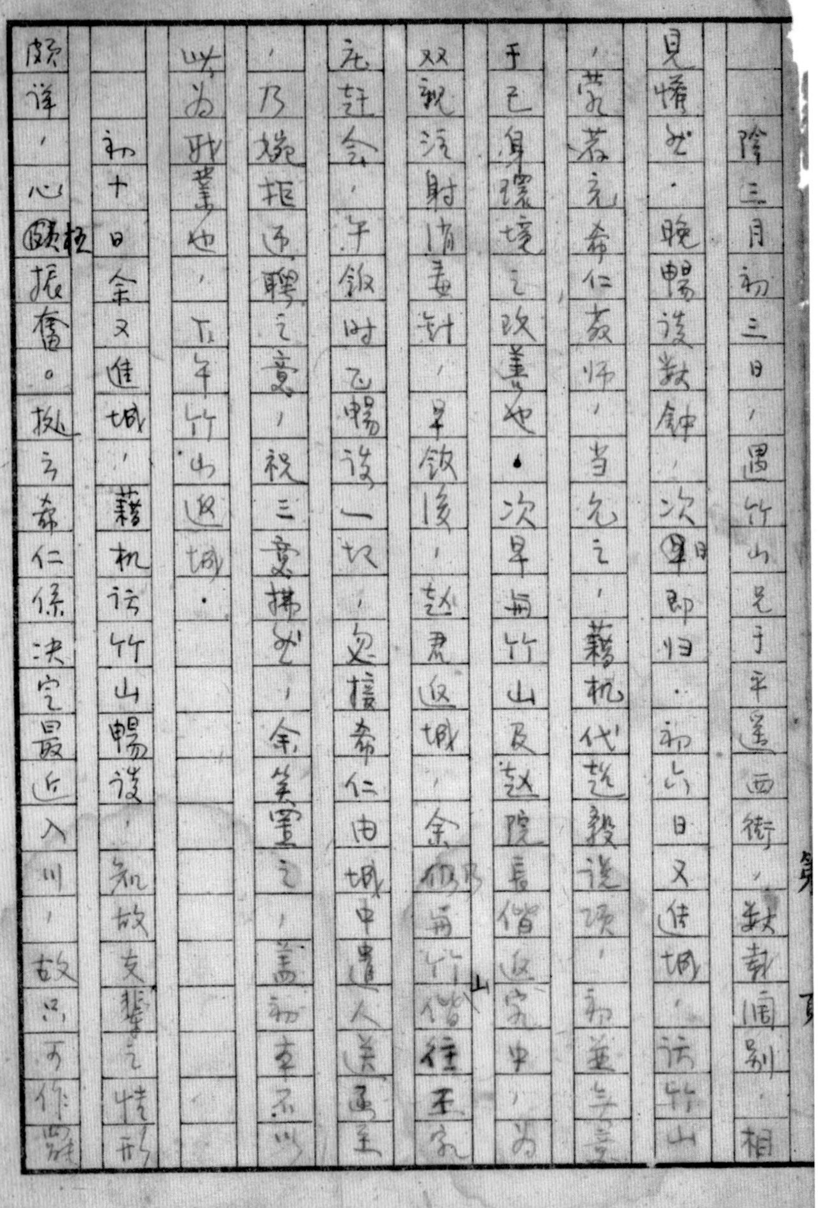
陰三月初三日，遇竹山兄于平遠西街，數載闊別，相見情形，晚暢談數鐘，次日即歸。初六日又進城，訪竹山，嘗慕元希仁教師，當允之，藉机代説教讀項，新華笑言于已身環境之改善也。次早與竹山及趙院長偕返家中，為双親診財情毒針，早飯後，趙君返城，余倆與竹山偕往王家元註會，午飯時正暢談一切，忽接希仁由城中遣人送函至，乃婉拒返聘之意，祝三竟拂然，余笑置之，蓋初本不以此為職業也，下午竹山返城。

初十日余又進城，藉机訪竹山暢談，細敘友輩之情形頗詳，心極振奮。擬之希仁係決定最近入川，故只可作罷

第　頁

論島，次日余返村。十二日早竹山戚騎車來訪余，頗覺異外，方悉前事已諧，結婚之聘禮亦無問題，令余自擇結婚日期，當擇定月之十六日。

斯日余略事準備，約十二時，辭俊芳至花院中維被褥，騎車前來通余，遂前往島。至希仁宅，方知竹山已因事返文水，茫然饑抗待，（晚）復聽戲一次，即宿于興隆信寓。次後即正式開始補習，余於數學極感生疏，特幫忙之愛孫鮮，惟英文尚不感困難，自問於彼或不無小補益。十九日上午，郝宇某僕或倉促至，报以敵憲兵便衣數人，至希仁宅索余，繼云已至村捕余未得，希仁力余暫避，余亦惶懼莫名，遂趕避於子謨宅，並懇其代為疏通，後尹主任掌楨亦到，晚便衣陳昌勝來，反覆折衝，略有成果，余遂仍回寓中安息。

次日蘭遵約入安處，拜劉耕莘君為師，致香燭等禮共二十四元，後又送陳長勝夏等二人共六十元，總算息事。下午嚴父偕孫子建君坐車進城向訊，幸已無事，惟余仍不敢以花錢之事稟知，遂負債于外人，半年以來，受其束縛實多也。

惟此後神經上頗受刺激，行動應有失常之處，此事希仁兄之甚憂，後竹山因事赴太原，囑代為活動一小事，蓋敵人徵集壯丁，恐安隱化，勢不能再苟安，但後援親無數，此本顯而易見之事，但為求生路所迫，妄思求苟安寄託之所於敵人卵翼之下，其難也必矣。惟此期間耳聞目擊種種後方之事，中心頗為激動，雖以經濟所限，自知妄致，但躍躍欲動之心，固已油然而生焉。

此期間為說毅之事，頗費苦心，終告成功。于後六月初六日率其進步，而希仁已決定赴平上學，余亦撫慰之，蓋不願友人亦似余之潦倒也。希仁走後，余即回家收穫夏田，自向前進之希望已斷，所安心守命可也。先是家中在城內置住宅一，全為余手所成，且因之受全家之不滿，此時內院前窗破壞，仍未修復，忽有人促余進城接洽賃租

第　頁

事，余隨進城，始知係某朝鮮人與地方流氓勾結，欲訛賃居，頗帶浪息意味，余乃進行修理，因家中經濟缺乏，且夏季收穫不豐，糧價低落，籌錢頗感困難，以期向余借予旋俊安內，耗神極為煩惱，旋希仁亦自平歸來，因故人洪結英美資金之關係，遂決意來後方求學，余亦深贊同之。後於同月十一日，竹山至平遠，囑同赴太谷晤視午亭直公二兄，次日即偕往，四年平靜生活，至此遂生轉機。

在谷共住四日，且共攝一影留念，其間得知故友之情息與時局之情形甚頗多，心中極為興奮，而午亭西來一事，猶予余心中種深刻之影響。並囑午亭已將余之存平衣物纠纷的由来，实等于太原会谈，遂决定秋后赴平一行，访山道的同行，後遂借返平途，畅谈数日，竹山极阻余至平谋事之念，情意恳切，对国家之爱甚多，後遂返文水县。

此後余仍住城内，监理整修房屋，後辉復无进城为其居见婚礼，与希仁亦不时见面，雁川逢先生等常与畅谈，余之动身计划，亦渐形具体，但结婚的问题仍从中为梗，能否实现，应无法预料之。七月廿日，余又至兴隆街中为希仁补习，目击希仁之纠，自觉近遭，又要希仁先助一部路费，纠支遂决，但其余一部仍无法筹得之，家庭只有阻碍，不肯帮忙，中心甚为烦恼，但已决定于中秋後即赴平一行，

第　頁

藉決一切。

中秋前即回村幫助號中營業，並合家團圓，十六日進城，知希仁等已決定九月初三日動身，並函商量偕行，遂函竹山去一信告知，即於十八日先赴北平，在太原停一日，二十日早至東站，即赴太原會館訪直公等，时尚皆擁被未起。憶计在平共留五日，約費洋六十元，買眼鏡一，將旧的衣物皆帶回，惟損失甚多，不堪计算矣，書籍全部遺失，殊觉可惜。並为年亭帶回被褥等，交視三設法轉陽縣，遂还里焉，於廿七日早抵平遙，自廿九日即轉村中，已知西行期改为九月初六日，並函竹山將来視送，斯时中心忐忑，莫名所以，一切經濟仍無着落，雖希仁已允全部担負，但外債尚無法清償，直至臨別，尚欠楊君洋五十元，囑彼後籌還。再則令經張長，目覩雙親年高，精神日衰，妻弱子幼，乏人照料，尤令人不能無惆悵之感，此情至今思之，猶覺凄然。

至村後即整理行裝，家中亦尚同意，蓋不得已也。初二日又進城，竹山已早至，暢談甚歡，悵不無離別之情，適川昆仲亦在城內，作臨別之晤，當決定初六日齊會于王郭村，余遂于初三日下午回村。此數日內慈母每日墮淚，父親終沈默而現愁蹙，周圍空氣極冷酷。初五日即由親殺宗余條

第　頁

行李送至雲川宅，初六日早，竹山又親來送行，早飯後，遂動身焉。

竹山之來，使余之悲痛稍遏，而辭後於別時亦難表哀痛意，母親仍哭，敍道路旅況，曾苦剎變然不知何故，嚴父送至村外，直至余行甚已遠，猶可望見其停立之態，中心之感，無法表之。與竹山約，訣于南坡村，即此良友亦遠訣矣！遂至雲川宅，偕赴王郭村，是日狂風大作，又目擊雲川臨別時之一幕，使人心為之碎，當晚即宿于王郭村小舖室，次日動身，同行者十人，均已先至。

次日坐大車出發，至下午二時許，已達李家城，完全

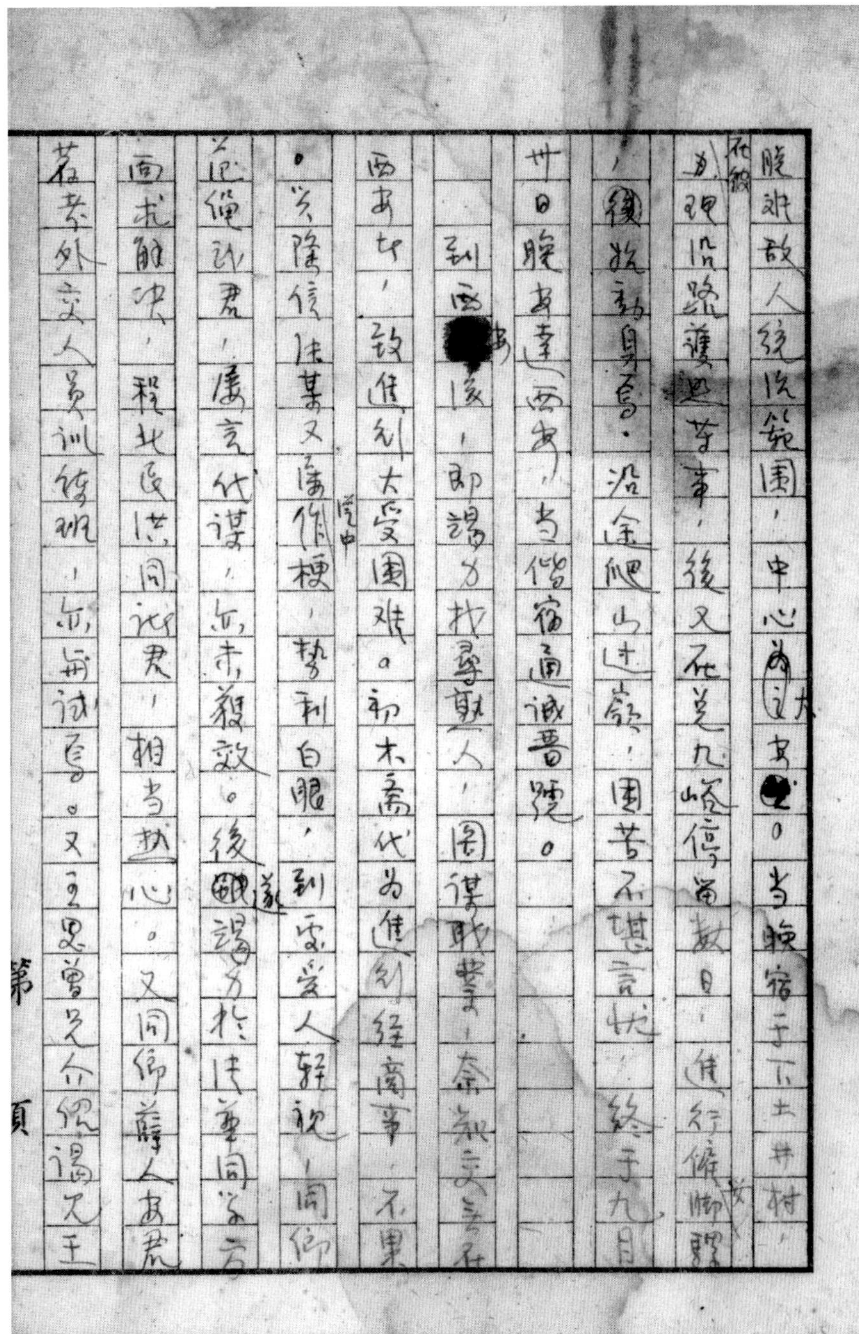

可以共談之人，孤寂之苦倍甚，以後生活，因令人惆悵之
至。後得悉速斷留有說允為設法，但深知遠水不能解渴
，即驗其一項之成問題，故無不太關心。其間漫無文字
者一次，更多失據良多，但常代舊教員之職，頗覺另有
員來信。後外交班放榜，幸錄取，遂決定南下，計向家
借備款三百元，曼賠二百元，借等二百元，即收拾束裝
程。於與希仁之洋二千二百元，謂可補貼儀器矣
到宝雞報到後，發外交班旅費洋二百元，乘車返一休
分別赴渝報到受訓。至襄城後，因無遇者多載未晚，而思
一見，乃登洋車至城中，共留兩日，晚談極歡。時遇者之

代為蒼梧翁錄賢家職，余亦猶豫未決，即匆匆南來。抵蒼後與希仁相晤，即住于其寓內，中心仍忐忑，蓋念念不忘於家所致，但一種正義感，仍未全泯，後接鳴遠函，於決意來錄賢家書。以向又接恩曾電，蓋其主鍾軒局長代蒼梧翁秘局職務，鍾思親積優，但以開學期近，決意不往。計在蒼共住兩旬，于正月初四日與希仁偕來錄賢，從此開始撰寫人之第之料筆生涯，鍾思親蘊藉，但精神頗感痛苦。又希仁亦不時來談，一載之中，曾換類似，人生坎坷，若冥之中有所主宰者，余素不信任何宗教，亦不迷信任何先天勢力，但以目前已過之往事觀之，似斷為巧合，一若冥冥中。令人不能不有所感喟焉。

自來後方以後，余一切之行動計劃，率皆以能順完成學業為一大目標，一切皆照此方向進行，以目前觀之，此實或有實現可能。蓋於此刻後卽莫結束此段學緣，再則余終身之事業亦或將由此找得目向徑，今者貴憶之年已過，而立之年將至，于人生途徑之起點上，亟應有所選向，長此摸索，殊非下場。且則五年萍跡，身心兩方俱顯疲倦狀態，如能得名師之啟發，及高等學府生活雰圍之薰陶，或可於學術途徑上，得一啟示之機，亦求進步之路有以達之也。國事如斯，究無遠謀，個人浪跡異方，一切均聽環境

第　頁

之擇存，前途如何，不可逆料，惟勉盡人事而已。天下常之當為者，雖知其不可為而猶必為之，況知其必可為者乎？願以此自勉。

今後更進，不記者自多，惟今乎雖究半載之時，再希任使識一年之目，特今追昔，聊記之以自惕，其更無不在供許他人閱覽。

笑儂　三十年四月初六日下午于昆明

[illegible]

前六日美機首次轟炸東京，附此並記之。

守制雜記

王瑶

A ①

4500字

守制雜記（原稿）

一九四七年四月廿四日

昭琛

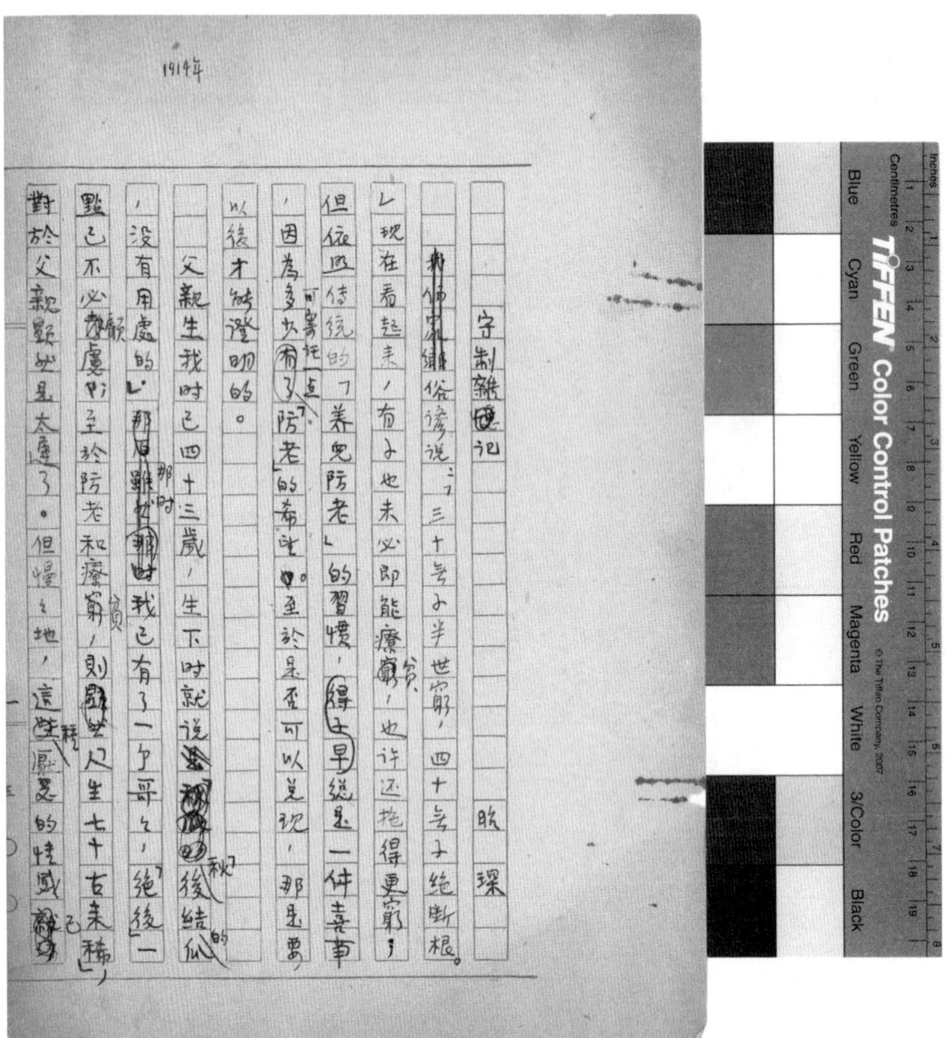
1914年

守制雜記　昳琛

俗諺說：「三十無子半世窮，四十無子絕斷根。」現在看起來，有子也未必即能療貧，也許還拖得更窮；但依照傳統的「養兒防老」的習慣，得子早總是一件喜事，因為多少可寄托一点「防老」的希望。至於是否可以兌現，那是要以後才能證明的。

父親生我時已四十三歲，生下時就說「秋後結的瓜，沒有用處的」。那時我已有了一個哥哥，「絕後」一點已不必顧慮，至於防老和療貧，則「人生七十古來稀」，對於父親顯然是太遠了。但慢慢地，這種感恩的情感已[illegible]

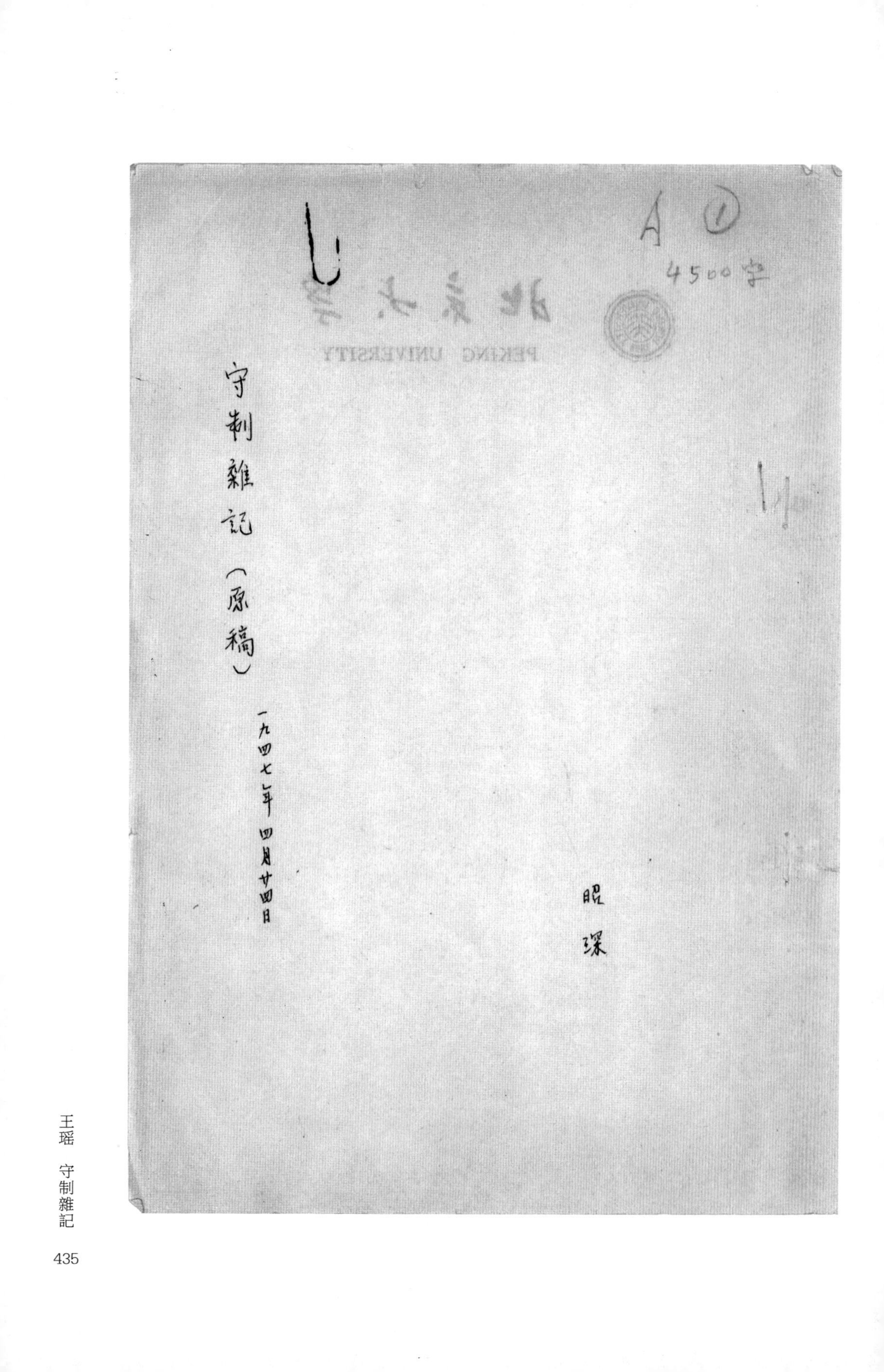

A ①
4500字

守制雜記（原稿）

一九四七年四月廿四日

昭琛

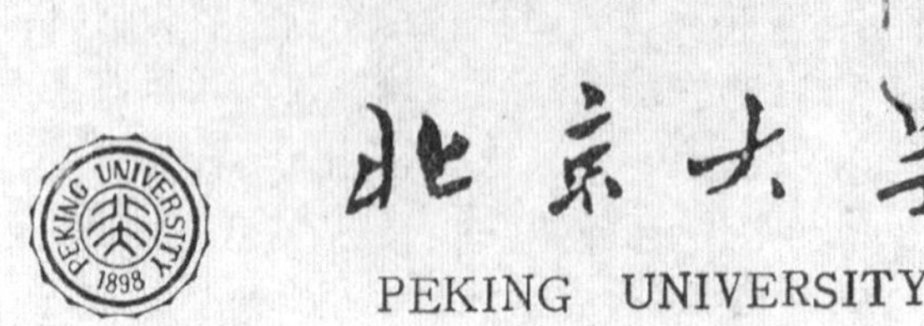
北京大學
PEKING UNIVERSITY
PEKING UNIVERSITY
1898

守制雜記

1914年

守制雜記

昭琛

俗諺說：「三十無子半世窮，四十無子絕斷根。」現在看起來，有子也未必即能療貧，也許還拖得更窮；但依照傳統的「養兒防老」的習慣，得子早總是一件喜事，因為多少可寄托一點「防老」的希望。至於是否可以兌現，那是要以後才能證明的。

父親生我時已四十三歲，生下時就說「秋後結的瓜，沒有用處的」。那時我已有了一個哥哥，「絕後」一點已不必顧慮；至於防老和療貧，則「人生七十古來稀」，對於父親顯然是太遙遠了。但慢慢地，這種感恩的情感已

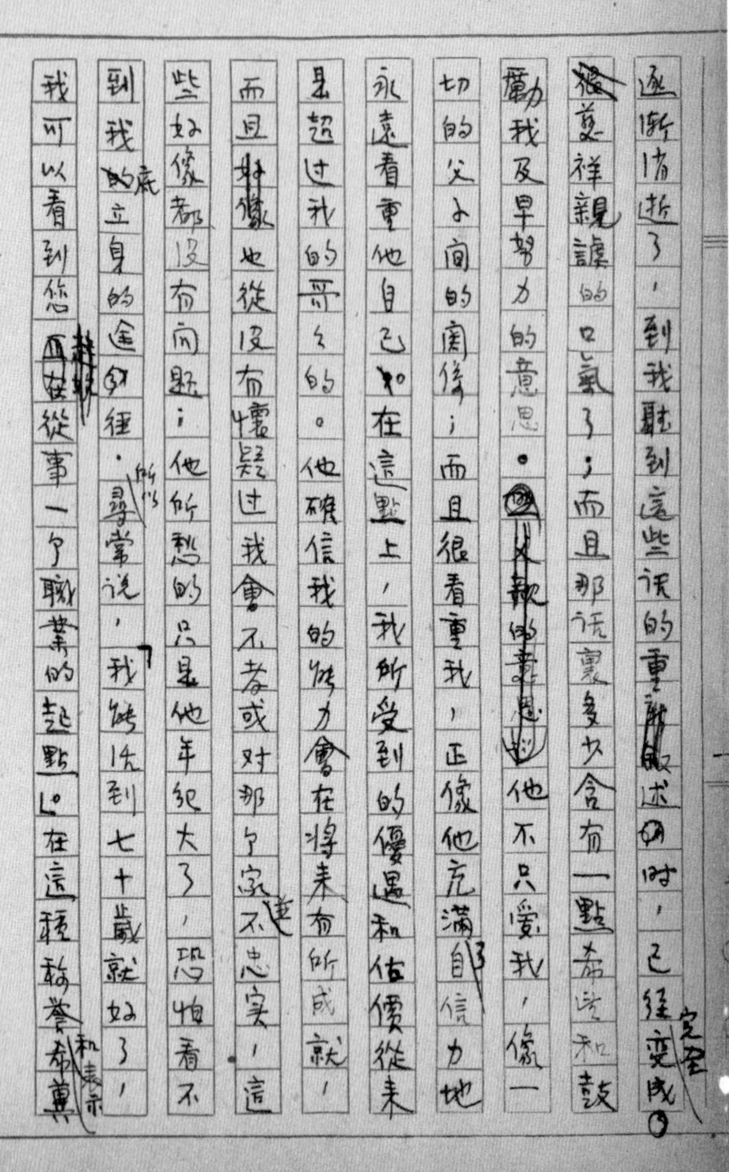

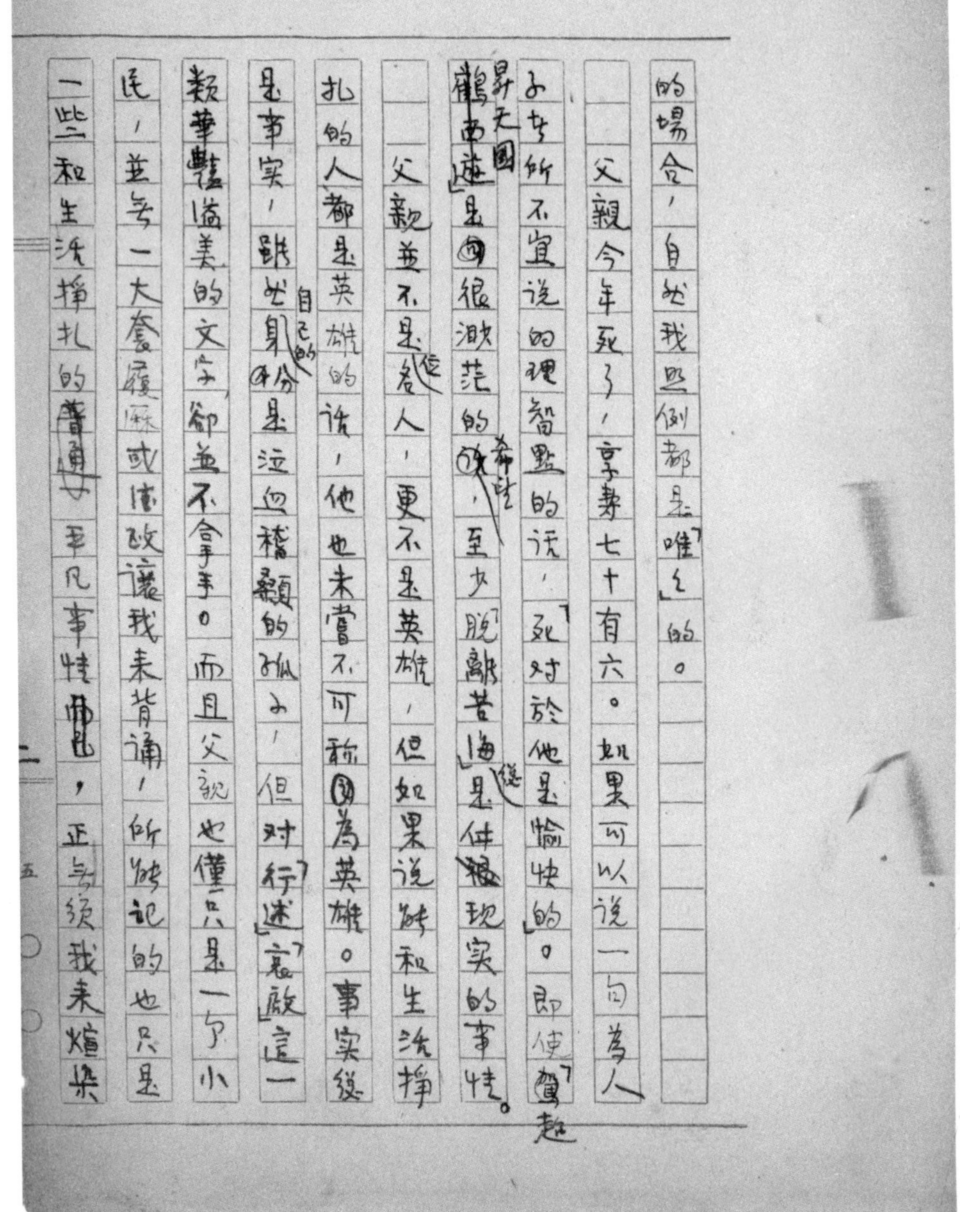

1947年

的場合，自然我照例都是「唯唯」的。

父親今年死了，享壽七十有六。如果可以說一句為人子者所不宜說的理智點的話，「死」對於他是愉快的。即使「駕鶴西遊」「昇天國」是個很渺茫的希望，至少脫離苦海總是件現實的事情。

父親並不是名人，更不是英雄，但如果說能和生活掙扎的人都是英雄的話，他也未嘗不可稱為英雄。事實總是事實，雖然自己的身分是泣血稽顙的孤子，但對「行述」「哀啟」這一類華贍溢美的文字卻並不合事。而且父親也僅只是一個小民，並無一大套履歷或德政讓我來背誦，所能記的也只是一些和生活掙扎的平凡事情而已，正無須我來渲染

五

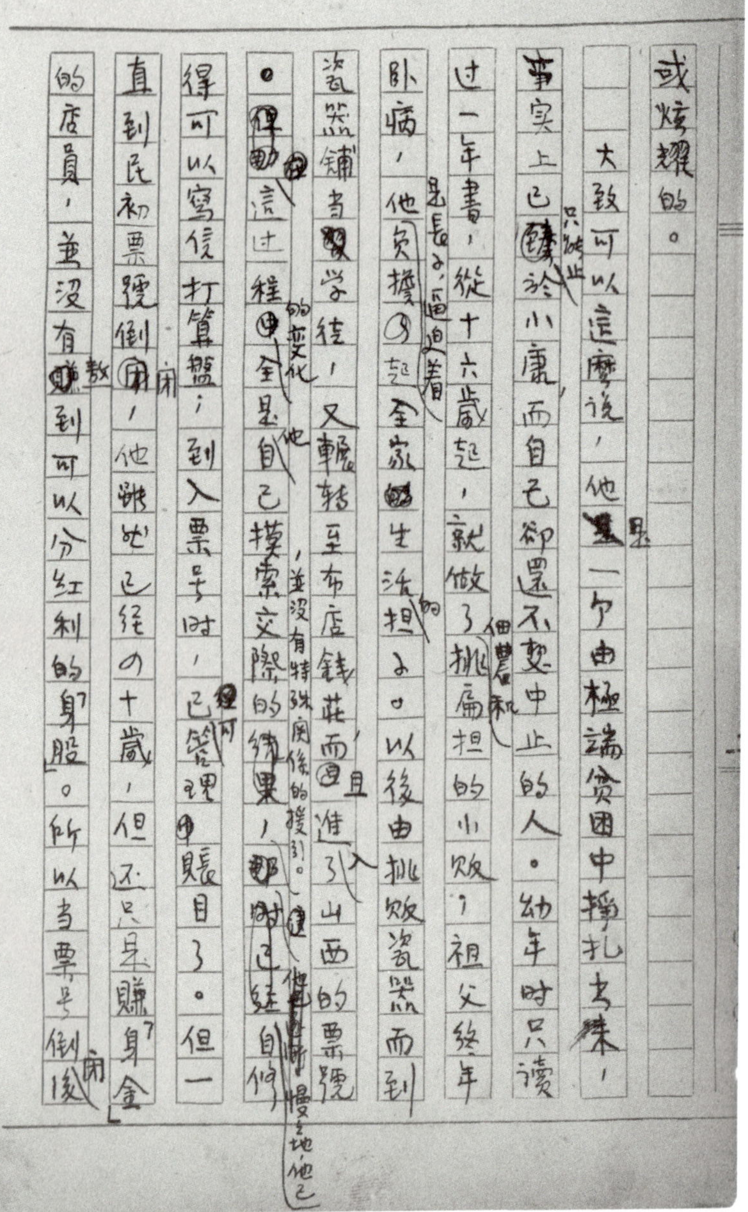

1931年　1915年？　1914

，他失了業，這时祖父死了，我這秋瓜也出生了，有一次他另外在本鄉租了兩間屋子，搬家时他自己挑着，據說那时全付的財產只有三挑。

這时家裏有不到十畝田的財產，是只能種高粱的瘠土，他过了三年自耕農的生活，实在維持不下去了，於是就又跑到河南，他在票莊时所曾服務过的地方。後來一直在裴家製造蛋黃蛋白的工廠裏做事，一直到六十歲，才生病回了家。這时家裏的境況顯然已经豐裕了，自己在鄉間有了一所房子，田產也多了，還养了騾馬；憑着一点现款和這些田地，家裏的生活过得相当寬裕，已经是当地的小地主了。

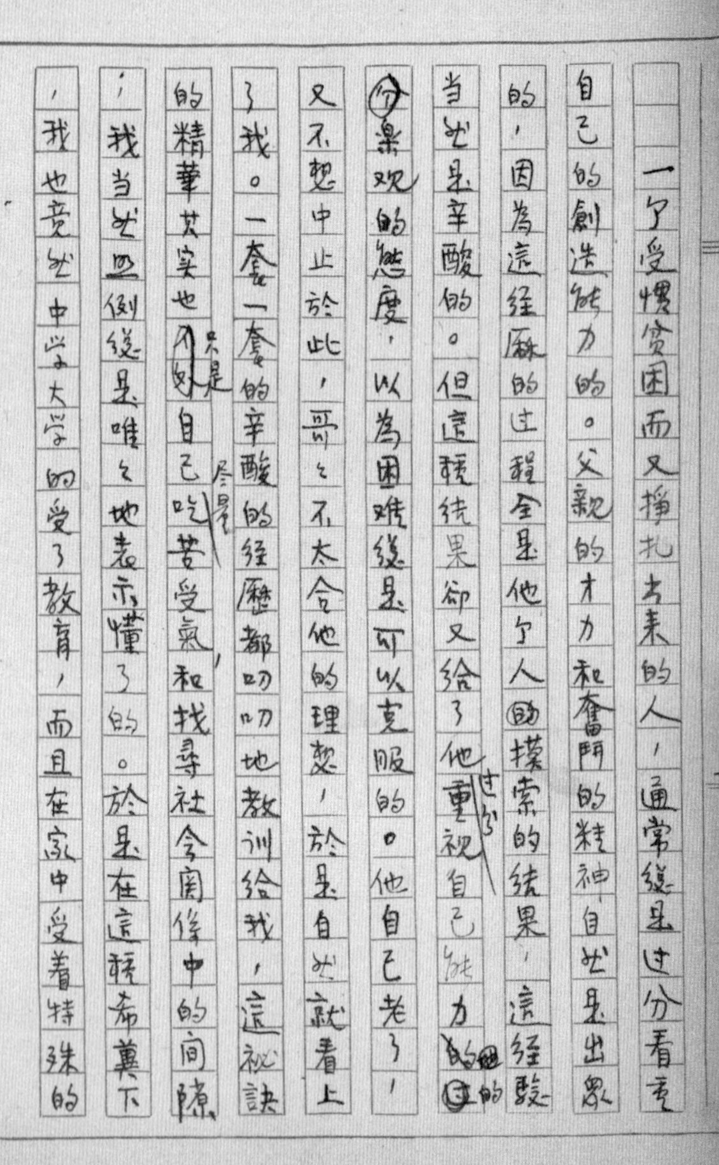

一个受惯贫困而又挣扎出来的人，通常總是过分看重自己的創造能力的。父親的才力和奮鬥的精神，自然是出眾的，因為這經歷的过程全是他个人的摸索的結果，這經驗当然是辛酸的。但這種結果卻又給了他过分重視自己能力的过分乐观的態度，以為困难總是可以克服的。他自己老了，又不想中止於此，哥哥不太合他的理想，於是自然就看上了我。一套一套的辛酸的經歷都叨叨地教训給我，這祕訣的精華其实也只是自己尽量吃苦受氣，和找尋社会關係中的间隙；我当然無倒總是唯唯地表示懂了的。於是在這種希冀下，我也竟然中学大学的受了教育，而且在家中受着特殊的

優待。父親自己沒有多讀書，对我又有了过分的相信，所
以对於我的行為和計劃，從不阻撓的。他只提供一些處世
做人的原則，讓自由地去摸索。他認為像我这樣的才力和
好勝，一定會成功的。他看重我，甚至正是相信他自己。
至於我，对於父親這套辛酸的經驗和掙扎的精神，
是也的確很信是懂得了的，而且也的確為他那誠摯慈祥的
希望所感動过。老早我就在心裏說「我懂得您，但我不能
繼承您。」這條路不只走不通，而且也不能再容許我這樣
走。我对於老大那个家也沒有興趣，但我並不恨父親，
每逢他对我說起他的經歷和他的希冀時，我總想法給他以一些

1940年　　1937年

言談的滿足。這世界对他已經夠殘酷了，在這飽嘗人生辛酸的暮年，又何不給他一點甯靜的美的憧憬呢！

七七事变後，我離開家要到後方，他沉默了好久，憑着他那人生必須奮鬥的經驗，和对我的完全相信，他眼眶裏流着淚，卻很堅定地表示了同意。中飯时喝了兩杯酒，飄着白鬚，摇了摇頭，悽涼地說：「今生大概是不能再見了！」我背過頭，哭了。想他卻又漲紅着臉喊着說：「哭甚麼？沒有出息，您以為我會死嗎？身體結實得很哪！在這種場合，連母親也只有抑制，是不敢表示她的感情的。

走的那天早上，我背了個小包袱，父親一直送我到村子外边；我走了，一个人，知道父親的倔强的性格，頭也不敢回转一下，眼淚只有向肚子裏嚥。那是一个秋天的早上，北方的原野外連艸木也很少了，我走了老遠，才偷偷地回过頭来一看，他还那樣站在村邊墻上的晨曦中，望着我回过頭来，不住地揮着手讓我走。那时我真要哭了。記得朱自清先生的背影是著名的寫父子间感情的作品，但那还是父親的背影，现在卻只有父親呆望着我的背影了。這種有时间限制的逃难式的分别，在一个七十歲的老人的心裏，会刻上多麼深厚的創傷呵！

抗戰期中生活的顛沛流離，有好幾年是連家裏的一封信也得不到的。对於父親暮年生活的關念，是我一

五

1946年　　1945年

直不能忘懷那个家的主要原因；自然，父親对我的影响是更要深切的多，這是不必更批論的。

勝利了，接到的第一封家信是哥々的筆跡，裏邊說父親得了中風症，已躺在床上一年了。對於這種消息的報告，我自始即表示着懷疑，按照傳統的習慣，我很恐懼着父親已經不在人間，那只是怕我悲痛而说父親不能親筆寫信的一个飾詞而已。又過了一年，像我這樣的小民也總算託福復員了，於是在去年的夏天，我又回到了那个闊別多年的家。

家裏正在收割小麥，但村子裏，家裏，以及由許多熟識面孔的表情上，都顯示了無比的衰落和荒涼。這地點是国共兩軍的交錯區，我回去时原是帶着點冒險意味的；如果不是为了对父親的懸念，這樣的旅行是最富有冒險精神的人也不願嘗试的。一方面的「掃蕩」，另一方面的「游擊」，经常會在一天的上下午分别光臨於一處，那时就會全村中鑽得躲得沒有一個人。很僥幸運地，父親還活着躺在床上，雖然也已患着不治之症，哥々的话並沒有扯謊，我總算又見到父親了。

父親不只消瘦了許多，兩隻眼睛也已经失去了通常的那樣鋒芒的光彩，知覺和思維的作用也已经差不多停滯了，不能連續地說話，不知道運用感情了，只用兩隻眼睛呆々地盯着我。

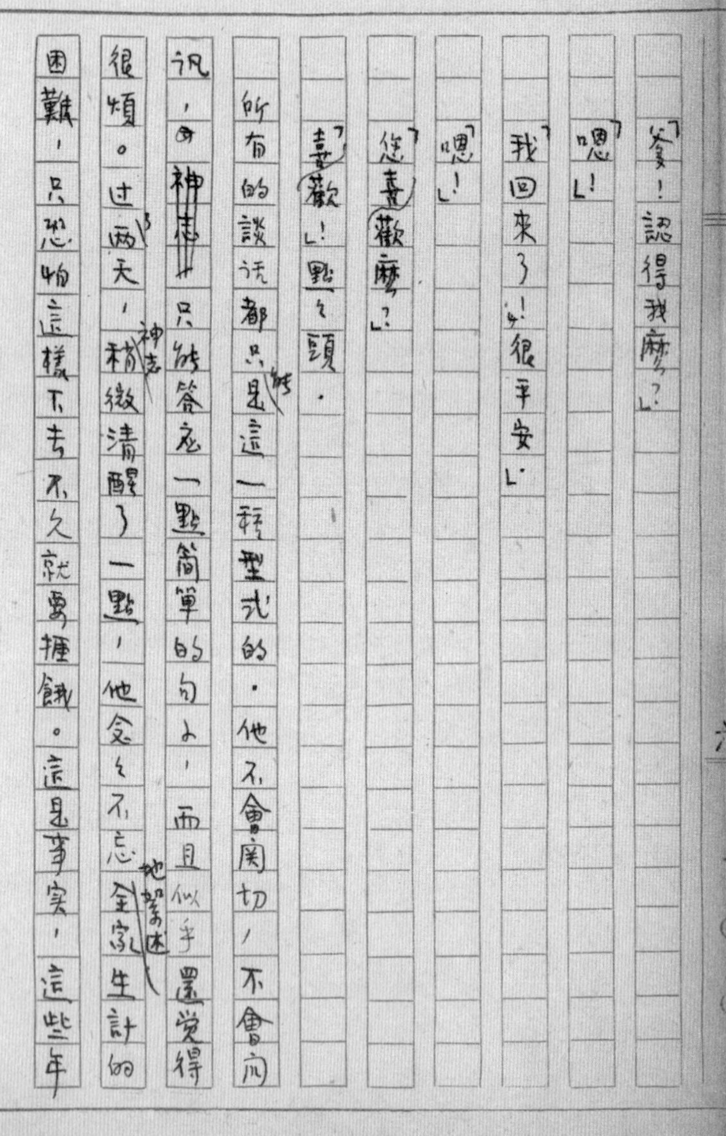
「爹！認得我麼？」
「嗯！」
「我回來了！很平安」
「嗯！」
「您喜歡麼？」
「喜歡！」點點頭。
所有的談話都只是這一種型式的。他不會關切，不會向訊，他神志只能答應一點簡單的句子，而且似乎還覺得很煩。過兩天，神志稍微清醒了一點，他念念不忘地繫念全家生計的困難，只恐怕這樣下去不久就要捱餓。這是事實，這些年已經把這个家又拉回鐵軌线上了。不知那裏來的一股扯謊和吹牛的本領，我說了：

「爹！您放心罷！别怕，我回來了就有辦法。您以前[illegible]不也是這一个人的本事撑起這个家的嗎？我在外邊很得意，而且正年富力强，用了請您不要再發愁了！」

「放心！當然放心！」他笑了，飄動着白鬍。是我再次回家來後第一次看見他笑。

天曉得我說得是些甚麼，而且就在說這話後的兩天，我又離開他走了。在家裏住了一星期，在戰爭的環境中實在令[illegible]隱藏不住了，我只好走，雖然所走的地方也並不是世外桃

1947年3月

原。

這次可是永别了，其实這也不是今天才知道，當时已经可以這樣地斷定了。離别後的九个月，父親逝世了；像我這樣終日為職業和吃飯忙碌的人，交通和戰爭的情形的嚴重又尋超过了九个月以前的嚴重程度，当然是既不能親视含殓，又難以匍匐奔喪的。所能辦到的只是五百元的一條黑紗，在藍布大褂上纏纏而已。

這樣的消息对我不只不意外，而且也説不上有甚麼遺憾；所有的僅是一股悲哀和回憶中的情然而已。老实説，父親的死至少对他自己是幸福的。還是我想像的那兩句話——即使認爲天國是很渺茫的希望，但要脫離苦海總是件很現实的事情。

戰爭不斷在周圍進行着，村裏的人一天天地少了，我走了，哥々和侄子也離開走了，陪伴着父親的只是七十歲的母親。有时在村中開了火，家裏會躲得單剩下躺在那裏的父親。預備好的壽器本来是寄存在村邊的寺院内的，去歲一个國軍的士兵被打死了，硬要指去用，家裏的人環繞跪泣，另外給那位兵士買了付棺材，又賠了許多錢，才算沒有拿走。以後就拿回来，說擺在堂屋裏面，好像已經裝了死人似的。戰爭的情況一天天嚴重，家庭自然也跟着一天天被床，家裏的人連吃飯都很困難了，對這久病的老人能有甚麼好的照看護呢！

至於我，誠然是並沒有盡过孝道，但這並不是怪我出世遲，父親活了七十六歲，等待的工夫也已经做够了；而且即使父親再多活幾年，除了他自己受苦外，我又能做些甚麼孝道呢！如果他還有知覺，他是会对我失望，甚至死不瞑目的；但現在我卻給了他个謊，我保證了家庭生活的安全無虞，在這種場合，謊不也是很偉大，而且是很好的孝道嗎？

我對於父親所能盡的孝道只是一个謊。

但我並不傷心，也沒有遺憾，現在我固然沒有能力盡孝道，或者要復興一個家，但即使有可以達到這樣目的的捷徑，我既不以此為我的人生指標，當然也就不會照着那條路走。只"孝"的場面是屬於某一些人的；但因為如果說"孝"只是表示一種感情，那我又何嘗不孝？

我雖然不能照着他的路走，但我是懂得他的。他的出身，時代和他對辛酸的生活掙扎的辛酸經驗，使他過分估計了一個人的辛勤和力的效果。父親的才力和辛勤的結果是發展到了頂點，所以他克服了一連串的阻礙，繁榮了一個家。但這樣的路對於我既不只是不"能"，而且也不"必"了。一切的人既都要活下去，自然也就有所能得活下去，父親的年代和我已經相差了一半個世紀，這並不是一個短的階段啊！

但父親這種經歷和精神對於我是有着深的影響的。不太懂怕困难，做事情讲求效率，和充满自信的乐观态度，都在常常使我自己警惕和反省。在一些疑难的场合中，常有他的声音在我耳边吆喝。我常想，在这些场合，父亲对我的特别看重也许是对了，我又何尝沒有继续了父亲？

但事实上我所给了父亲的只是一个梦。

这梦对于父亲也许是个很大的安慰，因为他笑了；而且以后的知觉就更糊涂，以至于死。但年老的母亲却当了真，自从这次离家后，母亲一次一次地托人写信诉苦要钱；苦，不必写，我也能对知道，而且绝对地相信，但连肚子也混不饱的人，又那里能够得到接济呢？自己也已是

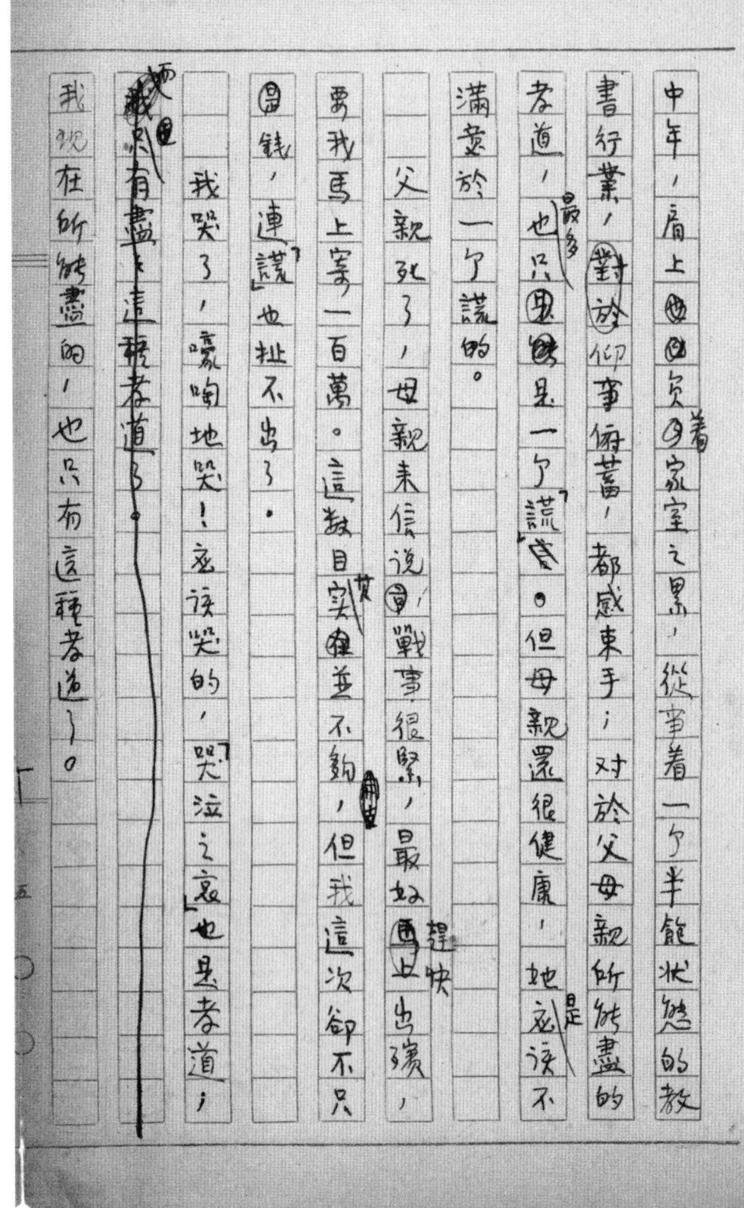

1947年

中年，肩上負着家室之累，從事着一個半饑狀態的教書行業，對於仰事俯畜，都感束手；對於父母親所能盡的孝道，也最多只是一個「謊」言。但母親還很健康，她應該是不滿意於一個謊的。

父親死了，母親來信說，戰事很緊，最好趕快出殯，要我馬上寄一百萬。這數目實在並不夠，但我這次卻不只匯錢，連「謊」也扯不出了。

我哭了，嚎啕地哭！這該哭的，哭泣之哀也是孝道；

我現在所能盡的，也只有這種孝道了。

四月廿四日父親出殯之日

解題

鄒新明

王瑤（1914—1989），字昭琛，山西平遥人，著名文學史家。

王瑤早年在本縣讀小學，1928 年入太原進山中學，1931 年入天津南開中學。1934 年考入清華大學中文系，在校期間開始發表文章，並參加北平「左聯」活動，曾任《清華週刊》第 45 卷總編輯。1937 年 6 月暑假回鄉，不久抗戰爆發，因戰亂未能隨校南遷長沙、昆明，困居家鄉，曾從事商業和爲人輔導功課。1941 年 10 月離家，同年到達西安。1942 年南下成都，任金堂縣銘賢中學國文教師，不久到昆明，任昆明私立天祥中學國文教員，同年 9 月在西南聯大正式復學。1943年7月畢業於清華大學中文系，同年9月考入清華大學文學院中國文學部，師從朱自清研究漢魏六朝文學。1946年畢業，同年隨清華大學復員，任教於中文系，先後任講師、副教授，講授中國文學史專題研究、陶淵明研究、中國文學批評等課程。1952年院系調整，改任北京大學中文系教授，講授現代文學史、魯迅研究等課程。曾兼任《文藝報》編委、中國社會科學院文學研究所研究員、中國現代文學研究會會長、中國作家協會理論批評委員會委員、北京大學學術委員會委員、中國社會科學院文學研究所學術委員會委員、國務院學位委員會文學評議組成員、《中國現代文學研究叢刊》主編、全國社會科學「七五」規劃文學組副組長、中國民主同盟中央文化委員會副主任等職。曾任第二、第六、第七屆全國政協委員。

王瑶的學術研究大致分爲兩個時期：新中國成立前主要從事中古文學的研究，其《中古文學史論》是「中古文學研究的開拓性著作」；新中國成立後主要從事現代文學史和魯迅研究，其《中國新文學史稿》是「中國現代文學史學科的奠基之作」，《魯迅作品論集》「被學術界公認爲魯迅研究的權威性著作」。王瑶晚年再度關注中古文學史問題。除上述三種著作，王瑶其他著作主要有：《魯迅與中國文學》《中國文學論叢》《李白》《中國詩歌發展講話》、《陶淵明集》（編注）、《關於中國古典文學問題》《中國現代文學史論集》《中國文學縱横論》《潤華集》等，另有《王瑶全集》《王瑶文集》。

2004年5月18日，王瑶夫人杜琇女士通過北大中文系温儒敏教授，向北大圖書館捐贈手稿及資料七種，這裏面最重要的就是本書選刊的《坷坎略記》和《守制雜記》。《坷坎略記》署名笑譚，是王瑶的字，後曾用作筆名；《守制雜記》署名昭琛，王瑶的另一字。這兩篇文字分別作於1942年和1947年，其中《坷坎略記》最後説「撫今追昔，聊記之以自惕，其意庶不在供諸他人閲爾」。而《守制雜記》則是一篇非常傾注個人感情的文字，最初的本意只是記録失怙之痛。因此，這兩篇個人性的文字在王瑶生前並未發表，直到2000年編輯出版《王瑶全集》時，才首次公開，收録於第七卷《竟日居文存》中。《王瑶全集》由孫玉石、嚴家炎、樂黛雲、錢理群、温儒敏、陳平原等十一人組成的編輯小組編輯，據《全集》「出版説明」，《竟日居文存》並非王瑶生前編訂，而是由《全集》編輯小組編輯而成。王瑶著述豐富，且應該都是手寫完成的，因此應該留有大量的手稿。《王瑶全集》共八卷，總計四千餘頁，這兩篇手稿僅占 15 頁。從數量上講，這兩篇在王瑶的手稿中所占比例很小，但是從兩篇手稿的保存狀況和最終捐贈北大圖書館的情形看，它們應該是王瑶非常珍視的文字。

從王瑶的經歷我們可以知道，他早年比較順利的讀書求學生活因 1937 年抗戰全面爆發而中斷，此後被迫滯留平遥數年，經歷頗有些坎坷。《坷坎略記》作於 1942 年 4 月 24 日，文章主要記王瑶 1941 年在平遥家鄉時，遭日軍憲兵搜索，花錢託人息事，「此後神經上頗受刺激」，又擔心被征壯丁，最終下決心逃離敵占區，先到西安謀生未果，最後任教於成都金堂縣銘賢中學的一段坎坷經歷。文末説：「自來後方以後，余一切之行動計劃，率皆以赴滇完成學業爲一大目標，一切皆照此方向進行，以目前觀之，此事或有實現可能。……且五年荒疏，身心兩方俱顯停頓狀態，如能得諸名師之啓發，及高等學府生活氛圍之薰陶，或可於學術途徑上，得一啓示之機，亦求進步之慾望有以趨之也。」王瑶 1942 年 9 月在西南聯大復學，終於實現自己的目標，走上學術的道路，後來取得了非常高的學術成就。本文開篇説：「民國卅年，余念八歲，誠余生命史上最多變化之年也。」觀王瑶一生，此次毅然出走，雖備嘗艱辛，卻是他改變命運的關鍵一步，這也應該是他珍藏此手稿的重要原因。

《守制雜記》寫於 1947 年 4 月 24 日，是王瑶在父親去世後出殯之日寫的一篇祭文。此文主要講述父親的奮鬥歷程，由此而「過分估計了一個人的辛勤和才力的效果」，並對自己寄予厚望，以及自己最後一次見到父親時對父親説自己「在外邊很得意」，有辦法撑起這個家的謊言。文章最後説，當父親去世後，母親要他馬上寄錢用於出殯時，「這次卻不只錢，連『謊』也扯不出了。我哭了，嚎啕地哭！應該哭的，『哭泣之哀』也是孝道；我現在所能盡的，也只有這種孝道了」。讓人讀來深深感受到那種撕心裂肺之痛苦和絶望。此篇用白話寫成，通篇感情真摯，讀來令人動容，與《坷坎略記》的文言相比，更具表達力和感染力，用胡適的話説，就是「很用氣力」。王瑶認爲，雖然父親所走的路，對於自己來説「不只是『不能』，而且也『不必』了」，但是父親「不太懼怕困難，做事情的辛勤和講求效率，和永遠充滿自信力的樂觀態度」對自己「有着深的影響」。從這裏，我們可以找到王瑶珍藏這篇文字的主要原因。